高职高专"十四五"规划学前教育专业新标准实践型示范教材

总主编　蔡迎旗

学前儿童游戏活动指导

主　编◎阮　娟　张　佳　郑艳清

副主编◎王雅婧　刘钟秀　李　静

编　者◎阮　娟（黄冈职业技术学院）

张　佳（湖北职业技术学院）

郑艳清（湖北幼儿师范高等专科学校）

王雅婧（湖北艺术职业学院）

刘钟秀（黄冈职业技术学院）

李　静（阿坝职业学院）

杨　帆（武汉市洪山区武南幼儿园童趣园）

黄　飞（武汉市洪山区武南幼儿园童趣园）

肖　洁（武汉市洪山区第一幼儿园）

张　敏（武汉市洪山区第一幼儿园）

梅珺珺（黄冈师范学院附属幼儿园）

肖　燕（黄冈师范学院附属幼儿园）

龚燕华（武汉市直属机关育才幼儿园）

华中科技大学出版社

http://press.hust.edu.cn

中国·武汉

图书在版编目(CIP)数据

学前儿童游戏活动指导 / 阮娟，张佳，郑艳清主编. -- 武汉：华中科技大学出版社，2025.7. --（高职高专"十四五"规划学前教育专业新标准实践型示范教材）. -- ISBN 978-7-5772-2080-2

Ⅰ. G613.7

中国国家版本馆 CIP 数据核字第 2025EH1750 号

学前儿童游戏活动指导 　　　　　　　　　　　　　　　　　阮　娟　张　佳　郑艳清　主编
Xueqian Ertong Youxi Huodong Zhidao

策划编辑：周晓方　周清涛　袁文娣

责任编辑：张汇娟

封面设计：廖亚萍

责任监印：曾　婷

出版发行：华中科技大学出版社（中国·武汉）　　　电话：(027) 81321913
　　　　　武汉市东湖新技术开发区华工科技园　　　邮编：430223

录　　排：华中科技大学出版社美编室

印　　刷：武汉科源印刷设计有限公司

开　　本：889mm×1194mm　1/16

印　　张：14.75

字　　数：383 千字

版　　次：2025 年 7 月第 1 版第 1 次印刷

定　　价：49.90 元

编写委员会

总主编

蔡迎旗　华中师范大学教授，博士生导师

教育部高等学校幼儿园教师培养教学指导委员会委员

中国教育学会学前教育专业委员会副理事长

学前教育"国培计划"首批专家和学前教育师范类专业认证专家

副总主编

（按照姓氏拼音排序）

邓艳华	衡阳幼儿师范高等专科学校	王先达	福建幼儿师范高等专科学校
刘丽伟	华中师范大学	徐丽蓉	江汉艺术职业学院
罗春慧	湖北幼儿师范高等专科学校	杨 龙	郑州幼儿师范高等专科学校
唐翊宣	广西幼儿师范高等专科学校	杨素苹	武汉城市职业学院
田兴江	重庆幼儿师范高等专科学校	叶圣军	福建幼儿师范高等专科学校
王任梅	华中师范大学	尹国强	华中师范大学

编委

（按照姓氏拼音排序）

陈启新	三峡旅游职业技术学院	彭 妹	湖南民族职业学院
董艳娇	安阳师范学院	阮 娟	黄冈职业技术学院
段 为	湖北艺术职业学院	苏 洁	湖北幼儿师范高等专科学校
俸 雨	武汉商贸职业学院	孙丹阳	铜仁幼儿师范高等专科学校
郝一双	湖北商贸学院	谭学娟	江汉艺术职业学院
侯晓磊	合肥幼儿师范高等专科学校	田海杰	烟台幼儿师范高等专科学校
焦 静	福建幼儿师范高等专科学校	王会明	湖北职业技术学院
焦名海	深圳信息职业技术学院	王 梨	常州幼儿师范高等专科学校
李 卉	华中师范大学	王 淼	海南科技职业大学
李 维	湘南幼儿师范高等专科学校	王 雯	华中师范大学
李志英	三峡旅游职业技术学院	谢 娜	喀什大学
梁 娟	湘南幼儿师范高等专科学校	杨 洋	三峡旅游职业技术学院
廖 凤	湘南幼儿师范高等专科学校	张 佳	湖北职业技术学院
刘翠霞	湖北工程学院	张 娜	华中师范大学
刘凤英	湘南幼儿师范高等专科学校	赵倩倩	湖北三峡职业技术学院
刘 艳	三峡旅游职业技术学院	郑艳清	湖北幼儿师范高等专科学校
莫云云	湘中幼儿师范高等专科学校	周 伟	重庆幼儿师范高等专科学校
欧 平	衡阳幼儿师范高等专科学校	邹尚辉	重庆幼儿师范高等专科学校
欧阳艳桂	永州师范高等专科学校		

网络增值服务使用说明

欢迎使用华中科技大学出版社人文社科资源网

1 教师使用流程

（1）登录网址：**http://rwsk.hustp.com**（注册时请选择教师用户）

注册　登录　完善个人信息　等待审核

（2）审核通过后，您可以在网站使用以下功能：

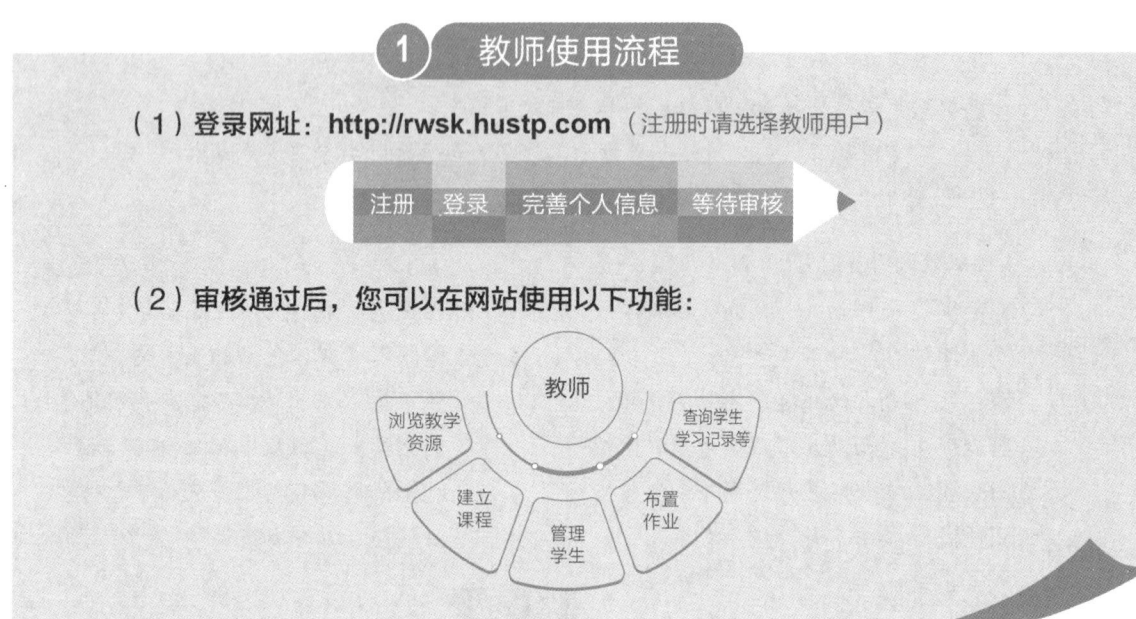

教师
浏览教学资源
查询学生学习记录等
建立课程
布置作业
管理学生

2 学员使用流程

（建议学员在PC端完成注册、登录、完善个人信息的操作）

（1）PC端学员操作步骤

①登录网址：http://rwsk.hustp.com（注册时请选择普通用户）

注册　完善个人信息　登录

②查看课程资源：（如有学习码，请在个人中心-学习码验证中先验证，再进行操作）

选择课程
首页课程　课程详情页　查看课程资源

（2）手机端扫码操作步骤

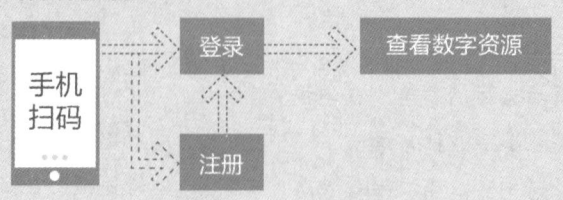

手机扫码
登录　查看数字资源
注册

Abstract
内容提要

本教材依据国家"三教"（教师、教材、教法）改革精神，立足职业教育特色，遵循"精简理论、强化实践"的原则，精准对接幼儿游戏活动指导的典型工作任务，注重理念的前沿性、内容的科学性和实用性。

本教材分为学前儿童游戏活动概述、学前儿童角色游戏、学前儿童表演游戏、学前儿童结构游戏、学前儿童体育游戏、学前儿童智力游戏和学前儿童音乐游戏七个项目。每个项目分别从学习目标、情景导入、思考与练习、实践与实训等方面进行编写，同时汇集了大量优秀的幼儿园游戏活动案例，帮助读者快速掌握学前儿童游戏活动的组织与指导技能。此外，每个项目根据内容形成了思政案例，以加强师德修养，培育教育家精神。本教材主要面向高职院校学前教育专业学生和幼儿教育工作者。

总　序

人生百年，立于幼学。学前教育是我国学校教育制度的基础、国民教育体系的重要组成部分和重要的社会公益事业，关系到我国千万名儿童的健康快乐成长和无数家庭的和谐幸福，我国各级政府高度重视，社会各界高度关注。推动学前教育普及、普惠和高质量发展已成为我国学前教育事业改革与发展的未来方向。

幼儿园教师是决定幼儿园保育与教育质量的关键因素，是我国构建现代化、高质量学前教育体系的根本保障。当前，我国学前教育事业发展的薄弱环节是幼儿园教师队伍的建设。高质量的幼教师资来源于高水平的学前教师教育，为顺应我国学前教育事业发展的迫切需求，教育部颁布了《教师教育课程标准（试行）》《幼儿园教师专业标准（试行）》《新时代幼儿园教师职业行为十项准则》《学前教育专业师范生教师职业能力标准（试行）》等多个文件，对我国幼儿园教师教育课程、幼儿园教师专业素养、职业道德与行为、职业能力与岗位适应等进行规范与引导，以努力提升我国学前教师教育的整体质量与水平。

当前，我国幼儿园教师起点学历已由中专提升为专科及以上层次。在职幼儿园专任教师中专科及以上学历比例超过了90%，其中近八成是专科学历。高职高专在我国幼儿园教师人才培养中具有举足轻重的地位，是我国学前教师教育的主力军。

职业教育是我国国民教育体系和人力资源开发的重要组成部分，是培养多样化人才、传承技术技能、促进就业创业的重要途径。我国各级各类职业教育院校守正创新、锐意改革，大力提升职业教育办学质量和适应性，而职业教育课程与教材是提高职业教育办学质量和适应性的关键所在。华中科技大学出版社计划出版的"高职高专'十四五'规划学前教育专业新标准实践型示范教材"，正好回应了我国学前教育事业发展之所急和职业教育事业发展之所需。本人受邀作为本套教材的总主编，深感荣幸且责任重大。经过与出版社深度沟通、市场调研和全国学前专业相关院校教师专家的研讨，本套教材试图实现以下六个方面的创新与突破。

第一，坚持立德树人，创新教材理念。本套教材以培养高素质专业化幼儿园教师为目标，坚持教材的思想性和先进性，把社会主义核心价值体系有机融入教材，精选对培养优秀幼儿园教师有重要价值的课程内容，将学前教育领域的前沿知识、教育改革和教育研究最新成果充实到教学内容中，加强中华优秀传统文化的渗透与融入，实现课程思政一体化，立德树人，德技并修。本套教材注重引导学习者树立正确的儿童观、教师观、教育观和长期从教、终身从教信念，塑造未来教师的人格魅力；加强职业道德教育和职业态度与行为的养成；着力培养学习者的社会责任感、创新精神和实践能力。

第二，分层分类设计，优化教材体系。本套教材从"教育信念与责任、教育知识与能力、教育实践与体验"三个维度，按照国家《教师教育课程标准（试行）》对幼儿园教师教育课程的要求，设计了"人文素养与思政类、保教理论与实践类、教师技能与艺术类"共三个层次47本教材，分别着重培养学习者的人文科学素养与师德理念、幼儿园保育与教育职业能力以及幼儿园教师教育素养与艺术素养；强化教育实践环节，加强职业技能训练内容，编写教育见习、实习和研习手册，提供名师优秀教学案例；坚持育人为本，促使学习者"德、才、能、艺"全面发展，人才培养目标从促进就业、创业转变为促进人的全面发展和专业职业的可持续发展。

第三，"课、岗、证、赛"并重，精选教材内容。本套教材的大纲与内容、拓展练习与教学资源库，均依据我国幼儿园教师职前和职后教育、幼儿园教师职业与岗位准则、幼儿园教师资格制度等方面的相关法规，实现"课、岗、证、赛"一体化。每本教材坚持职前教育和职后培训贯通设计。在全面夯实学习者专业知识与能力的基础上，注重学习者职业道德与能力的培养和从业态度与行为的养成教育。另外，教材注重课前、课中与课后的整体设计，课前预习相关学习资源，课中精讲关键知识点，课后链接"课、岗、证、赛"相关练习，以利于学习者巩固所学内容并学以致用，提升学习者的专业与职业综合素质以及职业与岗位适应能力，实现终身学习和毕生发展。

第四，以生为本引导学习，完善教材体例。本套教材从"教"与"学"两个角度设置教材体例，使其符合学习者的学习、内化直至实践应用的规律，具有启发引导性，也充分考虑了教材面向的主体——高职高专学生的学习特点，内容编排由浅入深，理论与实践并重，努力做到"教师好教，学生好学"；注重培养学习者对学前教育学科知识的理解和感悟，设计模拟课堂、情境教学、案例分析、技能训练、教学竞赛等多样化的教学方式，增强学习者的学习兴趣，提高学习效率，使其实现学习能力、实践能力和创新能力的三重提升。

第五，数字技术强力支撑，丰富教材形式。本套教材注重将信息技术作为基础条件与支撑，构建丰富多彩、高质量的电子资源库，努力实现课程与教学资源的共建共享；实现"互联网＋教育"和教材形态的多样化与电子化，将纸质媒介和电子媒介相结合，创设数字化的教育教学情境。教材中穿插大量数字资源二维码，引导学习者在课前和课后拓展学习海量专业知识，培养学习者的数字化教育能力和数字化学习能力，做新时代高素质的数字化教育者和学习者。针对幼儿园管理与保教的特点，本套教材尤其注重提升学习者的信息素养和利用信息技术进行保育与教育、安全风险防控和质量管理的能力。

第六，"校、社、产、教"多元合作，确保教材质量。为确保教材质量，特聘请全国开设学前教育专业的高职高专院校、本科高校推荐遴选教学经验丰富、有影响力的专家和一线骨干教师担任每本教材的主编和副主编，拟定教材编写体例，给出教材编写样章，同时参与审定大纲、样章，总体把控书稿的编写进度与品质。参与的作者分别来自高校、行业领域和实践一线，来源广泛而多元，实现了"校、社、产、教"不同领域人员的协同创新与深度合作。

当然，以上六个方面只是本人作为总主编对这套教材的美好期待与设想，这些想法能否真正得以实现和彰显，有赖于所有参编人员和编辑的共同努力，也有待广大读者的审读与评判。在本套教材编写的过程中，我们参阅、借鉴和引用了国内外大量学术成果和教研教改案例。科研成果为本套教材提供了学术滋养，而实践经验与案例展示了当前我国学前教育改革与发展的生动样态，在此一并表示感谢。书中如有疏漏和不妥之处，敬请各位读者批评指正。

最后，我谨代表本套教材的所有编委和作者，衷心感谢本套教材的策划者——华中科技大学出版社人文社科分社社长周晓方，周社长对学前教育充满热情和信心，为本套教材的编写、出版和发行倾注了大量心血；还要感谢本套教材的策划编辑袁文娣和其他各位编辑及相关工作人员。我们基于教材的首次合作渐趋默契和融洽。让我们携手共进，继续为我国学前儿童的福祉和学前教育事业的健康可持续发展奉献智慧与力量！

2023 年 5 月

武汉桂子山·华中师范大学教育学院

Preface

前　言

党的十九大报告明确提出"幼有所育、学有所教"的发展要求，深刻阐明了学前教育在国民教育体系中的基础性地位。作为儿童成长发展的关键阶段，学前教育的高质量发展不仅关乎儿童的早期成长，更直接影响其全面素质的培育。为此，培养高素质的幼教师资队伍显得尤为重要。为贯彻落实《关于推动现代职业教育高质量发展的意见》精神，切实满足高职高专学前教育专业人才培养需求，我们编写了这本教材。

本教材紧跟专业发展的新要求，依据《教师教育课程标准（试行）》《幼儿园教师专业标准（试行）》《3—6岁儿童学习与发展指南》《幼儿园教育指导纲要（试行）》《幼儿园保育教育质量评估指南》等文件精神，精心打造了理论与实践深度融合的内容体系。具体特色体现在以下五个方面：

1. 融入思政，德育为先

本教材以习近平新时代中国特色社会主义思想为指导，贯彻落实党的二十大关于教育工作的战略部署，牢牢把握立德树人的根本任务。教材依据各项目游戏内容，对接七个课程思政案例，包括师德师风、职业道德、优秀传统文化、数字赋能、游戏精神等，坚持正确的儿童观、游戏观和教师观。同时，将思政元素有机融入学习目标、情境导入和案例分析中，充分凸显德育为先的价值引领作用。

2. AI赋能，与时俱进

本教材突破传统编写模式，融合人工智能技术为幼儿园游戏活动赋能。通过数据分析，支持教师精准观察、记录和解读幼儿游戏行为，同时培养学习者运用智能技术优化教育实践的意识和能力，从而树立面向人工智能时代的智慧教育理念。

3. 数字资源，主动学习

为激发学习者主动性，本教材配套了丰富的游戏视频与拓展资源，通过动态化、形象化的学习材料拓宽知识视野，强化实践能力，有效契合高职高专学生的学习特点，增强其自主学习的内驱动力。

4. 岗课赛证，突出应用

本教材对标幼儿园教师岗位所需能力，融合幼儿园教师资格证考试、1＋X幼儿照护职业技能等级考试、全国职业院校技能大赛中的幼儿园游戏考点，切实提升学习者的专业能力和实践能力。

5. 园校共研，案例求真

在编写过程中，我们与多所办园经验丰富的幼儿园展开深度合作，系统梳理其游戏实践中的经典案例与创新经验。教材中收录的游戏案例均来源于真实活动，并经过一线教师的反复验证和优化，确保内容具有高度的实践指导性和时效性。

本教材主编为黄冈职业技术学院阮娟、湖北职业技术学院张佳、湖北幼儿师范高等专科学校郑艳清，副主编为湖北艺术职业学院王雅婧、黄冈职业技术学院刘钟秀、阿坝职业学院李静。具体分工如下：项目一由李静撰写；项目二、项目五由阮娟撰写；项目三、项目四由张佳撰写；项目六由刘钟秀撰写；项目七由王雅婧撰写。武汉市洪山区武南幼儿园童趣园、武汉市洪山区第一幼儿园、黄冈师范学院附属幼儿园、武汉市直属机关育才幼儿园为本教材提供了游戏活动案例、游戏活动视频、拓展资源材料等。全书最后由阮娟、郑艳清负责统稿和审核修订工作。

在此谨表谢意，感谢华中科技大学出版社的信赖，以及编写组全体成员的全心投入。

在教材编写过程中，编者广泛引用了众多国内外专家、学者以及同行的前沿研究成果，同时参考了大量相关书籍与资料。在此，谨向各位原作者致以诚挚的感谢。由于编写能力和水平有限，书中难免存在疏漏与不足，敬请同行、专家和读者提出宝贵意见。

阮娟

2025 年 2 月

Contents

目 录

数字资源目录

项目一 学前儿童游戏活动概述

◇ 学习目标

素质目标：领会幼儿园以游戏为基本活动的现实意义，尊重学前儿童游戏的重要性与价值；树立科学的儿童观和游戏观。

知识目标：理解学前儿童游戏的含义、特点和类型；掌握早期游戏理论和现代游戏理论。

能力目标：能准确判断学前儿童游戏的类型及其发展价值，能初步将游戏理论运用于教育实践。

◇ 情境导入

《学记》中"藏焉，修焉，息焉，游焉"强调学习与游戏要有机结合，"游焉"的"游"含游戏之意，强调学习之余要通过游戏来放松，让身心在张弛有度中更好地发展，以利后续学习，体现了游戏的重要性。《幼训》中"优而游之，使自得之"倡导从容、轻松学习。游戏正契合此道，能让儿童在玩乐中自由探索，自主获取知识，对儿童发展有着关键作用。《礼记·少仪》中"士依于德，游于艺"，"游"体现出沉浸、自在的状态，"艺"涵盖多种技能学习，倡导以游戏般轻松的心态去学习，游戏能激发兴趣，助力知识吸收，足见游戏式学习的重要。康德认为艺术创作是一种自由的游戏。席勒和斯宾塞认为游戏是剩余精力的无目的消耗……这都从不同的角度反映了在不同历史时期、不同社会，人们对游戏的最根本的认识。总之，游戏是与工作不同的，对于儿童来说，游戏是儿童的基本活动形式之一，任何儿童都离不开游戏。

什么是学前儿童游戏？游戏对儿童成长有什么样的价值？儿童游戏和学前教育之间有什么关系？从古至今，国内外的研究者是从哪些视角建构儿童游戏理论的？这些游戏理论如何应用于当前幼儿园的教育实践？通过本项目的学习，你会找到答案。

任务一　认识学前儿童游戏

　　游戏是儿童最正当的行为，以其独特的魅力给儿童带来无尽的快乐，也是人类社会普遍存在的一种社会活动。游戏作为学前儿童最基本的活动形式之一，其价值不言而喻。纵观游戏发展的历史可以发现，随着游戏在人类社会的发展变革，关于游戏的概念也在发展变化。因此，要全面而客观地定义游戏是不容易的。

学前儿童游戏的含义

　　什么是游戏？《辞海》中指出，游戏是文化娱乐的一种，有发展智力的游戏和发展体力的游戏两类。[①]《中国大百科全书·教育》中将游戏定义为，儿童运用一定的知识和语言，借助各种物品，通过身体运动和心智活动，反映并探索周围世界的一种活动。[②] 福禄贝尔认为游戏是儿童内在本能的表现，尤其是活动本能和创造本能。他强调游戏对儿童的发展至关重要，能让儿童在快乐中增强体质、锻炼感官、发展智力与社会性，是儿童最纯洁、最神圣的活动，也是教育的重要手段。皮亚杰认为游戏是儿童认知发展的重要途径，分为练习性游戏、象征性游戏、规则性游戏等，对儿童智力发展意义重大。蒙台梭利认为"游戏就是儿童的工作"，是儿童认识世界、建立准则、形成道德的重要方式，能帮助儿童实现多方面能力的发展。

　　通过对游戏本身特征的研究以及国内外学者对儿童游戏的相关研究，我们可以认为：游戏是学前儿童最基本的活动形式，是学前儿童乐于参与，并通过模仿和想象，创造性地反映现实生活的独特的社会活动。这种活动有利于学前儿童身体、认知、社会性以及情绪情感能力的发展。

学前儿童游戏的特点

　　游戏作为学前儿童最喜爱的活动形式，能够由儿童自主掌握并带来愉悦的情绪体验，也是儿童享受乐趣、探索世界、促进身心发展的重要活动之一。认识学前儿童游戏的基本特点，有利于我们理解儿童的行为和心理需求，提升教育效果。

（一）主体性与愉悦性

　　主体性是指人作为活动主体在与客体相互作用的过程中表现出来的自主性、积极性、创造性，

---

　　① 夏征农，陈至立. 辞海（第六版普及本）［M］. 上海：上海辞书出版社，2010：4799.
　　② 中国大百科全书总编辑委员会《教育》编辑委员会，中国大百科全书出版社编辑部. 中国大百科全书：教育［M］. 北京：中国大百科全书出版社，1985：500.

表现为主体对外部世界以及自己与外部世界的关系的积极主动的掌握。[①] 儿童正是在游戏中形成和发展着自己的主体性，使儿童能够体验自己的智慧、情感和力量。而正是由于这种主体性体验，游戏中的儿童是快乐、愉悦的（图 1-1），这种愉悦性又驱使着儿童主动、积极地进行游戏。

图 1-1 我当小演员啦

(图片来自武汉市洪山区第一幼儿园)

（二）社会性与虚构性

儿童的游戏来源于社会生活，游戏活动的对象决定了游戏的社会性，儿童游戏的种类、内容和玩法也会受人与人、人与社会的关系的影响。然而，儿童的生活经验虽然是游戏的基础和源泉，但在游戏过程中儿童可以不受具体条件和时间的限制，通过想象创造出新的形象尽情地重演成人世界的活动，因此具有一定的虚构性。

（三）非强制性与规则性

儿童游戏是一种无拘无束的娱乐活动，不创造社会财富，也不是强制性的义务活动，儿童是为了好玩而玩游戏，除此之外无其他目的，游戏的兴趣在于游戏的本身。但儿童在游戏中不是任意为之，每一种游戏都会隐含着某种秩序，把游戏带入和谐、有序的状态中。如角色游戏、表演游戏、结构游戏等，儿童会遵守一定的规则，体现出规则性。我们来看下面这个案例。

> 活动室里，一场自发的捉迷藏游戏正悄然展开。幼儿们奶声奶气地商量着"这次该你找啦"，便各自笑着跑开，自主挑选心仪的躲藏处——有人轻手轻脚钻进小衣柜，有人笑嘻嘻地缩在桌底，还有人把自己裹进窗帘的褶皱里，末了总要脆生生喊一嗓子"开始找吧"，全然是游戏主人的自在模样。他们遵循着"被发现后要笑着跑开"的约定，却又在追逐时自然调整节奏，找不到人时会奶声奶气地喊"你藏哪儿啦"，被找到时便咯咯笑着蹦跳逃离。没有生硬的规则束缚，只有基于共同兴趣的默契，每个幼儿都在主动选择中享受着游戏的纯粹快乐，规则在笑声中自然流淌，化作童年最温暖的注脚。

---

① 刘焱.儿童游戏通论［M］.北京：北京师范大学出版社，2004：148.

三 学前儿童游戏的类型

学前儿童游戏的类型多种多样，由于研究视角不同，可以从不同角度、不同标准对学前儿童游戏进行分类。为了更加深入地理解游戏的性质和游戏的发展历程，我们主要学习几种典型的游戏分类。

（一）根据儿童的认知发展水平划分

皮亚杰是认知发展学派的创始人，通过对儿童认知发展的研究，将儿童的认知发展阶段划分为感知运动阶段、前运算阶段、具体运算阶段、形式运算阶段。游戏理论是其认知发展理论的重要组成部分，他认为儿童在不同的认知发展水平中会表现出不同的游戏形式。因此，他依据儿童的认知发展阶段把儿童游戏分为以下四种类型：

1. 练习性游戏

练习性游戏又叫作感觉运动游戏，发生于0～2岁的感知运动阶段，这是游戏发展最初的形式，是儿童最早玩的游戏。这种游戏的动因在于感觉和运动器官在使用的过程中所获得的快感，由简单、重复的动作组成，如婴儿反复摇晃玩具、重复吃手指、攀爬、拍球、滑滑梯等游戏。一起来看下面这个案例。

> 在阳光斜照的游戏垫上，9个月大的甜甜专注撕扯着彩色皱纹纸。她先将纸张揉成球感受蓬松触感，再用拇指与食指捏出锯齿状边缘，听着"嘶啦"声咯咯发笑。重复十余次后，她突然将碎纸抛向空中，看纸片像雪花般飘落，又立刻抓起新纸开始新一轮探索。

2. 象征性游戏

象征性游戏又叫作角色游戏，发生于2～7岁的前运算阶段，这是儿童游戏的最典型的形式，所占的时间也最长。这种游戏最典型的特征是模仿，"以人代人、以物代物"是游戏的表现形式，儿童在游戏中脱离了对实物的知觉，能够把以前经历过的事情、活动以及不在眼前的事物作为表象回忆起来的时候，机能性游戏就转化为象征性游戏，如过家家、开邮局、开小超市等游戏。

3. 结构游戏

结构游戏在2岁左右开始出现，随年龄的增长而发展，也是儿童常见的游戏形式之一，是以各种游戏材料建构物体结构的造型游戏（见图1-2）。这需要儿童具有一定的建构技能，随着生活经验的丰富，构造的物体也会越发逼真与形象。

4. 规则性游戏

规则性游戏发生于7～12岁的具体运算阶段，由两个或两个以上的儿童按照一定的规则进行的带有竞赛性质的游戏。由于规则本身具有不同的复杂程度，对于动作机能的要求也不相同，规则性游戏会逐步成为主要的游戏形式延续至成年，如下棋、打球、打牌等。

图 1-2　搭建小桥来过河

（图片来自武汉市洪山区第一幼儿园）

　活动案例
　　大班规则性游戏活动《谁跑得最快》

（二）根据儿童的社会性发展划分

社会性发展是儿童心理发展的一个重要方面，通过观察儿童在游戏中的表现可以判断出其社会性发展水平。美国心理学家帕顿（Parten）根据儿童游戏表现出来的社会参与水平将儿童游戏分为偶然的行为、旁观游戏、独自游戏、平行游戏、联合游戏、合作游戏六种类型。

1. 偶然的行为

偶然的行为指的是恰巧儿童注意到感兴趣的事物，例如，在椅子上面爬上爬下，东游西荡等，其实质并不是游戏。

2. 旁观游戏

旁观游戏是指儿童在一旁观看其他幼儿的游戏行为，虽然会指指点点，但并不想参与。以上的行为在两三岁的儿童中较常见，但不属于真正的游戏行为，社会化程度最低。

3. 独自游戏

独自游戏指儿童一个人玩玩具，自己玩自己的，没有玩伴意识。学步期的婴儿常常这样单独玩游戏，即使有同伴在场，儿童也是以自我为中心，专心玩自己的玩具。这时儿童的游戏还没有表现出明显的社会性特征。

4. 平行游戏

平行游戏是 2～3 岁儿童常见的游戏形式，儿童单独做自己的游戏，他们可能会玩相同的玩具和游戏，也会有相互模仿的现象和少许的交谈。但是他们不会设法影响或改变同伴的游戏活动。看起来好像在一起玩，其实没有合作行为，只是在同伴旁边单独玩。一起来看下面这个案例。

在游戏区的原木桌旁，兰兰、可可、军军各自摆弄着彩色橡皮泥。兰兰将粉色泥团反复搓成蛇形，又用塑料刀切成均匀小段；可可专注地将蓝色橡皮泥压成薄片，用饼干模具印出星星形状；军军则把黄色泥条卷成螺旋状，叠在绿色底座上。他们的小推车里堆满了未使用的工具，却始终只专注于自己的创作。偶尔兰兰抬头瞥向可可的作品，随即又低头继续手中动作，直到老师宣布收玩具时，三人才并排摆放出形态迥异的"生日蛋糕""星空"和"蜗牛"，却始终没有交流或讨论。

5. 联合游戏

联合游戏是4岁左右儿童常见的游戏形式，儿童和同伴一起做游戏，谈论共同的活动，但是没有明确的分工，也没有共同的具体的活动目标，根据自己的愿望进行游戏，突出儿童自己的兴趣，只是凑在一起玩。

6. 合作游戏

合作游戏一般出现在5岁左右儿童之中，他们相互配合，有共同的目的和相适应的方法，有组织分工并能遵守一定规则（图1-3）。这时儿童的社会化程度较高，儿童有较长时间的游戏合作，游戏的内容也较为多样。

图1-3　大家一起来表演

(图片来自武汉市洪山区武南幼儿园童趣园)

（三）根据教育作用对游戏进行划分

我国幼儿园的游戏活动按照其在儿童教育中的作用来进行分类，具体分类如下：

1. 创造性游戏

创造性游戏主要是指儿童在教师的指导下自由创造出来的游戏，体现出儿童发展的主体性、独立性和创造性，这也是儿童最爱玩的游戏，包括角色游戏、表演游戏和结构游戏三类。

2. 规则性游戏

规则性游戏是指以教师创编、组织为主，包含着一定内容和规则的游戏，儿童必须遵守规则才能正常地开展游戏。主要包括体育游戏、音乐游戏、智力游戏等。

需要注意的是，创造性游戏和规则性游戏并不相互排斥，创造性与规则性都是游戏的普遍特性。没有创造性的游戏则没有生机和活力，同样，失去规则性的游戏会导致游戏的混乱无序。因此，创造性游戏和规则性游戏的界限是不甚明确的。

四 游戏对学前儿童发展的作用

游戏是儿童的天性，它伴随着儿童的成长与发展，儿童的年龄特点、发展规律和学习特点决定了他们的学习与发展离不开游戏。游戏对儿童不仅有娱乐和消遣的作用，而且对儿童的身体、认知、社会性和情绪的发展有着不可替代的作用。

（一）游戏在儿童身体发展中的作用

儿童的游戏会伴随着各种各样的运动形式，有全身运动，也有局部运动；有大肌肉的运动，也有小肌肉的运动……这能够从多个方面锻炼儿童的身体，促进儿童正常的生长发育。如体育游戏能锻炼儿童走、跑、跳、钻、爬、攀登、平衡等基本动作能力（见图1-4）；结构游戏中搭积木、拼图、玩沙等能促进大小肌肉群的活动与手眼协调能力的发展；在户外游戏中，儿童能在阳光下呼吸新鲜的空气，对环境的适应能力增强，身体素质得以提升。[①] 游戏正是完全符合儿童各阶段不同年龄特点的一种活动形式，喜欢游戏的儿童往往也喜欢运动，身体的正常发育不仅需要营养，也需要运动，需要游戏。可以说，游戏是保障儿童身体健康发展的重要因素。

图 1-4 运动小达人

（图片来自黄冈师范学院附属幼儿园）

---

① 刘国磊.幼儿游戏与指导［M］.2版.长春：东北师范大学出版社，2019：7.

（二）游戏在儿童认知发展中的作用

近几十年来以皮亚杰为代表的学者通过对游戏与儿童认知发展关系的研究表明，游戏不仅仅能够反映儿童的认知发展水平，而且也能为新的发展提供机会与条件。那么，游戏是如何促进儿童认知发展的呢？首先，儿童对抽象概念的学习可以通过游戏的方式来进行，从而提高认知能力。比如玩拼图游戏时，儿童通过观察、思考和动手操作来认识形状、颜色，锻炼空间感知能力，从而提升认知水平。其次，游戏提供了一种独特的方式，让儿童在游戏中锻炼逻辑思维能力。比如通过解决游戏中的谜题和挑战，儿童不仅可以享受到解决问题的乐趣，还能在无形中提高自己的逻辑思维能力。[①] 再次，游戏能够促进儿童想象力和创造力的发展。游戏是儿童以虚构和想象的方式创造性地反映社会现实的活动，游戏中的儿童不仅需要拥有一定的社会经验基础，还需要一定的创造力与想象力，如把木板想象成手机，把凳子想象成马，把手指想象成针筒等。最后，游戏能够促进儿童语言的发展。游戏能够为儿童提供语言表达的环境，游戏中儿童必须与同伴进行语言交流，这些都为儿童语言的发生和发展奠定了基础。游戏中的儿童需要合作，需要交流思想与商量玩法，确定游戏规则，并用语言解决纠纷等，这都能促进儿童语言的发展。

（三）游戏在儿童社会性发展中的作用

游戏是儿童社会性交往的主要形式，也是促进他们社会性发展的重要途径。良好的社会性是提升儿童交往品质、改善儿童人际关系的基本前提，是促进儿童全面自主发展、提升儿童生命质量的重要手段。[②] 首先，游戏为儿童提供大量与同伴交往的机会，有助于提高儿童的交往技能，增加儿童之间的交往频率。如在角色游戏中，儿童需要与同伴商量角色与确定规则，有人违反规则时给予及时的纠正等。其次，游戏能够消除儿童的自我中心意识，逐渐了解自己与他人的联系，从中明白"我"和"你"的区别，进而学会站在他人的角度去思考问题，这有利于儿童去自我中心意识的发展。最后，游戏能够促进儿童意志品质的发展，有的游戏需要儿童克服困难，从而发展毅力、坚持性等品质，如扮演小警察需要儿童一动不动地站岗，"老狼老狼几点了"需要儿童短时间内快速地奔跑等。这些游戏都有助于锻炼儿童的意志力。

（四）游戏在儿童情绪发展中的作用

游戏中的儿童是快乐的、是幸福的。游戏可以增强儿童的成就感和自信心，在游戏活动中儿童拥有充分自由选择的权利，可以根据自己的想法和愿望来进行活动。比如，当儿童成功地用积木搭建起城堡，这就会使他们获得成功的快感和喜悦。除此之外，游戏还具有一定的情绪恢复功能，可以缓解儿童的紧张心理状态和负面情绪。相关研究者通过三个系统研究来考察住院治疗儿童的游戏与焦虑之间的关系，研究发现，住院治疗的儿童比没有住院的儿童更喜欢玩与医院有关的医疗玩

① 杨光.学前儿童游戏权研究：哲学思辨、政策表达、困境及出路 [J].宁波教育学院学报，2025，27（1）：23-27.

② 陈玲.借助混龄体育游戏促进幼儿社会性发展 [J].学前教育研究，2023（10）：91-94.

具，玩医疗玩具可以帮助住院治疗的儿童降低因住院引起的恐惧与焦虑。^① 游戏还可以使儿童的情绪变得平静，如有的儿童生气时会把垒好的积木推倒，有的儿童会打洋娃娃的屁股，有的儿童会不断地拍打皮球等。这都是儿童合理宣泄不良情绪的方式，有利于他们心理健康的发展。一起来看下面这个案例。

午睡时被同伴碰掉玩偶的果果噘着嘴躲进"情绪小天地"，抓起布偶轻轻拍打，边嘟囔"坏心情走开"。十分钟后，她抱着布偶蹦跳着加入搭积木游戏，脸上又扬起甜甜的笑。

拓展资源
福禄贝尔关于学前儿童游戏作用的分析

任务二　领会学前儿童游戏理论

虽然历史上很早就出现了儿童的游戏，但是古代最原始的游戏观不能称为理论，只是一些零散的论述。直到康德（1724—1804）认为游戏是与谋生劳动相对立的自由活动，人们才开始从不同角度关注儿童的行为，各研究者从不同的视角和所处时代的心理学、教育学发展水平提出了自己的游戏理论。19世纪下半叶到20世纪30年代是儿童游戏研究的初兴阶段，也出现了最早的一批游戏理论。

 早期游戏理论

（一）剩余精力说

剩余精力说的代表人物是德国思想家席勒和英国社会学家、心理学家斯宾塞。该理论认为生物体都有维护自身生存的能力，当维持生存所需的精力得到满足后便会产生剩余精力，而游戏则是儿童释放剩余精力的一种方式。儿童不需要像成人那样承担工作、生活的众多压力和责任，生理和心理能量的消耗相对较少，因而积累了大量的剩余精力。旺盛的精力如果得不到合理释放，会让儿童感到不适。于是，他们通过游戏来消耗这些多余的能量。比如，儿童通过奔跑、跳跃来玩捉迷藏、跳绳、踢毽子等游戏，这些看似简单的活动，实际上都是消耗、释放多余精力的途径。

（二）松弛说

松弛说的代表人物是德国哲学家、心理学家拉察鲁斯。该理论认为游戏不是在耗费精力，儿童

---

① 刘焱．儿童游戏通论［M］．北京：北京师范大学出版社，2004：238．

在学习和生活的过程中会产生疲劳，而游戏是他们缓解疲劳、恢复精力的重要途径，游戏使人体解除劳累和紧张状态，能够帮助人们恢复精力，促进身体健康，因此人们需要游戏。以搭积木游戏为例，儿童全神贯注地摆弄积木，看似是在玩乐，实则是在通过这种轻松愉快的活动转移注意力，让因学习而紧绷的神经得到放松。在游戏中，他们暂时忘却学习的压力，沉浸在自由创造的乐趣里，身体和大脑的疲劳感逐渐消散。"松弛说"强调了游戏对儿童恢复精力、缓解疲劳的重要性，让我们认识到游戏是儿童成长中不可或缺的一部分，为儿童的健康成长提供了精神和身体的双重滋养。

（三）生活预备说

生活预备说的代表人物是德国心理学家、生物学家格鲁斯。该理论认为儿童游戏是对未来生活的一种无意识的准备，是为将来的成人生活作预备性的练习，而儿童时代的游戏是未来生活中最好的预备。比如，小女孩玩"过家家"，她们模仿妈妈照顾宝宝、做饭、打扫卫生，这看似简单的游戏，实则是在为以后承担家庭角色做准备，练习照顾他人和料理家务的技能。"生活预备说"强调游戏对于儿童成长的前瞻性意义。儿童在游戏中并非盲目玩耍，而是在不断地探索和体验，为适应未来复杂的社会生活积累经验，游戏能让他们在轻松愉快的氛围里不知不觉地掌握生存和生活技能，迎接未来生活的挑战。

（四）复演说

复演说的代表人物是美国心理学家霍尔。该理论认为儿童游戏是对人类祖先生活和活动的复演。霍尔深受进化论影响，认为个体的发展是对种族发展过程的重演，儿童在游戏中通过特定行为回溯人类发展历程。比如，儿童热衷于玩打猎、战争游戏，模拟追捕、战斗场景，这反映出远古时期人类为获取食物、争夺资源进行狩猎和战斗的生存方式。还有角色扮演游戏，儿童模仿成人的日常活动，比如做家务、工作等（见图1-5），重演人类社会发展中形成的家庭和社会分工模式。"复演说"让我们明白游戏不仅是简单的娱乐，还承载着人类历史文化传承的使命，以独特方式延续着种族的记忆和经验，促进儿童身心发展，为儿童适应现代社会奠定基础。

图1-5 我是小工人

（图片来自武汉市洪山区第一幼儿园）

早期的游戏理论深受达尔文生物进化论的影响，带有浓厚的生物学色彩，从先天的、本能的、生物的标准去看待儿童的游戏，忽略了游戏的社会属性，它们同时也是主观思辨的产物，缺乏可靠的实验依据。[①] 但它们使游戏成为科学研究的对象，丰富了儿童游戏的理论，对后人的研究奠定了基础，也推动了儿童游戏研究的进展。

拓展资源
游戏的"自娱说"

 现代游戏理论

（一）精神分析学派的游戏观

精神分析学派的代表人物是奥地利心理学家弗洛伊德，他认为儿童游戏的动力源自潜意识的动机，能够帮助儿童完成己所不及的本我愿望，使现实生活中达不到的愿望得到实现从而获得满足。比如，年幼的儿童渴望像大人一样自由行动、自主决策，但因自身能力和社会规则束缚，这些渴望只能被压抑。而游戏则为他们提供了一个安全且自由的空间，让这些被压抑的无意识欲望得以释放。在游戏里，儿童可以扮演父母、医生、超级英雄等角色，体验掌控感和权威感，满足内心对强大与自主的向往，弥补现实中的缺失。

游戏对于儿童而言，还是应对焦虑情绪的有效方式。儿童在成长过程中，会遭遇各种令他们不安的情境，如与亲人短暂分离、接触陌生环境等。通过游戏，他们能够重新演绎这些经历，从被动承受者转变为主动参与者，以此缓解内心的紧张和恐惧。弗洛伊德还强调游戏中的快乐原则。他指出，儿童游戏主要是为了获得快乐体验，这种快乐源于对欲望的满足和对焦虑的缓解。与成人世界中受现实原则支配不同，儿童在游戏中遵循快乐至上，追求当下的愉悦感。这种快乐并非简单的感官刺激，而是深层次的心理满足，是在虚拟情境中实现自我、释放情感所带来的精神愉悦。一起来看下面这个案例。

在"情绪诊疗室"游戏区，5岁的朵朵正用玩具听诊器为毛绒熊检查。一周前因弟弟出生被忽视的她，此刻化身"医生"，用棉签蘸取"药水"轻拍小熊额头："宝宝乖，妈妈很快回来。"游戏中，她反复模拟妈妈安抚弟弟的场景，将现实中被冷落的焦虑转化为对"病人"的关怀。当小熊"痊愈"时，朵朵忽然将听诊器转向自己，轻声说："朵朵也要抱抱。"老师适时递上玩偶"妈妈"，她抱着玩偶蜷缩在角落，用手指轻梳玩偶的头发。

---

① 崔宇．幼儿游戏理论与活动指导［M］．北京：清华大学出版社，2021：40．

（二）认知发展学派的游戏观

认知发展学派的代表人物是瑞士儿童心理学家皮亚杰，他提倡从儿童认知发展的角度去研究儿童游戏，反对把游戏看作一种本能活动，并通过长期的观察和研究提出了认知发展的游戏理论。皮亚杰认为游戏是随着儿童的认知发展而变化的，儿童通过游戏来理解和适应周围的世界。

他强调游戏是儿童认知发展的重要途径。在游戏中，儿童能够将新的知识和经验与已有的认知结构相整合。例如，当儿童玩过家家时，他们会模仿成人的行为，在这个过程中逐渐理解家庭角色和社会关系，将这些新信息纳入自己的认知体系。游戏还具有自我调节的功能，儿童在游戏中可以根据自己的兴趣和能力来调整活动的难度和节奏。比如搭积木，儿童会从简单的搭建开始，随着能力的提升，尝试搭建更复杂的结构，这种自我调节有助于儿童更好地发展认知能力。

游戏也是儿童解决情感冲突的一种方式。当儿童在现实生活中遇到困难或挫折时，可能会通过游戏来表达和处理这些情绪。例如，儿童在与同伴发生矛盾后，可能会在游戏中通过角色互动来重新体验和解决类似的冲突，从而缓解内心的焦虑和不安。

（三）社会文化历史学派的游戏观

社会文化历史学派的代表人物是苏联心理学家维果茨基，他提倡从儿童游戏活动的诱因和动作去分析游戏，当儿童在认知发展的过程中出现不能满足的愿望时，游戏就会发生。儿童的游戏是在社会文化环境中发生的，儿童通过游戏来了解社会的文化规范和行为模式。如"娃娃家"的游戏就是模仿了成人的家庭生活行为，也反映出儿童对周围社会生活的观察和理解。游戏是有意义的活动，儿童能够将现实生活中的经验和想象相结合创造自己的游戏。游戏能促进儿童认知的发展，游戏在儿童发展中最大的作用就是创造了最近发展区。游戏中，儿童的表现总是超过他的实际年龄，优于他日常的行为表现。[①] 游戏中的规则对于儿童的发展也具有重要意义，规则可以帮助儿童学会自我控制和自我调节，培养他们的自律能力。例如，在玩捉迷藏的游戏时，儿童需要遵守"找人者闭上眼睛从 1 数到 20，这期间不能偷看"等规则，这要求他们克制自己的冲动，按照规则行事，从而逐渐学会控制自己的行为和情绪，适应社会生活中的各种规范和要求。

维果茨基认为，游戏是儿童生活中占主导的活动形式，游戏的重要性可以和教学的重要性相提并论。游戏能帮助儿童发展语言和思维能力，也是儿童将外在规则内化为自我约束的过程，在游戏中儿童的认知和社会性得到发展，因此，游戏是儿童心理发展的重要途径，也是儿童心理发展的源泉。

（四）行为主义学派的游戏观

行为主义学派的代表人物是美国心理学家桑代克，他认为儿童的游戏和动物的本能活动存在着相似性，游戏是一种学习行为，受到"练习律"和"效果律"的影响。"练习律"即刺激和反应的联结会因重复的次数而增强，如儿童反复玩搭积木的游戏，在不断重复过程中，他们逐渐掌握平衡、形状组合等技巧，使得动作愈发熟练，这正是游戏为儿童提供练习本能行为机会的体现。"效

---

① 崔宇．幼儿游戏理论与活动指导［M］．北京：清华大学出版社，2021：45.

果律"即行为产生满意的效果就会加强联系，行为产生不满意的效果则削弱联系。当儿童成功完成一幅拼图并得到家长和老师的夸奖，内心的满足感会使他们更加主动频繁地参与拼图活动，拼图活动和游戏的联结由此强化；倘若儿童在游戏中遭遇多次失败，拼图总是无法完成，儿童就会减少参与拼图游戏。这说明游戏结果会深刻地影响后续的游戏行为。

在桑代克看来，儿童游戏并非无目的的活动，而是一种学习方式。游戏中儿童不断尝试新行为，通过试错探索世界。如角色扮演游戏，儿童模仿成人的生活场景，在这个过程中了解社会角色规范和人际交往模式，积累社会经验。这与桑代克的理论中学习是通过不断尝试错误，形成刺激与反应联结的观点相契合。儿童在游戏里的各种尝试就是在构建知识和技能体系，推动自身成长与发展，从而使儿童获得心理满足。

除上述游戏理论之外，心理学家萨立认为儿童游戏的实质是儿童通过模仿现实生活中的各类角色如老师、警察、医生等来认识周围世界，儿童通过扮演现实生活中的各种角色来实现"愿望"，这种角色模仿行为为儿童提供了体验不同身份的机会来帮助他们理解社会规则和人际关系。

鲁宾斯坦认为儿童游戏是其认识世界、自我发展的独特活动。在游戏里，儿童通过模仿成人生活与各种社会现象，将现实中的印象与体验重新组合。这种活动促进儿童思维从具体形象向抽象逻辑过渡，提升他们解决问题的能力，推动智力发展。同时，游戏中的互动还能帮助儿童学会理解他人、遵守规则，促进儿童社会性的发展。

胡伊青加指出，儿童游戏并非随性而为，有特定时间与空间限制，具备明确的规则。在游戏里，儿童脱离现实，进入充满想象的世界，借助角色扮演来探索未知、释放天性。这种非功利性的活动，能让儿童学会遵守秩序，提升社交能力，还能激发创造力与想象力，为认知世界、理解规则和人际交往奠定基础，是儿童成长不可或缺的环节。

贝特森还从独特的视角剖析了儿童的游戏并提出"元交际理论"，他认为游戏具有元交际特性，这是一种关于如何交际的潜在信息交流。在游戏里，儿童通过动作、表情、语言等进行互动，传递"这是游戏"的信号，与现实相区分。这种元交际让儿童理解不同情境下的行为规则，学会解读他人意图。贝特森还强调，游戏为儿童提供探索和实验空间，能助其发现事物多种联系，能培养创造力与解决问题的能力，对儿童认知、社交与情感的发展有着深远影响。

游戏的觉醒理论由心理学家伯莱因、埃利斯、费恩等共同提出，该理论以讨论游戏的生理发生机制和环境的影响为特色，认为个体的觉醒水平是生理驱力与环境刺激相互作用的结果。对儿童而言，当觉醒水平低于最佳状态，儿童就会通过游戏主动寻求刺激来提升觉醒程度；若觉醒水平过高，儿童则会选择安静的游戏来降低觉醒水平。游戏的环境刺激不可过高也不可过低，必须保持一定的平衡水平，因此成人要注意儿童游戏环境设置的合理性。

总之，研究者们从不同学科、不同视角研究了学前儿童游戏，同时也获得了丰富的研究成果，为我们观察、理解学前儿童游戏提供了多样化的理论视角。

 拓展资源
游戏的元交际理论

活 动 案 例

大班科学游戏活动《轨道小球》

武汉市洪山区武南幼儿园童趣园　　熊桢

一、游戏背景

科学区新投放了轨道玩具，果果、琛琛、——将材料由一开始的圆形拼摆组合成 S 弯的形状，小球一动不动，怎样让小球滚起来呢？琛琛和果果将小球放在平面轨道上，你吹过来我吹过去，——在轨道下分别垫了两块积木，将小球放在上面滚下来，很快琛琛和果果也开始搭建有高低起伏的轨道，看着小球顺着轨道滚动起来，幼儿们开始沉迷于搭建各种各样的轨道，并开展了丰富多彩的探索，由此引发了一系列有趣的"轨道小球"活动（见图1至图40）。

图1　幼儿吹动轨道　　　　　　　　图2　幼儿搭起有坡度的轨道

二、游戏过程实录

阶段一：怎样让小球自己滚动？

琛琛和果果合作，搭建了阶梯式的轨道，果果将小球放在轨道最高处，小球不动，琛琛用手一推，小球顺着轨道滚动起来，果果兴奋地对我说："老师，你看成功啦。"我高兴地为他鼓掌，并问："怎样让小球自己滚起来呢？"

图3　搭建了阶递式的轨道　　　　　　图4　幼儿用手推动轨道

在区域分享时果果苦恼地说："这个球在这里总是不动，我不知道为什么会这样？"

多多说："是因为小球没有滚动力，爸爸说，要有斜坡才有滚动力，你们的轨道是平的，所以没有滚动力。"

我问幼儿们是否同意。桐桐说："不是的，有坡度小球滚得越慢才对。"我说："意见不一样，谁说的对呢？"琛琛回答道："试一次不就知道了？"通过实验，证明斜坡可以让小球滚得更快。

图5　两人做实验

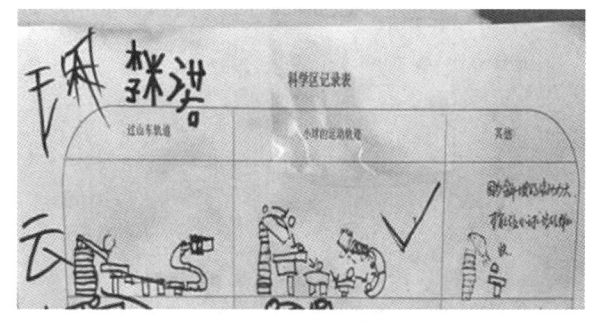
图6　再次游戏，幼儿成功后记录"滚动力"

教师的思考：

琛琛和果果不停地探索轨道和滚球游戏，用直道和弯道连接，用不同高度的积木从高到低摆放，但每次最上面一层都是平放的，可以看出他们知道不同高度可以让小球滚动，在游戏中表现出较强的主动性，但对斜坡滚物这一概念还不是十分清楚。

幼儿们吹球和推球这个现象已经持续1周了，在区域小结的时候，果果将这个问题说了出来，其实最好的学习是来自幼儿自己的思考和提问，于是我趁机问："谁能帮助他呢？"没想到多多一下提出"滚动力"这个词，我又追问："什么是滚动力？"听了多多的话，大部分的幼儿都被说服了。但是桐桐有不同意见，其实她说的是斜坡与小球速度的关系。幼儿们说试一试，实验证明，斜坡不仅可以让小球滚动，而且斜坡越大，小球滚得越快。

阶段二：低结构材料搭轨道

这天果果一脸沮丧地找到我，说："老师，琛琛他总是不听我们的，总是他搭。"我看向琛琛，琛琛说："可是我想试一下我这样搭行不行。"

我问他们："你们都想按自己的想法搭，轨道材料又只有一份，怎么办呢？"幼儿们沉默，我又问："有没有其他材料可以搭轨道？"果果想了想："积木条？"我鼓励他大胆地试一试。

图7　尝试运用积木条搭轨道

图8　直角弯道

积木条搭好后，小球可以滚下去，果果加上了直角转弯，结果小球到直角转弯的地方就把积木条撞倒了，喵喵说"用这个重的积木来搭"，果果说"用弯道拼就可以解决这个问题"。

直角弯道改成了弧形弯道，小球成功跑过弯道处，又停止不动了，果果手托下巴，想了想说"看来要把这个斜坡搭高一点"，他先将积木条垒高，放两节积木条靠在上面，结果一下就倒了，果果在尝试了两三次之后，有些沮丧，我问他："为什么这个总是倒呀？"琛琛："因为积木条这样不稳定"，我又问道："那怎么办呢？"果果说搭粗一点。于是，果果先用积木条围合成正方形，再往上垒高三层，这次果然没倒。

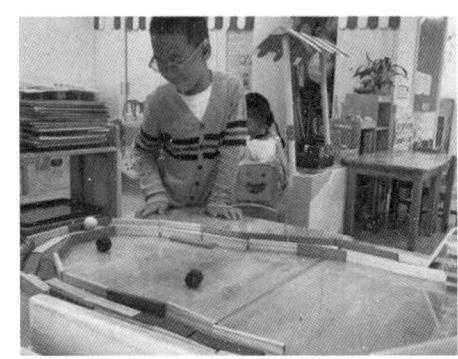 

图9　幼儿改用弧形弯道成功　　　　图10　支撑倒塌，探索方型支撑

教师的思考：

幼儿先后遇到三个新问题：一是材料不够，导致同伴出现冲突；二是在积木条搭的轨道上小球不能转弯；三是轨道支柱总是倒。这三个问题随着游戏的进行自然出现，对幼儿提出了一个接一个的挑战。面对第一个问题，果果用积木条成功搭建轨道，并打开了大家的思路；第二个问题，果果通过观察、思考，根据自己的经验，选择搭建弯道来解决；第三个问题，果果发现小球不动是因为斜坡不够高，加高了斜坡后总倒时，果果主动求助，琛琛指出问题，他们通过搭建方形的支柱成功解决了这个问题。在这过程中，幼儿积极主动地探索，认真专注地思考，得出了支柱一定要稳定的结论，从而搭出方形支柱解决了问题。

在这个阶段中，我大部分时间都在默默观察，只在游戏可能继续不下去时介入，幼儿探索欲望虽然高，但感到挫败时，需要老师的及时支持。

阶段三：怎样搭轨道塔？

恺恺用积木条搭了五层立式轨道塔，小球从第一层滚到最底层，吸引了幼儿们的目光，在区域分享时恺恺说："这是我回家专门学的轨道塔，你们来，我教你们搭。"

第二天，恺恺先请大家一起选出彩色的积木条，说："你们都看着，我来搭。"琛琛没有围过去，在恺恺开始搭之后，琛琛一边看恺恺搭，一边也开始搭，我问琛琛："你准备做什么？"琛琛说："我想学恺恺的轨道，把轨道再接长一点。"一段时间之后，琛琛一直在搭轨道塔，在经过多次推倒重搭后，轨道塔看起来有模有样，但小球来到倒数第二层时不动，小苹果凑过去看了看说："它这里平齐了，没有斜坡，所以球滚不下去，需要加一根积木条。"琛琛仔细看了看说："那好吧。"经过调整之后，轨道塔成功了。

图 11　幼儿搭建轨道塔

图 12　幼儿分享轨道塔

图 13　幼儿模仿搭建轨道塔

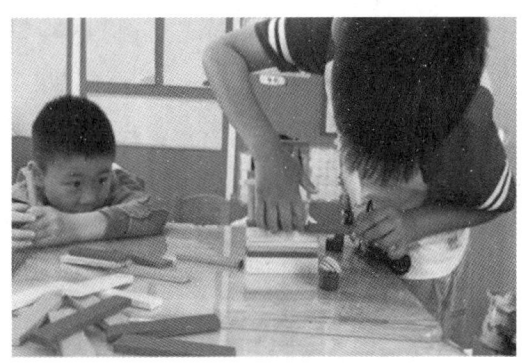

图 14　接受同伴建议，调整轨道塔

教师的思考：

轨道游戏吸引了许多幼儿的加入。恺恺的轨道塔，让幼儿感受到新的挑战。琛琛通过观察、模仿同伴的搭建，反复尝试，最后听取同伴的意见成功搭建。由于搭建轨道塔需要非常好的稳定性，否则很容易倒，琛琛在搭建中表现出极强的自主性和坚持性，发现搭得不对时马上调整，失败了重新再来，我问他为什么不和恺恺学，琛琛说："这样我可以看得更清楚，我只要学会就可以了。"可见幼儿对自己的搭建有一定的计划和目的性，这种同伴间互相学习，自主、专注、积极地学会新的技能的方式让我感受到在内驱力的带领下，幼儿天生就是学习家。

阶段四：能搭一个更大更好玩的轨道吗？

幼儿们在教室的各个地方探究着轨道小球，一一说："你们能搭一个更大更好玩的轨道吗？"幼儿们都说场地小，材料不够，我说："户外呢？"幼儿们兴奋地说："好，就去户外，搭个大的。"

幼儿们在幼儿园四处寻找材料，带回来鞍马垫、快递盒、剖面管、长木板、九宫格、篮球等材料开始游戏，他们先尝试在鞍马垫上放木板，连接快递盒，并排三根剖面管，成功后又挑战起更刺激的轨道，琛琛和果果搭了一条高低轨道，果果又将延伸出来的轨道连接后形成高低高的样子，说："看我的轨道更厉害，可以滚下来又滚上去。"但是小球滚到低处就不动了，幼儿们不断尝试。

图 15　冲击力大斜坡　　　　　图 16　3 名幼儿搭建的轨道

图 17　幼儿在自主选材料　　　图 18　运用复杂材料第一次搭建的轨道

图 19　尝试搭更厉害的轨道　　　图 20　尝试小球上坡失败

　　小苹果和果果用木板搭坡度，并在旁边放东西挡着。小球不动，琛琛蹲下去仔细看了后，将剖面管从高到低，搭成一整个连贯的轨道，但小球到九宫格就不动了，在反复尝试后琛琛说："看来是红球太大，白球要小一点。"白球跟着轨道一直滚到了最后，果果和琛琛开心地跳起来，但是十次里面成功的机会只有一两次。

图 21　红球无法通过　　　　　图 22　调整轨道

　　小苹果认为是轨道旁边没有护栏的原因，他用小的单元筒挡着，把软垫立起来放着，但小球还是会从缝隙跑出去，果果搭的轨道也遇到这个问题，他找来许多百变条，摆在两边木板边缘，成功阻止了小球跑出去，我问果果："为什么要放百变条?"果果说："这个就像护栏，小球就不会跑。"这一幕吸引了小苹果和琛琛，琛琛说："果果，你这个太厉害了，我们也加一个吧。"经过加长百变条，轨道搭建成功了，他们还玩起了小球滚动撞击单元筒的游戏。

图 23　加护栏球还是漏

图 24　百变条当护栏

图 25　同伴学习

图 26　百变条当轨道

图 27　设置障碍

图 28　小球成功击倒单元筒

　　第二天，小苹果和果果想将长木板和滚筒连接起来，尝试过各种摆放方式都失败了，小苹果沮丧地坐在地上，我借机问："怎么了？"果果说："我们想把滚筒接着木板，但总不成功。"我说："为什么总不成功？是哪里出了问题？"小苹果想了想说："就是单元筒总是跑，固定不了滚筒。"我说："什么样的材料可以固定圆圆的滚筒？"几番尝试后，他们用两层鞍马垫和两层轮胎固定了滚筒，我问小苹果："为什么选择轮胎和鞍马垫固定滚筒？"小苹果说："它们都是平的，也很大，这样就很稳定。"但是这个轨道，小球只有少数几次能到达终点。

图29　单元筒支撑失败

图30　反复失败

图31　沮丧的幼儿

图32　寻找新材料

图33　反复调整

图34　轨道成功啦

"要是总能成功就好了"，再玩轨道游戏的时候果果这样说。大家直点头，小苹果搭建的轨道吸引了大家，大家自动加入了他们，经过一番尝试，轨道初步搭好了，他们讨论起来，果果说："轨道太短了，没那么高级。"小歌说："没那么高级就不好玩。"琛琛说："要是能够把轨道拼长一点，那该多好啊。"

在加长的过程中，他们先后遇到高低轨道连接、大滚筒漏球、小球最后入篓等问题，果果隔开一点距离放了一个龟背壳说："小球直接滚到轮胎也太简单了，要是能先滚到轮胎最后滚到龟背壳里就厉害了。"经过多次尝试这些问题都成功解决，但在最后试验的时候，长板上的百变条总被小球撞倒，导致游戏不成功，琛琛生气地说"不要这个了"，小歌拿着球说"不要不行，小球滚不下去"，琛琛拿来一块同样的长木板说"把这个放旁边挡着"。果果和其他几个小朋友都说不行、会压垮，琛琛还是将木板艰难地放了上去，之后他说："确实不行，太重了。"几个人有些束手无策，我说："什么样的材料合适呢？"小歌说"要轻一点的，太重的搬不上去"，果果说"要重的，轻的会撞倒"，小苹果说"不轻不重最好，建构区的积木块可以"。他们拿来积木，积木一放就往下滑，琛琛说："根本不行，这是个坡，积木放上去就滑了。"果果说："还是百变条好，能不掉就好了。"我借机问："怎么让它不掉呢？"琛琛说"用那个大胶带粘"，果果说"用胶枪粘"，他们合作将百变条侧着粘在木板上，果然成功了，小球一个接一个地滚到了龟背壳里。

图35 搭建新轨道

图36 讨论小球入篓

图37 尝试放木板

图38 粘胶布

图39 轨道成功图

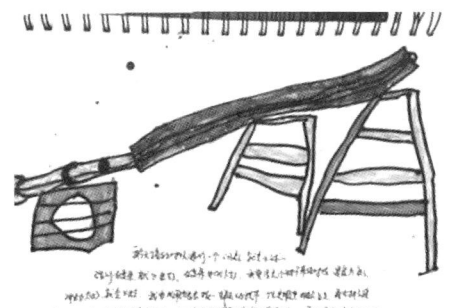

图40 幼儿的游戏故事记录

教师的思考：

前期的轨道搭建经历，让幼儿积累了关于坡度、支撑等方面的经验，并养成了"猜测—验证"的探究习惯，这支持着他们一步步探索，寻求更丰富的轨道玩法。

他们在户外自主选择材料，尝试了多种轨道，随着一次次搭建，幼儿们对轨道坡度和小球速度的关系积累了更多经验，在不同的轨道还会寻找适合轨道的小球进行游戏。在这个过程中，幼儿们再一次体验到自主学习、合作探究的完整过程，并积累了新的建构经验，如发现支撑物的稳定性与自身的重量以及接触面大小有关等。在这个过程中，我更多是一个发现者和观察者的角色，相信幼儿有足够的能力解决问题。事实证明，他们是可以做到的。在游戏中，幼儿解决问题的能力得到进一步的提升，同时，他们还在不经意间带动起更多的同伴参与和探究。

三、游戏活动反思

（一）游戏动机支撑着幼儿的探索

幼儿围绕"轨道小球"持续这么长时间的探索行为不是由我预设的。根据我对幼儿的观察，轨道游戏正好符合大班幼儿乐于挑战、喜欢探究的特点。特别是发现身边许多材料都可以用来搭轨道之后，低结构材料易于获得，变化性强，结果是显性的、易于观察，又有一定的趣味性，对他们的认知水平、造型能力要求并不高，却蕴含着无限的创意和逐步发展的可能。

搭建轨道，能满足不同发展水平幼儿的兴趣和需求，能使他们不断思考：小球滚不起来怎么办，什么样的材料做支撑更稳定，怎么让小球跑得更远等。此外，幼儿自我决定、自主选择搭建的轨道让他们获得了成就感并玩得很开心，这些才是幼儿探索的真正动机。因此，我最大限度地支持幼儿在玩的前提下和玩的过程中，以探索获得的经验和遇到的问题为推手，逐步促进幼儿的发展。

（二）游戏材料的功能随幼儿的需要而变化

当室内的游戏区域已经满足不了幼儿的游戏需求时，我及时调整场地并提供了更加丰富的游戏材料，比如单元筒、百变条、滚筒等，没想到这些材料组合起来可以搭出这么好玩的轨道。我发现，教师不去主导游戏而把选择权交给幼儿，他们会根据自己的需要去扩大材料的功能，使材料显示出更加综合的价值。幼儿们搭建出来的轨道是我无论如何也设计不出来的，这个游戏发展了幼儿科学、社会等多个领域的经验，表明幼儿是有能力的学习者。

（三）用欣赏的眼光，发现幼儿的学习品质

《3—6岁儿童学习与发展指南》中指出："幼儿在活动过程中表现出的积极态度和良好行为倾向是终身学习与发展所必需的宝贵品质。"

在学习态度方面，幼儿们从一开始的平面轨道到简易轨道，再到用低结构材料搭建轨道塔、户外大轨道，他们围绕轨道小球进行了一系列的探索活动，表现出积极主动、不怕困难的精神和较好的坚持性。

在学习行为与学习习惯方面，幼儿大胆用材料搭建不同的轨道，探索材料的不同用

法，和同伴一起将许多不同形状、不同材质的材料进行组合，表现出认真专注、敢于探究和尝试、合作性等良好学习品质。

在学习方法方面，幼儿遇到"小球怎么不动、还有什么材料可以搭轨道、轨道为什么总是倒"等问题时，通过观察、实验来验证自己的猜测；面对同伴新奇的玩法，能自主观察、模仿进行学习，能利用自己或他人的经验进行学习。

活动视频
大班科学游戏活动《轨道小球》

◇ **项目小结**

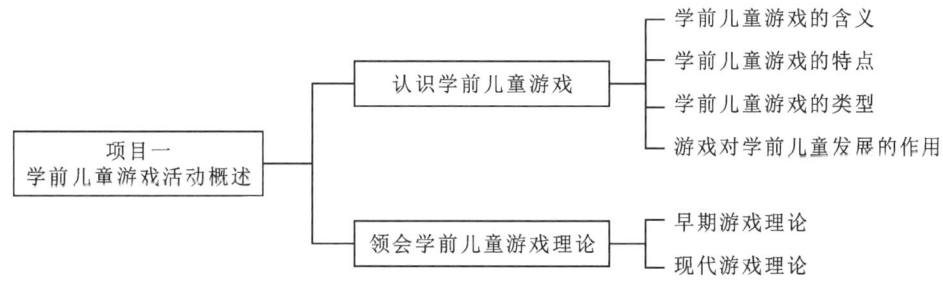

本项目围绕学前儿童游戏展开了深入探索。"认识学前儿童游戏"部分主要介绍了学前儿童游戏的含义、特点、类型和作用等，明确了游戏为学前儿童自主自愿、以愉悦为目的的活动，具有自主性、愉悦性、虚构性等特点。分类方式丰富多样，按认知发展水平可分为练习性游戏、象征性游戏、结构游戏、规则性游戏等；按社会性发展可分为偶然的行为、旁观游戏、独自游戏、平行游戏、联合游戏、合作游戏等类型；按教育作用可分为创造性游戏和规则性游戏。同时，游戏对学前儿童发展意义重大，对学前儿童的身体、认知、社会性、情绪的发展均有重要的影响。

在"领会学前儿童游戏理论"部分，早期游戏理论如剩余精力说、松弛说等，从不同角度对游戏起源与本质进行了阐释。现代游戏理论如精神分析学派强调游戏对儿童情绪宣泄和心理补偿的作用，认知发展学派关注游戏与儿童认知发展阶段的关联，社会文化历史学派则突出社会文化环境在游戏中的影响。通过对这些理论的学习，我们从多维度理解了学前儿童游戏背后的深层机制，为更好地支持和引导学前儿童游戏奠定了坚实的理论基础。

思考与练习

一、单项选择题

1. 幼儿赛跑、下棋一般属于（　　　）。（选自 2020 年下半年幼儿园教师资格证考试）

A. 表演游戏　　　　　　　　　　　　B. 建构游戏

C. 角色游戏　　　　　　　　　　　　D. 规则游戏

2. 认为"游戏是为未来生活做准备"的游戏理论是（　　　）。（选自 2012 年下半年幼儿园教师资格证考试）

A. 预演说　　　　　　　　　　　　　B. 剩余精力说

C. 复演说　　　　　　　　　　　　　D. 松弛消遣说

二、材料分析题

操场上新安装了一个投篮架。幼儿经常在这里玩投篮游戏。一天，几个幼儿带着笔刷和水桶来到这里，他们先快乐地粉刷投篮架，之后开始往篮筐里灌水，有的从上面灌，有的在下面灌，再装，再灌……反反复复，忙得不亦乐乎。（选自 2017 年下半年幼儿园教师资格证考试）

问题：是否应支持这些幼儿的行为？请说明理由。

参考答案
思考与练习

实践与实训

【实训一】

以"七彩的泡泡"为主题，为小班幼儿设计一个游戏活动方案，并制作相应的课件和游戏材料等，根据方案模拟游戏活动。

目的：掌握学前儿童游戏的特点、含义和作用，根据小班幼儿的年龄特点，能科学地设计与实施游戏活动。

要求：游戏活动方案结构完整，思路清晰。模拟活动后，各小组成员相互点评。

形式：小组合作。

方案设计
小班游戏活动方案《七彩的泡泡》

【实训二】

结合幼儿园教育见习和学前儿童游戏的概念、特点等，收集一个见习过程中所观察到的学前儿童游戏。可以任选一个年龄段，观摩游戏情境并进行细致的观察和记录，并运用游戏理论进行评析。

目的：掌握学前儿童游戏的概念、特点、作用等，并将其运用于教育实践。

要求：根据幼儿园教育见习经历，结合 DeepSeek、豆包等 AI（人工智能）大模型，从游戏的含义、特点、类型、作用、早期游戏理论和现代游戏理论等方面观察并分析学前儿童在游戏中的行为与表现。

形式：个人完成或小组合作。

观察记录
《搭建城堡》观察记录

思政案例

承鹤琴游戏理念　育时代新苗品德

一、溯源：奠定游戏教育基石

陈鹤琴先生作为我国现代幼儿教育的先驱，提出"游戏是儿童的生命"，将游戏置于幼儿教育的核心地位。在他看来，游戏并非简单的娱乐，而是一种富有教育意义的活动，能够促进儿童身体、智力、情感和社会性的全面发展。这一理念，打破了传统教育中对儿童游戏的忽视，为学前教育的发展指明了新的方向，成为我国学前教育理论与实践的重要基石，其深远意义与当下大力弘扬的教育家精神高度契合。

二、启智：游戏点亮思维之光

秉持着教育家对培养学生创新思维与探索精神的不懈追求，陈鹤琴先生主张通过游戏激发儿童的探索欲和创造力。例如在结构游戏中，幼儿们用积木搭建各种建筑，这一过程不仅锻炼了手部精细动作，还激发他们对空间、结构的认知。他们会思考如何搭建得更高更稳，不同形状的积木该如何组合。这种游戏就像一把钥匙，打开了儿童思维的大门，培养了他们解决问题的能力。游戏能够引导儿童学会独立思考，勇于创新，为日后树立科学的世界观和方法论奠定基础，充分展现出教育家精神中对启迪学生智慧的执着坚守。

三、育德：游戏塑造品格之基

游戏也是培养儿童品德的重要途径。陈鹤琴先生认为，在游戏中，儿童通过与同伴的互动，学会遵守规则、互相合作。以角色扮演游戏为例，儿童们模仿医生、护士等角色，在模拟场景中履行职责，这让他们体会到不同职业的价值，培养了责任感和同理心。在游戏过程中出现的矛盾与解决，能让儿童学会理解他人、宽容待人。陈鹤琴先生通过这样的教育实践，生动诠释了教育家精神中育人先育德的核心理念，为儿童未来的道德成长精心筑牢根基。

四、践行：创新游戏教育之路

在新时代，我们要继承和发展陈鹤琴先生的游戏教育思想，可以设计红色主题游戏，如"重走长征路"，让儿童们在模拟长征的过程中，体验革命先辈的艰辛，培养坚韧不拔的意志和爱国情怀；开展环保主题游戏，让儿童在游戏中树立环保意识，明白保护环境的重要性。这种与时俱进的创新实践，既忠实传承了陈鹤琴先生以游戏为教育手段的理念精髓，又紧密结合时代需求为游戏注入全新教育内涵，完美展现出教育家精神中与时俱进、开拓创新的鲜明特质。

陈鹤琴先生的游戏教育思想跨越时空，依然熠熠生辉。我们应深入挖掘其内涵，理解幼儿园以游戏为基本活动的现实意义，尊重学前儿童游戏的重要性与价值，为学前儿童的成长提供更优质的教育，培育出具有创新精神、高尚品德的时代新苗。

S

项目二 学前儿童角色游戏

◇ 学习目标

素质目标：尊重学前儿童在角色游戏中的自主性；乐于开展角色游戏；树立科学的游戏观和儿童观。

知识目标：理解学前儿童角色游戏的含义、特点和类型；掌握学前儿童角色游戏的目标、设计要点及环境创设的要求；掌握学前儿童角色游戏的观察内容与评价方式。

能力目标：能制订各年龄段学前儿童角色游戏的方案，熟练应用相关理论组织与指导学前儿童角色游戏。

◇ 情境导入

一个阳光明媚的下午，幼儿园中班的孩子们正在玩"小小医生上岗记"的角色扮演游戏，豆豆和小虎都想要成为主角，两人为了争抢唯一的听诊器而展开了激烈的争夺战。豆豆喊："我是医生，听诊器是我的！"小虎反驳："老师说要轮流，你昨天已经当过了！"两人的拉扯让"护士"小红不知所措。刘老师迅速介入，试图平息争端。她建议道："今天豆豆可以扮演外科医生，小虎扮演内科医生，我们一起用这个听诊器如何？"然而，小虎坚决不同意，坚持说："我就要当外科医生！"面对这一僵局，刘老师明确表示，如果小虎不愿意按照分配进行游戏，他就不能继续参与游戏。这让小虎非常生气，并选择离开了诊所区域。扮演"病人"的小兰抱怨："你们吵架，谁给我看病？""护士"小红在一旁摆弄药瓶，不知如何是好。10 分钟后，孩子们兴趣减退，诊所区域无人问津。

上述案例中，刘老师的介入方式存在优化的空间。你认为应该如何解决幼儿之间的冲突呢？通过本项目的学习，相信你会找到答案。

任务一　认识学前儿童角色游戏

在日常生活中，我们经常会看到这样的场景：有的幼儿扮演"医生"给"病人"打针，有的幼儿扮演"妈妈"照顾"宝宝"，有的幼儿在自己想象的街道里面模拟叫卖或购买东西……这些行为都属于幼儿想象和创造的角色游戏活动。

一　学前儿童角色游戏的含义

学前儿童角色游戏是指学前儿童按照自己的兴趣和意愿，以模仿和想象，借助真实或替代的材料，通过扮演角色，用语言、表情和动作创造性地再现周围现实生活的游戏。角色游戏通常有一定的主题，如娃娃家、小医院、糖果屋、照相馆、理发店等游戏，所以又称为"主题角色游戏"。

游戏主题、角色扮演、游戏材料、游戏情境和游戏规则是角色游戏的基本要素。角色游戏是创造性游戏中最具代表性的游戏，其对学前儿童的认知、情感和社会性等方面的发展具有独特的价值。

二　学前儿童角色游戏的特点

（一）自主性

自主性是学前儿童角色游戏最本质的属性。学前儿童可以根据游戏情境自由选择或创造游戏角色，自主推进游戏情节，创新游戏材料，表达情感，并独立解决问题等。教师应支持学前儿童参与角色游戏中的自主决策，激发他们参与游戏的内在动力。我们来看下面这个案例。

> 某幼儿园有个"小菜园"，专供厨房菜品。在这里，小朋友们一起种植蔬菜、构想游戏生活。一次中班游戏分享时，乐乐说："菜园里的茄子长好了，我们做茄子吃吧。"经过大家的自主讨论，最终确定游戏主题为"炒茄子"。大家自主选择完角色后，小厨师们、采摘员们等角色蹦蹦跳跳地忙碌起来。"茄子来啦。"果果抱着茄子跑来。"我想炒茄子。"甜甜边说边把茄子倒进锅里。晶晶说："锅铲呢？"顶顶迫不及待地说："我去拿。"同时，天天则把油、盐拿来准备着，大家都兴奋极了。

在"炒茄子"的角色游戏中，学前儿童自主确定游戏主题，自主选择角色，并能够运用已有的生活经验履行各自的职责，投入到角色中，充分发挥了他们在游戏中的自主能力。

（二）创造性

角色游戏是学前儿童创造性地反映个人生活经验的一种活动，其主题、角色、情节和材料都源于学前儿童的经验和兴趣。学前儿童的角色游戏并不是现实生活的完全复刻，而是虚实结合，他们会创造性模仿各种角色的动作、表情和语言，并根据游戏情境灵活调整。

角色游戏是学前儿童生活经验的创造性再现，内容丰富多样，并不意味着小班只玩娃娃家、中班只玩超市或者医院的游戏，他们的经验和游戏意愿也在随之改变。此外，在游戏的过程中，学前儿童要根据突发情况创造性地发展游戏情节，这也是学前儿童自主创造的过程。

（三）社会性

角色游戏是学前儿童基于自身的社会生活见闻，积极主动再现对现实生活的理解。游戏的角色、内容、情节体现了学前儿童已有的社会认知水平。角色游戏是学前儿童体验现实生活和模拟社会生活的重要方式，而丰富的模仿行为可以激发他们主动、积极的交往行为。一起来看下面这个案例。

> 在大班晨间骑行活动中，王老师发现孩子们在骑行区玩起了快递游戏，兴致勃勃。睿睿说：“我叔叔就是开快递站的！”婷婷接着说：“开快递站得准备很多材料。”冉冉说：“要手机、条形码、桌子和快递盒。”王老师提议：“要不咱们一起开个快递点？”孩子们一致认可，于是“糖糖快递屋”游戏诞生了。

角色游戏中学前儿童会展示出对成人社会生活的认知，如在扮演医生的过程中，他们学会温柔地照料“病人”；在扮演警察时，他们学会如何解决冲突、保护弱者；在扮演加油站的加油员时，他们学会了如何成为小小服务家（见图 2-1），等等。扮演这些角色，反映出他们对医生、警察、加油员等角色的期待。

图 2-1　“加油站营业啦”

（图片来自武汉市洪山区武南幼儿园童趣园）

（四）表征性

角色游戏作为一种基于表征思维的象征性活动，对学前儿童的认知发展具有重要意义。在角色游戏的过程中，儿童通过想象和表征，将角色、动作和情节进行虚构，构建出各种生活情境，为这些想象中的人或事物赋予真实的意义。角色游戏过程中的假想呈现以下四个特点：以人代人、以人代物、以物代人、以物代物。

 活动视频
中班角色游戏活动《理发店》

三　学前儿童角色游戏的类型

根据学前儿童在角色游戏中所表现出来的不同认知发展水平，我们将其划分为以下几种类型。

（一）机能性角色游戏

学前儿童通常会通过模仿某个角色的一两个突出的典型动作，来表示他们所扮演的角色。例如，他们模仿医生时，会做出"听诊"的动作；模仿妈妈时，会做出"给娃娃喂食"的动作。

（二）互补性角色游戏

互补性角色游戏是一种角色扮演活动，它依赖于另一方的存在，如司机和乘客、餐馆厨师和服务员、老师和学生、理发师和顾客（见图 2-2），等等。这类角色游戏是学前儿童所熟悉且亲身经历过的人际关系的再现。

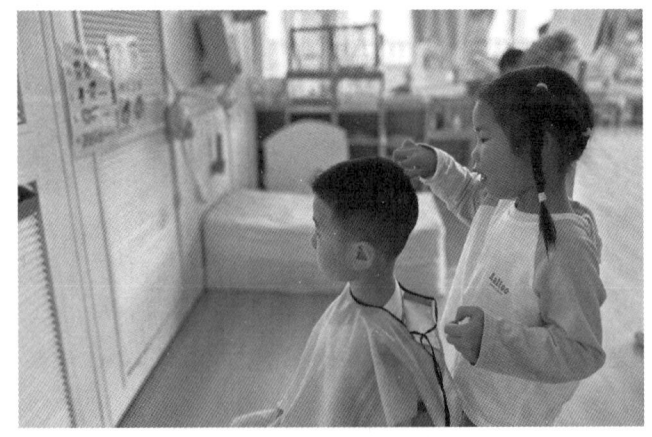

图 2-2　"咔嚓咔嚓理发屋"

（图片来自武汉市洪山区武南幼儿园童趣园）

（三）同一性角色游戏

在角色游戏中，由两名或两名以上的学前儿童共同扮演同一个角色。比如，多个学前儿童同时扮演病人，在"医院"里等待"医生"的治疗；两名学前儿童同时扮演顾客，一起去"照相馆""照相"。同一性角色游戏不仅能丰富游戏情节，还能培养学前儿童的合作意识和社会交往能力。

（四）关联性角色游戏

关联性角色游戏是在同一个角色游戏情境中，由一人扮演多个角色。比如，学前儿童在"家庭场景"里扮演"妈妈"照顾娃娃；而在"工作场景"中又转换角色成为"医生"，为"患者"看病。通过这种角色转换，学前儿童不仅能够体验不同角色的特点，还能加深对不同角色之间关系的理解。

（五）虚幻性角色游戏

这种角色游戏主要来源于故事、电视、电影等文学作品，而非现实生活中的真实情境。然而，它并非对文学作品中角色的完全再现，学前儿童只扮演其中某些角色。比如，学前儿童看了《萌鸡小队》后扮演萌鸡宝宝，看了《小马宝莉》后扮演小马等。

任务二　设计学前儿童角色游戏

 学前儿童角色游戏的目标

角色游戏是幼儿探索世界的方式之一，是培养幼儿社交能力、促进幼儿情感发展的重要载体。参照《幼儿园教育指导纲要（试行）》和《3—6岁儿童学习与发展指南》的相关要求，根据幼儿的身心发展特征及角色游戏的发展水平，各年龄段的角色游戏目标可明确如下，见表2-1。

我们来看看几个游戏目标。

1. 小班角色游戏活动《娃娃家》的目标

（1）愿意参加"娃娃家"的角色扮演游戏，感受家庭的温馨和关爱。

（2）认识家庭中爸爸、妈妈和小客人等不同的角色和职责。

（3）能在教师的引导下，简单模仿家庭成员的行为动作，如照顾宝宝等。

2. 中班角色游戏活动《我是小小发型师》的目标

（1）乐意扮演美发店中的各角色，享受与同伴进行扮演游戏的快乐。

（2）初步了解做发型的流程，懂得美发店各角色相应的职责。

（3）能运用原有的知识经验，尝试给"客人""烫发、卷发"，能与同伴协商解决问题。

3. 大班角色游戏活动《我要上小学》的目标

（1）乐意扮演"小学生""教师""校长"等角色，体验模拟"小学课堂"游戏的乐趣。

（2）了解小学的基本环境和学习生活的主要环节，如操场、上课等。

（3）能积极主动与同伴友好合作，用多种方式解决游戏中的问题。

表 2-1　各年龄段学前儿童角色游戏的目标

3～4 岁（小班）	4～5 岁（中班）	5～6 岁（大班）
1. 喜欢模仿生活中常见的角色，对角色游戏感兴趣。 2. 在教师引导下，能初步学会自主选择游戏主题。 3. 会模仿角色的典型行为和语言，有初步的角色意识。 4. 能基本围绕主题情节开展游戏。 5. 能运用游戏材料扮演熟悉的角色。 6. 喜欢与同伴交往合作，学习初步的人际交往技能。 7. 在教师的提醒下遵守游戏规则，初步学会整理玩具材料	1. 喜欢参与角色游戏，能比较投入地参与角色游戏。 2. 能按照自己的意愿主动选择游戏主题。 3. 能运用语言、表情和动作表现角色的基本特征。 4. 能主动地创造游戏情节。 5. 能有目的地选择游戏材料，并表现出较高的创造性。 6. 能与同伴通过协商和合作的方式解决游戏中的问题。 7. 能遵守游戏规则，并主动对游戏材料进行归类和整理	1. 能够全身心投入角色游戏，体验角色扮演的乐趣。 2. 能与同伴协商确定游戏主题。 3. 能够以角色的身份，自然且积极地与其他角色进行互动。 4. 能丰富并深化游戏情节。 5. 能灵活运用身边的物品开展游戏。 6. 能主动与同伴沟通，并快速地解决问题和矛盾。 7. 能够与同伴协商制定游戏规则，并有序地归类游戏材料、整理游戏场地

拓展资源
幼儿园教育指导纲要（试行）

拓展资源
3—6 岁儿童学习与发展指南

 学前儿童角色游戏的设计要点

（一）游戏主题

游戏主题一般是指角色游戏的名称，常见的幼儿角色游戏主题有娃娃家、服装店、照相馆、爱心医院、中医馆、超市等。游戏的主题决定了游戏中的角色性格、角色之间的关系、角色的行为方式等，同时决定了游戏情节的推进方式。如"超市"的主题游戏决定了"售货员"和"顾客"的角色以及他们之间的行为规则。

（二）角色扮演

角色是角色游戏的核心，幼儿最初扮演的角色往往源于他们熟悉的生活场景，例如，在"娃娃家"游戏中，幼儿会模仿家庭生活中的爸爸或妈妈照顾宝宝、打扫卫生、做饭等（见图 2-3）。随着幼儿角色扮演的范围逐渐扩大，他们开始扮演生活中感兴趣的或印象深刻的职业角色，例如，在"爱心医院"游戏中，幼儿分别扮演医生和病人，通过模仿询问病情、诊断疾病、治疗等环节，加深对这些角色的认知与理解。

图 2-3　娃娃家厨房
（图片来自武汉市洪山区第一幼儿园）

（三）游戏规则

游戏规则是指幼儿在角色扮演中共同约定并自觉遵守的与人、环境相关的要求。角色游戏中有内隐规则，角色本身决定了幼儿的行为和规则，即幼儿扮演哪种角色，就必须遵守相应的角色行为规范进行游戏。例如，在《娃娃家》游戏中，"妈妈"要去工作，要和"宝宝"分离，这就是规则的体现；在《我是小交警》游戏中（见图 2-4），当幼儿看到"交警"做出停止的手势时，就要遵守规则等待。教师要引导幼儿不断体验、遵守和内化规则，帮助他们在游戏中正确运用语言、动作以及进行有效的互动。

（四）游戏材料的假想

角色游戏的开展离不开对材料的假想，这种假想方式被称为"以物代物"，其实质是一种象征性想象行为。幼儿在游戏中"以物代物"的行为，很大程度上源于他们对替代物与被替代物之间的相似性认知，例如，幼儿用一根小棍充当温度计，用细细的纸条当面条，或者用铅笔当筷子夹菜等。

图 2-4　《我是小交警》

（图片来自武汉市洪山区武南幼儿园童趣园）

（五）游戏动作和情境的假想

在游戏中，幼儿通过假想的情境和创造性的动作，生动地反映现实生活。他们借助操作游戏材料，构建出丰富的假想情节，如去照相馆拍照、到超市购物、餐厅的厨师做饭（见图 2-5），等等。再比如，幼儿将一个纸盒子想象成城堡，自己则成为城堡里的国王或公主，进而展开复杂的角色互动和情节发展。

图 2-5　"户外餐厅开业啦"

（图片来自武汉市洪山区武南幼儿园童趣园）

拓展资源
中班角色游戏活动《小小消防员》

任务三　组织与指导学前儿童角色游戏

一　学前儿童角色游戏的环境创设

（一）小班幼儿角色游戏的环境创设

小班幼儿具有强烈的模仿性，他们喜欢在《娃娃家》中扮演角色，用语言、动作、表情等创造性地反映自己的生活经验。但由于生活经验少，规则意识较弱，他们扮演角色时表现力较差，多以重复动作为主。此外，在小班初期，幼儿经历了从熟悉的家庭进入陌生的幼儿园，周围环境、人和事物都发生了变化，会产生分离焦虑，因此，在创设小班角色游戏环境时，教师需关注幼儿的情绪，投放造型简洁、色彩鲜艳、安全简易且数量充足的游戏材料，模拟生活场景，激发幼儿游戏兴趣。以《娃娃家》为例，环境创设详见表 2-2。

表 2-2　小班角色游戏《娃娃家》的环境创设

材料的类型	具体内容
场景材料	幼儿尺寸的家具、厨具、电器，温馨的地毯、舒适的靠垫等
角色身份标志材料	制作带有爷爷、奶奶、爸爸、妈妈、哥哥、姐姐、弟弟、妹妹、宝宝等家庭成员图像的头饰或胸牌
操作材料	奶瓶、奶粉罐、浴盆、娃娃、化妆包、用餐工具、围裙、菜板、锅具、体温计等

在小班中后期，幼儿对班级环境基本熟悉，角色意识也逐渐清晰，这时角色游戏的主题可以增加医院、餐厅等。例如，医院可以投放医生、护士和病人等角色标识，在环境创设中，可以分为挂号台、诊室、病房和药房等，并贴上相应的标志，明确各角色的工作职责。再如，餐厅可以投放收银员、服务员、厨师等角色标识，以及鸡翅、土豆、牛肉等幼儿熟悉的多种仿真食物，引导幼儿积极扮演工作人员，协助布置餐厅场景。

（二）中班幼儿角色游戏的环境创设

中班幼儿的角色意识逐渐增强，生活经验也日益丰富，他们愿意尝试主题性更强、更加丰富多样的材料。教师可适当增设照相馆、美食街、超市等场景，让幼儿在角色扮演中体验不同的角色职责，并运用已有的生活经验思考和解决问题。同时，幼儿想象力和创造力逐渐发展，教师可在提供实物材料的基础上，增加低结构替代性材料，帮助幼儿实现多种角色表征，激发他们的探索欲望，如表 2-3 所示。

中班幼儿活动范围扩大，角色间交往增多。因此，角色游戏的空间要宽敞，方便幼儿自由走动，避免磕碰，有条件的应设置可随时延伸的备用活动室。游戏主题间的交通路线要保持通畅，以便促进不同游戏主题之间的联系。

表 2-3　中班角色游戏的环境创设

主题	具体内容
家乡美食街	可根据幼儿的生活经验和当地的文化特色创设美食街，将其设置在活动室或走廊等空间较大的地方，便于店铺布置和顾客就座用餐。中班中后期，幼儿更喜欢有层次性和挑战性的游戏材料，教师可提供生活中的材料及自然物，如废旧纸盒、彩带、布料、石头、落叶、木条等，引导幼儿以物代物来解决游戏中缺少的材料
"趣"开超市	中班初期，幼儿对蔬果区、零食区、玩具区等买卖兴趣浓厚，中后期根据需要增加日用品区、休闲区、家纺区，明确收银员、促销员、顾客、理货员的职责，各司其职，超市才能有序运营。中期可投放 1 元、2 元、5 元的纸币，再现推手推车、选商品、称重、结账等场景，帮助幼儿感知数与数之间的关系。后期可鼓励幼儿自制游戏材料，增加游戏情节的复杂性

（三）大班幼儿角色游戏的环境创设

大班幼儿在游戏中具有较强的角色意识，思维能力和动手操作能力更强，渴望更具挑战性的游戏。他们能自主确定游戏的主题和内容，因此，教师要引导幼儿自主设计、制作部分材料，注重材料的创新性、开放性和趣味性，同时鼓励幼儿废旧利用和想象创造，如用易拉罐制作电话等，激发幼儿的主动探究与创造潜能。此外，还可提供玩具柜，引导幼儿自行布置不同主题的角色游戏，提升幼儿分工合作、解决问题的能力。

班级可以继续保留 1～3 个角色游戏主题区域，合并或扩大常规、特色游戏区域，助推幼儿深度合作。大班初期，如在"银行"区域，教师可以投放模拟货币、存折、点钞机、存取钱的窗口标志等材料，让幼儿学习简单的货币换算和理财知识。大班中后期，结合小学学习的衔接需求来调整或适时增减材料，如在"娃娃家"的书房中提供各种图书、学习用具和收纳箱盒，引导幼儿养成分类和整理的好习惯。

 学前儿童角色游戏的指导策略

（一）游戏前的准备

1. 丰富和拓展幼儿的生活经验

角色游戏是幼儿创造性反映生活印象的活动，因此，幼儿生活经验越丰富，游戏主题和情节越生动有趣。一方面，教师可以通过教育教学、实地观察、劳动实践等多种活动拓宽幼儿的视野；另一方面，教师要引导家长在生活中有意识地带领幼儿接触各种职业人物和社会场景，如带幼儿逛超市、去餐厅用餐等，让幼儿在亲身体验中积累生活经验，为他们的角色游戏提供真实而生动的素材。

2. 创设适宜的角色游戏环境

角色游戏的环境是幼儿自主探索的基础，包括游戏场所和材料，这为幼儿开展角色游戏提供了物质支撑。教师可以根据幼儿的年龄段，设置娃娃家、医院、超市、银行等固定的角色游戏区，激发幼儿参与游戏的兴趣。同时，教师需根据幼儿的现有经验和游戏需要，及时为幼儿选择、投放和变换游戏材料。

3. 提供充足的游戏时间

角色游戏通常需要较长时间来深入体验，每次游戏时间一般不少于 30 分钟。只有保证充足的游戏时间，幼儿才有机会制定游戏计划、分配角色、准备材料等，他们可以按照自己的节奏开展游戏，从而使角色游戏真正发挥其应有的价值。若时间不足，幼儿无法充分展开游戏情节，会削弱幼儿对角色游戏的兴趣。

（二）游戏过程中的指导

1. 鼓励幼儿提出游戏主题

游戏主题能够有效反映出幼儿对现实生活的理解。教师应从幼儿的兴趣和需要出发，帮助他们找到乐于探究的游戏主题，如日常生活中爸爸看报纸、妈妈化妆等行为，幼儿在娃娃家游戏中会自然而然地进行模仿。需要注意的是，主题应由幼儿共同商讨提出，教师可以给幼儿提供一些建议，但不能硬性要求。

2. 指导幼儿选择和分配角色

在角色游戏中，幼儿最关注扮演什么角色。教师可引导幼儿主动表达想扮演的角色，并自主讨论分配角色。同时，教师要关注幼儿的个体差异，鼓励性格内向的幼儿扮演售货员、经理等互动性强的角色，而活泼、外向的幼儿则可尝试扮演保安等需要保持安静的角色，以确保角色分配更具针对性。

3. 指导幼儿丰富游戏情节

教师可通过三种方式适时介入游戏，帮助幼儿丰富情节，同时把游戏权利还给幼儿，避免剥夺其自主探索的机会。一是平行介入，教师与幼儿扮演相同角色，如，同时扮演老板，通过自身行为示范。二是合作介入，教师主动或应邀参与游戏，如在"美发屋"游戏中，教师扮演顾客，幼儿扮演理发师，互动帮助幼儿完成任务。三是指导性介入，教师扮演支配角色推动情节，如在"银行"游戏中，教师扮演经理，引导幼儿完成存钱等流程。

4. 加深角色间的内在联系

加深幼儿对角色的理解，增强游戏的合作程度，是助推角色游戏深入开展的关键。幼儿角色游戏从独自游戏向联合游戏发展，角色联系越密切，游戏水平越高。需要注意的是，教师不可强行制造联系，这样会影响幼儿参与游戏的自主性和创造性。

5. 引导幼儿遵守游戏规则

角色游戏的规则分为两部分：一是游戏中需要遵守的基本规则，如轮流玩、爱护玩具；二是基于角色间相互关系产生的规则，由幼儿共同商定，如挂号才能看病。教师需提前与幼儿达成共识，必要时可让违反规则的幼儿暂停游戏几分钟，冷静后再参与游戏。

（三）游戏结束后的指导

1. 愉快自然地结束角色游戏

教师需精准把握好结束游戏的时机，在幼儿兴趣未减时结束游戏，这样既能让幼儿愉快地结束游戏，又能让幼儿对下次游戏充满期待。当情节已经阶段性结束，继续推进困难时，教师可巧妙提醒幼儿结束游戏。例如，教师以银行经理角色说："还有五分钟就要下班了，请客户抓紧时间办理。"

2. 鼓励幼儿做好整理工作

游戏结束后，教师要引导幼儿收拾玩具和材料，在此过程中培养幼儿对物品的责任感。教师可根据幼儿年龄采取相应方法，小班幼儿重点培养参与整理的意识；中班幼儿着重培养收拾材料的习惯；大班幼儿则要求他们快速有序地将材料放回原位。

3. 组织幼儿评价和总结游戏

游戏评价既是本次游戏的总结，也为下次游戏提供导向。教师应及时对幼儿的游戏主题、角色扮演、情节、材料使用及行为表现等方面进行简短评价，肯定优点，指出不足，确保评价具体且有针对性，评价方式可多样，如小组讨论、现场评价，或由教师评、幼儿评、师幼共评。

拓展资源
如何组织幼儿园的混龄角色游戏

 学前儿童角色游戏的观察与评价

（一）角色游戏的观察策略

1. 观察内容的多个维度

（1）游戏主题与角色认知

观察幼儿玩什么，记录幼儿如何分配和扮演不同的角色、在角色扮演中是否专注、能否坚持自己的角色行为等。如在"餐厅"游戏中，扮演"服务员"的幼儿会主动询问"顾客"想吃什么，为"顾客"递上菜单、倒水，并将"顾客"点的餐单传递给"厨师"等，幼儿对自身角色有着清晰的认知。

（2）游戏规则与情节发展

关注幼儿是否能与同伴、教师共同制定并遵守游戏规则，情节发展是否连贯。如在中班"照相馆"游戏中，教师需观察幼儿能否创造性地推动游戏情节发展，如开设照相馆分店、设计主题派对、举办摄影展览并将拍摄的照片展示出来等。

（3）语言表达与人际交往

关注幼儿能否运用丰富的词汇进行表达与交流，能否主动与同伴进行角色交流，是否能与同伴友好相处，遇到问题是否能够尝试解决。如，在小班"医院"角色游戏中，教师应观察幼儿是否能够清晰、准确地描述病情，或者当"患者"角色"病情"复杂时，"医生"是否会主动向"护士"或其他角色求助。

（4）材料使用与创造性发展

记录幼儿能否用已有的材料替代生活中的物品进行游戏，使用了哪些材料来替代，替代的稳定性如何。观察幼儿能否根据游戏情节创造性地制作材料。在"鲜花店"游戏中，面对"顾客"不知买什么花的情况，幼儿一起绘制鲜花宣传手册并制作价格标签，成功推动花店升级。

2. 观察方法的科学运用

（1）扫描观察法

在固定时间内对幼儿进行整体观察，全面把握幼儿的游戏活动。运用此方法时，要确保全班幼儿在自己的视线范围内，一般在游戏开始和结束时使用。教师可以重点观察幼儿在游戏中是否积极投入，能否自觉遵守游戏规则，游戏中能否表现出较高的合作水平等。

（2）定点观察法

选择特定区域进行针对性的观察，了解幼儿的现有经验、同伴间的人际交往、游戏情节的发展等，深入细致记录游戏细节。教师主要观察幼儿是否具备稳定的角色意识，游戏中的语言和行为动作是否符合角色设定，游戏情节是否丰富多样，情节发展是否有内在联系等。

（3）追踪观察法

确定1～2名幼儿作为重点观察对象，观察他们在游戏情境中的真实发展水平，该方法固定观察对象而不固定区域。教师主要关注幼儿是否主动与同伴分享材料，能否用积极和正面的方式化解游戏中的角色冲突，材料使用是否具有创造性，游戏中是否表现出坚持性，能否对角色和材料进行丰富的假想等。

（二）角色游戏的评价方式

1. 多主体参与评价

（1）自我评价

自我评价是自我意识的重要体现，对幼儿的元认知发展有着至关重要的作用。在游戏结束后，教师可鼓励幼儿分享在游戏中的感受，例如，"你在游戏中做了哪些有趣的事情呢？""你最喜欢扮演哪个角色，为什么？"这样的提问能充分发挥自我评价对幼儿角色游戏的教育和启发作用。

（2）同伴互评

同伴互评是提升幼儿认知能力与社会性发展的有效手段。在游戏结束后，教师可以组织幼儿进行互评，如："你觉得他在扮演角色时，哪个方面做得更好呢？"这样的引导不仅能让幼儿学会欣赏他人，还能帮助他们在游戏中迁移经验，从而进一步促进幼儿社会交往与认知能力的发展。

（3）教师评价

基于幼儿角色游戏发展水平评价标准（详见表2-4），教师可以从多方面评价幼儿的表现。在评价的过程中，教师要以幼儿为主体，确保不削弱游戏的趣味性。如在中班游戏"小中医的药铺"中，教师通过观察幼儿自主选择"护士、坐诊医师、配药师、理疗师"等角色，以及他们在游戏中的望闻问切、摸摸药材、嗅嗅药香等行为，来评价幼儿的社交互动和情感表达。

表 2-4　幼儿角色游戏发展水平评价标准①

评价项目	评价标准			
	Ⅰ级（0分）	Ⅱ级（2分）	Ⅲ级（4分）	Ⅳ级（6分）
目的性	无目的性	有时会更换目的	事先能想好目的	有目的地持续玩
主动性	不参与角色游戏	想参加现有的角色游戏	在别人带领下参加游戏	主动参与角色游戏
对所担任的角色的理解度	不明确角色	能明确角色	能主动地承担角色	能担任主要角色
遵守职责	不按角色职责行动	有时按角色职责行动	基本能按角色职责行动	一直按角色职责行动
角色关系	独自游戏，与别人没联系	与别人偶尔有联系，或在启发下与别人保持联系	明确角色关系	互相配合联系
对游戏材料的使用	凭兴趣使用	按角色需要使用	创造性地使用	自己设计并制作游戏道具
组织能力	无组织能力	基本上会通过商量分配角色	能出主意使游戏进行下去	带领别人玩，教别人玩
持续时间	持续不了10分钟	能玩10～20分钟	能认真玩20～30分钟	坚持玩到游戏结束

评价标准：大班≥42分，中班≥35分，小班≥21分，仅供参考。

2. 开展增值性评价

在幼儿角色游戏中，每个幼儿都展现出独特的性格和行为。从增值性评价的角度出发，教师可持续追踪幼儿在角色游戏中的表现，通过持续观察、深入谈话，捕捉并记录他们的典型表现，进而勾勒出幼儿在一段时间内的发展轨迹。这种评价方式不仅有助于教师深入了解幼儿在角色游戏中的成长，还能营造一种充分尊重幼儿的游戏氛围，从而为幼儿提供更有针对性的指导，促进他们的全面发展。

---

① 董静. 幼儿园游戏与指导［M］. 南京：江苏凤凰出版社，2023：14.

大班角色游戏活动《风娃娃理发店》

武汉市洪山区武南幼儿园童趣园　谢微

一、游戏背景

在幼儿园的春萌节启动仪式上，雯雯特意去理发店做了个漂亮的发型，小朋友看到新发型开始围观，夸她的发型好看！为此小朋友展开关于发型的讨论，交流自己的理发经历，贝贝说："老师，我们能开一家理发店吗？这样我们就可以在幼儿园理头发了"。孩子们纷纷表示赞同，于是追随孩子们的兴趣，我们班开设了"风娃娃理发店"角色游戏区。

经过和孩子们的共同筹备，一周后风娃娃理发店开业啦！刚开业，理发店的各种材料就吸引了孩子们的目光。他们迫不及待地冲进理发店，可是孩子们只是随意摆弄各种材料，整个游戏状态比较混乱，他们的游戏情况并不理想。从孩子们的反应中，我可以感受到他们对理发店很感兴趣，但由于缺乏相关经验，游戏不能深入开展。我从调查了解孩子们的经验着手，和他们开启了理发店游戏之旅（见图1至图41）。

二、游戏过程实录

阶段一：理发店大调查

理发店在我们的生活中随处可见，但孩子们对理发店还是缺乏一些了解的，于是我和孩子们共同制定了一份理发店亲子调查表，让孩子们回家和家长共同调查。通过调查表，一方面可以增进孩子们对理发店的兴趣和经验，另一方面还还可以了解孩子们关于理发店的问题。

阶段二：玩转理发店

实录一：你想在理发店怎么玩？

我向孩子们提出问题：你想在理发店怎么玩？孩子们说了一些他们的想法。

皓皓：我想在理发店烫头发和剪头发。

哲哲：我想在理发店洗剪吹，哈哈。

右右：我想给别人烫个头发还想剪个发。

昕昕：我想当理发店的老板。

文文：我想给顾客编头发。

芳芳：我想在理发店干洗头发，然后烫个头发……

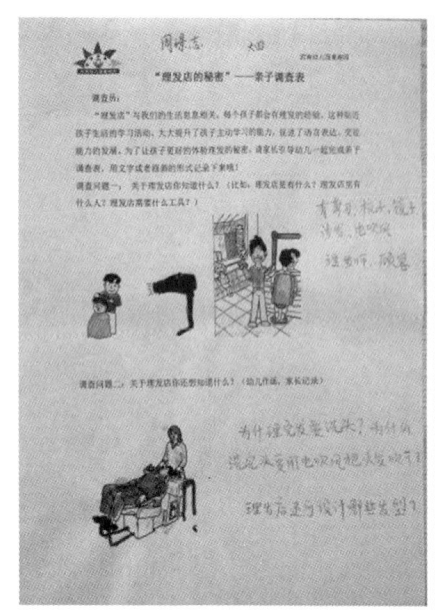

1. 关于理发店你知道什么？	2. 关于理发店你还想知道什么？
贝贝：理发店里有理发师、洗头师，还有剪刀、吹风机、洗发露、染发剂。 文文：理发店有烫发器、梳子、客人、手机。 棠棠：理发店可以剪头发，还可以烫头发、染头发，还有爆炸头。 昕昕：理发店有一个剃头发的机器像一把刷子；还有梳子、凳子，小孩子还有汽车凳子；还有看动画片的电子屏幕。 果果：理发店里有老板，还有喷壶、刷子那些。理发师给顾客染头发、剪头发。 哲哲：我去过的理发店里面有理发师叔叔、吹风机，还可以烫头发，有剪刀、有梳子、椅子。还可以躺着的洗头椅。 励励：理发店里面会有很多顾客还有陪着一起剪头发的人。上次我去剪头发，妈妈在那玩手机等我。	文文：我想知道怎么剪头发，怎么烫头发。 果果：我还想知道能不能喝茶，能不能点外卖。 贝贝：我想知道头发为什么可以染不同颜色，烫发器为什么可以把头发弄卷。 妍妍：我想知道为什么理发师剃出来的图案这么好看，是怎么有这个技术的？要训练吗？要考试吗？ 枝枝：我还想知道可不可以做美甲，怎么做美甲？ 天翊：我想知道剪下来的头发有没有用？ 琪琪：男孩子和女孩子理发有什么不一样？ 励励：我想知道剪头发是先剪头发还是先洗头发？ 哲哲：理发店可以设计哪些发型？理发理要几块钱？我想知道我应该去哪个理发店理发？

图 1　理发店大调查

　　当孩子们有了这样一些想法后，理发店初体验就开始了。第一次游戏结束后孩子们发现了问题，来理发的顾客太少了，怎么办？小朋友们个个都没精打采的，这该怎么办呢？妍妍说："那我们开个会讨论一下吧，肯定有办法的！"大家坐在一起商量有什么好的办法。

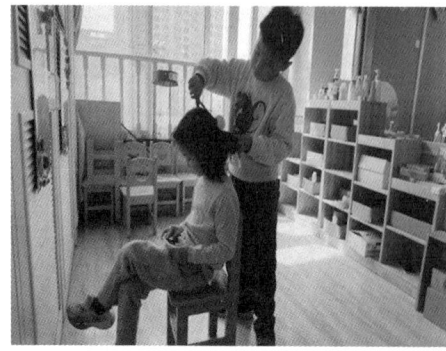

图 2　理发店初体验（1）

图 3　理发店初体验（2）

哲哲：我们可以学着商场那样做活动，打折或者理发送礼品，这样就可以吸引更多的顾客了。

可可：可以邀请其他区的小朋友来游戏，我们表演区的小朋友想要做好看的发型去表演。

文文：我们还可以邀请老师跟我们一起游戏呀，老师们的头发也需要美美的。

馨馨：我们还可以邀请其他班的小朋友来玩理发的游戏啊，大家肯定很想玩。

图4　大家怎么都不来理发呢？

图5　今天都没啥生意

图6　理发送面膜哦

图7　今日理发打八折哦

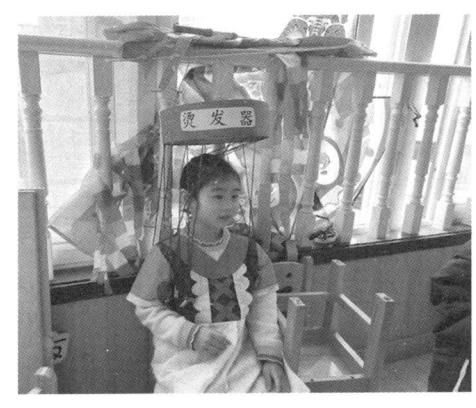

图8　我想做个好看的发型去表演

图9　老师，今天你想做什么发型呢？

为了吸引顾客，孩子们想出很多的办法来。于是，我继续追问："在理发店里面我们还可以做些什么呢？"

哲哲：理发店人多需要排队的时候，顾客可以喝点茶休息一下。

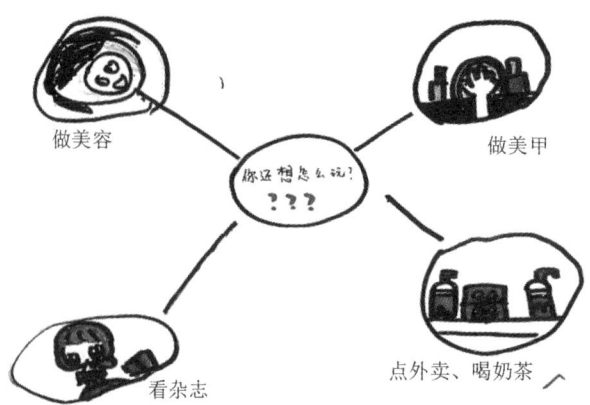

图 10 在理发店，你还想怎么玩？

贝贝：化妆师还可以外出给顾客化妆。

雯雯：理完发还可以免费做美甲。

可可：那也可以做美容呀。

右右：我在理发店理发，肚子饿了我还可以点外卖、喝奶茶。

馨馨：我们还可以看看理发的杂志，看看好看的发型。

图 11 喝喝茶、看看杂志

图 12 做个漂亮的指甲

教师思考：

通过积累丰富的经验，我们要不断提升幼儿的游戏水平。教师持续对幼儿提出问题："你想怎么玩？你还想怎么玩？"通过追问，给幼儿提供了解决问题的机会和思考的空间。参与理发店游戏的幼儿通过分享、交流、合作以及教师的引导（抓住时机，现场老师以顾客的角色介入游戏），很快找到了解决问题的办法，获得了新的游戏经验。这些经验对于其他幼儿有较大的借鉴意义和价值，教师在分享与交流环节请幼儿分享他们的经验和感受，以促进其他幼儿游戏水平的提高。

实录二：大家都抢着当理发师，怎么办？

经过近一段时间的游戏以后，大家发现理发店又出现了问题。游戏的时候大家争抢当理发师，这该怎么办呢？

妍妍：那我们再开个会吧？

教师：你们打算怎么做呢？

馨馨：我们可以讨论一下怎么分工？还可以说说工作人员的职责是什么呀？怎么收银啊？

右右：我们可以佩带工作牌，根据工作牌来工作。

可可：大家要遵守规则，轮流来当理发师，不能抢。

雯雯：我觉得我们可以去参观一下理发店，看看别人是怎么做的？

贝贝：我觉得还可以在理发店多准备一些材料，这样大家都可以来当理发师。

孩子们你一言我一语，说出很多办法来。接着，孩子们在家长的带领下走进了真实的理发店，参观理发店以后，他们就回来跟大家分享。有孩子提出："老师，我们也重新装修一下理发店吧！"孩子们对这个提议非常感兴趣。

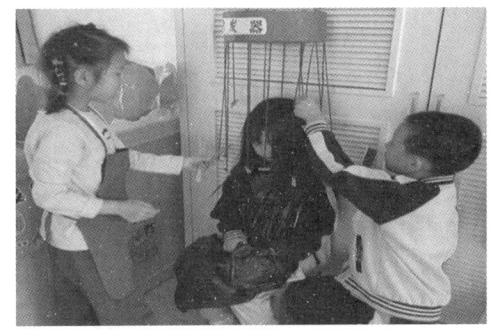

图 13　谁是理发师？

图 14　我们都想当理发师

图 15　讨论工作人员的职责是什么

图 16　学习怎么收银

图 17　初次走进理发店

图 18　理发店里有什么

教师思考：

在游戏过程当中，孩子们遇到困难，想办法解决困难，养成了积极主动、不怕困难、敢于探究和尝试等良好的学习品质，为今后的学习发展打下了基础。作为教师，在孩子们积极主动探索理发店的游戏时，我更应该作为观察者，默默记录孩子们的游戏过程，做孩子们的支持者，培养他们克服困难的勇气，而不是主动地介入和打扰，剥夺他们独立成长的机会。

实录三：怎么重新装修理发店？

经过商量讨论，孩子们首先画出了理发店装修设计图，接着对理发店的格局重新进行了布置，孩子们还找来了各种材料，像洗发水、护发素、美发工具、自己在幼儿园设计的发型图片、染发色卡、假发等。经过孩子们的精心筹备，理发店再次营业啦！新装修的理发店非常受孩子们的欢迎，他们争先恐后地进入理发店，扮演着理发师和顾客的角色，围上围裙再坐到理发区吹干头发，然后烫发、剪发……大家玩得不亦乐乎。

图 19　理发店装修设计图（1）

图 20　理发店装修设计图（2）

图 21　装修准备中

图 22　理发店装修好了

图 23　美发区

图 24　美容区

图 25　烫发区

图 26　理发区

　　营业了一段时间后，我发现，理发店可供孩子们操作的理发材料仍然比较单一。这时，我和孩子们一起找了一些网上的视频，继续丰富关于理发店的经验。右右说："老师，我们也可以像他们一样增加多一些材料来理发啊！"

　　实录四：还可以用什么材料制作头发呢？

　　孩子们经过小组讨论后，制订了一份制作假发的材料图，可以用卡纸、彩色纸条、皱纹纸等材料制作假发。说干就干，孩子们的行动力特别强，从家里、幼儿园里寻找到材料，然后就开始了假发制作。他们请美工区的孩子们帮助理发店准备彩纸做成假的卷发；用气球做成气球娃娃然后给它贴上长长的假发；各种各样的假发做好后，他们迫不及待地开始了游戏，大家开心得不得了，还给理发店取了一个独具特色的名字"风娃娃理发店"。孩子们的理发店天天都是顾客爆满！

图 27　观看网络视频，学习经验

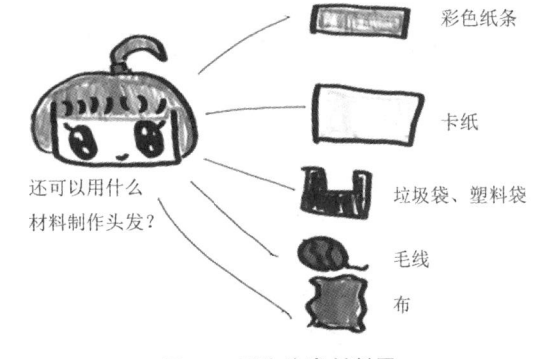

还可以用什么
材料制作头发？

彩色纸条

卡纸

垃圾袋、塑料袋

毛线

布

图 28　制作头发材料图

图 29　我们自己动手做卷发

图 30　给顾客卷个好看的卷发

图31　给气球娃娃粘头发

图32　实习理发师练习剪发

在区域游戏结束后，孩子们会利用这个机会进行相互评价。顾客和其他区域的小朋友会对理发师进行评价，理发师也会给自己一个评价。

妍妍：今天顾客有点多，我有点忙也有点累。

文文：理完头发后地上都是头发，就需要工作人员打扫一下，右右就来打扫了。

哲哲：我觉得妍妍理发师很会卷发，卷得很好看。

浩浩：我觉得理发店的游戏很好玩，跟真的在理发店一样。

馨馨：今天我们被投诉了，因为1号理发师态度不好。

贝贝：顾客给理发店五星好评，理发师做的头发很好看，顾客很满意。

图33　自我评价

图34　他人评价

图35　理发师被投诉了

图36　理发店得到五星好评

教师思考：

游戏结束后，教师结合图片、视频等，分享网络上一些创意多变的新发型或者新玩法，激发幼儿产生更多创新游戏的灵感，拓展幼儿的游戏思路，增强其思维的灵活性。要鼓励幼儿主动寻找和制作头发所需的材料，支持幼儿游戏中的以物代物的假想行为。角色游戏中的材料不一定全部由教师包办代替准备好，有时候发挥幼儿的主动性，让他们自己选择、制作材料，反而更能够发展幼儿的动手能力和以物代物的假想能力，促进其游戏水平的提升。在幼儿不知如何准备时，教师可以给予一定的提示，比如，可以让美工区的幼儿帮助理发店准备彩纸做假的卷发；在幼儿主动寻找替代物（如板凳、浴帽等）给予游戏时，应对幼儿的选择给予积极的认同，并在需要时帮助幼儿继续丰富其选择，从而推动游戏情节的发展。

阶段三：理发店再调查

教师：我们已经玩了很多次理发店游戏了，关于理发店你还想知道什么呢？

贝贝：我想知道头发为什么可以染不同颜色，烫发器为什么可以把头发弄卷。

妍妍：我想知道为什么理发师剪出来的图案这么好看，是怎么有这个技术的？要考试吗？

天翊：我想知道剪下来的头发有没有用。

勋勋：我想知道剪头发是先剪头发还是先洗头发。

教师：那你们想怎么解决这些问题？

妍妍：我们可以把问题先记录下来，再一个个地想办法。

贝贝：我觉得可以去问理发店里的理发师，他们肯定知道答案。

右右：这个办法好，理发师肯定知道，我们去问他们。

于是，孩子们迫不及待地坐在一起进行讨论并且还绘制了问题清单，大家想一起去理发店找理发师寻找答案。

图37　小组讨论

图38　问题清单

图39　来到理发店

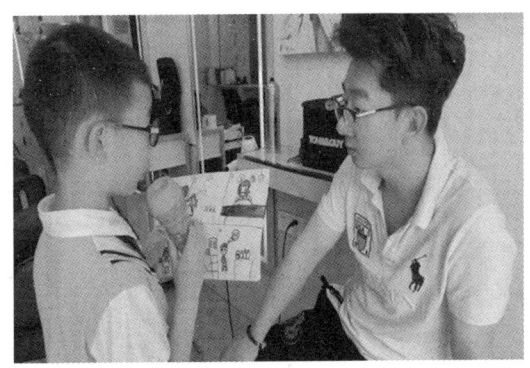

图40　采访理发师叔叔

教师思考：

《3—6岁儿童学习与发展指南》中指出，"最大限度地支持和满足幼儿通过直接感知、实际操作和亲身体验获取经验的需要"。为此，孩子们进行了实地体验，走进真实的理发店，带着问题清单对理发师叔叔进行了采访，问题清单上的问题寻找到了答案。

阶段四：回顾与反思

关于理发店的游戏我们暂时告一段落，但是我们仍会带着不同的感受去拓展风娃娃理发店的游戏。经过和孩子们的互动与对话，我们一起回顾了游戏的精彩视频与照片，也回顾了游戏过后的孩子们的收获。

教师：在理发店的游戏中，你最喜欢那个角色？

右右：我喜欢当理发师，可以给顾客理各种好看的发型。

可可：我喜欢给顾客化妆，可以把表演区的小演员打扮得漂漂亮亮的。

馨馨：我最喜欢做美甲，这样我就可以给妈妈做漂亮的指甲。

贝贝：我特别喜欢收银，感觉我自己当上理发店的老板了。

教师：在风娃娃理发店的游戏中，你有什么收获呢？

浩浩：我学会了和小朋友交流，不能乱拿东西玩，要遵守理发店的规则，还学会了等待。

右右：我以前一开始只知道抢理发师的牌子，现在我知道不能抢，可以跟小朋友开会讨论，商量一下当理发师的规则。

泽泽：我知道可以在手机上面搜索一些好看的发型给理发师看，然后给我剪。

文文：我之前只会乱剪，后来我用气球娃娃来练习剪头发，把头发剪得很齐。

妍妍：我可以给顾客洗头发、吹头发，还会做卷卷发型，顾客都说我做得好。

游戏过程中，通过给家长分享照片、分享视频，家长也参与其中，帮助孩子收集材料，带孩子去参观理发店。

右右爸爸：作为家长，我们最大的收获就是，孩子在这个理发店游戏中学会了团结合作，学会了去观察事物。在游戏中，孩子知道当一名理发师是很不容易的，要有过硬的理发技术和服务质量。

彬彬爸爸：每次带孩子去理发店，都是以顾客的身份去剪头发，孩子感触不深。本次在"风娃娃理发店"的游戏中，分别以顾客、理发师两种不同的身份参与到游戏中，可以学中玩、玩中学，深刻了解每个角色是具体干什么的，孩子的观察能力增强了。

泽泽妈妈：让孩子自己参与游戏中的角色扮演，孩子们的兴趣更大、更主动。让他们自己认识到每个人在生活中都有不同的角色。我觉得孩子学习知识最好的前提就是自己感兴趣，主动去学，乐于去学，并在学习中收获快乐。

......

三、游戏活动反思

（一）游戏特点

1. 源于生活经验的迁移，满足幼儿的兴趣和需要

理发店游戏来源于幼儿的生活，他们能利用生活中"剪头发"的经验，投入到角色

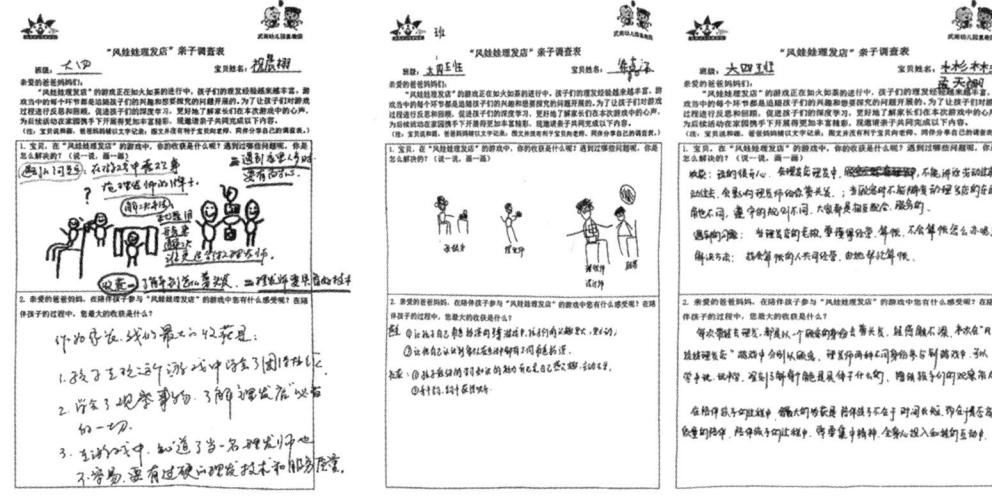

图41 爸爸妈妈的收获

游戏中，通过角色扮演，以模仿、想象，创造性地真实反映理发店的情境，这种贴近幼儿生活的游戏活动，极大满足了幼儿的兴趣和需要，体现了幼儿的自主性和主体性。

2. 多样化的低结构材料，满足幼儿的想象力和创造力

皮亚杰认为，幼儿的智慧源于操作。例如，游戏中幼儿利用彩色卡纸制作的假发来"剪发、烫发"。低结构材料的投放对幼儿的限制较少，幼儿可发挥自己的想象力、创造力来操作材料，幼儿以物代物的假想能力得到激发。

(二) 游戏价值

1. 促进幼儿多方面能力的提升

同伴学习与合作在游戏中一直发生着，模仿、分享、合作、相互评价的方式可以促进同伴间共同成长。幼儿的社交互动相对之前有所增加，社会性交往能力得到了提升。在游戏中可以看到，幼儿在游戏中也遇到了许多问题，但他们积极探索，寻求解决问题的办法，发现问题、解决问题的能力都有所提升。在想象转换方面，幼儿能用烫发器进行烫发，也会用卡纸假发等进行卷发，还会跟美工区进行结合，把他们制作的一些假发拿到理发店来操作。该游戏充分发挥了幼儿的想象力，激发了幼儿的创造性。

2. 引发幼儿的深度学习

理发店游戏以幼儿的兴趣为契机，以问题为线索，一步步引导幼儿在探索中解决问题，促使幼儿的游戏水平不断提高。"问题"对于幼儿的探索起到了定向的作用，有效地引发了幼儿思维的深度参与。教师通过提问、讨论、互评、引发注意、录像反馈等方式激发幼儿的探究欲望，让幼儿有兴趣思考，能发现问题、提出问题，并想办法解决问题，从而促进幼儿深度学习。

(三) 教师指导行为反思

1. 适宜的行为

(1) 根据幼儿的兴趣和需要，进行灵活调整。

理发店游戏过程中，幼儿在原本的理发店进行理发游戏，到后来提出要重新装修理发店，增加新的、不同的游戏材料，老师给予了充分的支持，为幼儿提供了丰富的可观

察、可操作的材料，让幼儿灵活地应用各种材料去自主游戏，有趣、多元的材料会激发幼儿更丰富的想象力。

（2）用心观察游戏情况，适时给予幼儿帮助。

教师要学会做一个观察者和支持者，学会观察和判断幼儿的需要，适时给予幼儿帮助。理发店游戏中，教师充分支持幼儿的兴趣和创意，以提问的方式引发幼儿思考，给予幼儿充分思考与行动的空间。在这个过程中，老师更要注重观察，观察幼儿是如何反复尝试，又是如何模仿学习并在交流中互相影响的，发现游戏中幼儿所体现出的学习品质。

（3）扩展幼儿的经验，促进幼儿整体性发展。

在理发店游戏活动中，教师关注到了幼儿经验之间的联系，以"理发店"为起点，引发幼儿去关注与理发店有关联的人、设施、事件，并把这些要素联系起来，建立它们之间的关联。学习领域从社会扩展到了语言、数学、艺术，学习方法涵盖了动手操作、查找资料、讨论协商、绘画表征等多种途径，有效地促进了学习领域、学习方式之间的融合和渗透，促进了幼儿的整体性经验建构。

2. 不足的地方

（1）根据幼儿游戏的发展，教师应该给予更多的支持，如提供更大的空间和场地。

（2）游戏过程中还应适时地布置一些任务，创设一些不同的情境，激发幼儿积极探索的兴趣和欲望。

活动视频
大班角色游戏活动《风娃娃理发店》

◇ **项目小结**

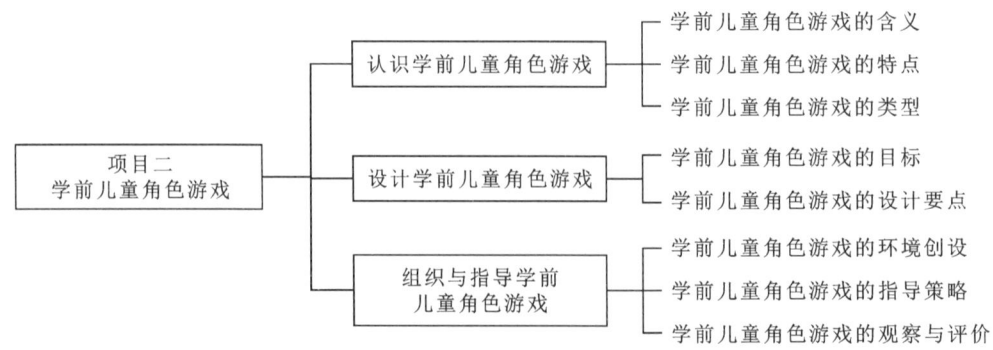

角色游戏是幼儿对现实生活的一种积极主动再现的活动。角色游戏具有自主性、创造性、社会性和表征性等特点，幼儿在游戏中常表现出以人代人、以人代物、以物代人、以物代物等表征行为。角色游戏是幼儿喜爱的创造性游戏，包含多种角色类型，如机能性角色、互补性角色、同一性角色、关联性角色和虚幻性角色。

　　角色游戏的顺利开展与游戏主题、角色扮演、游戏规则、材料的假想、动作和情境的假想等方面密切相关。幼儿的年龄不同，角色游戏的环境创设也各有侧重。小班游戏环境需投放色彩鲜艳、安全简易的材料；中班可增加低结构性的替代材料，帮助幼儿实现多种角色表征；大班则要突出幼儿自主参与，注重废旧物品利用与想象改造。教师要在角色游戏中发挥指导作用，主要有丰富幼儿的生活经验，为幼儿提供充足的游戏时间和材料，推进游戏情节的发展，愉快自然地结束游戏等。

　　教师对幼儿角色游戏的观察内容是多维度的，包括游戏主题与角色认知、游戏规则与情节发展、语言表达与人际交往等方面。教师可根据幼儿的不同特点和观察目的，灵活运用多种观察方法：扫描观察法适合全面把握幼儿游戏的整体情况；定点观察法便于记录游戏中的细节表现；追踪观察法则专注于观察个别幼儿的游戏情况。在角色游戏的评价中，可以综合运用教师评价、幼儿自我评价、同伴互评以及增值性评价等多种方式。

思考与练习

一、单项选择题

1. 幼儿园的"娃娃家"游戏属于（　　）。（选自 2012 年上半年幼儿园教师资格证考试）

A. 结构游戏　　　　　　　　　　　B. 表演游戏

C. 角色游戏　　　　　　　　　　　D. 智力游戏

2. 当教师以"病人"身份进入小班"医院"时，有六位"小医生"同时上来询问病情，每个孩子都积极地为教师看病、打针，忙得不亦乐乎。结果教师一共被打了六针，对小班幼儿这种游戏行为最恰当的理解是（　　）。（选自 2017 年下半年幼儿园教师资格证考试）

A. 过于重视教师的身份　　　　　　B. 角色游戏呈现合作游戏的特点

C. 在游戏角色的定位中出现混乱　　D. 角色游戏呈现平行游戏的特点

3. 小班同一个"娃娃家"中，常常出现许多"妈妈"在烧饭，每个幼儿都感到很满足。这反映小班幼儿游戏行为的特点是（　　）。（选自 2018 年下半年幼儿园教师资格证考试）

A. 喜欢模仿　　　　　　　　　　　B. 喜欢合作

C. 协调能力差　　　　　　　　　　D. 角色意识弱

二、简答题

1. 学前儿童角色游戏的设计要点有哪些？

2. 如何指导学前儿童进行角色游戏活动？

三、材料分析题

中班角色游戏中，有幼儿提出要玩"打仗"游戏。他们在材料柜里翻，将好久不玩的玩具吹风机当"手枪"，将仿真型灯箱当"大炮"，"哒哒哒"地打起来，玩得不亦乐乎。李老师看到此情景非常着急，连忙阻止："这是理发店的玩具，不能这样玩。"（选自 2020 年下半年幼儿园教师资格证考试）

问题：1. 李老师的阻止行为是否合适？请说明理由。

　　　2. 如果你是李老师，你会怎么做？

参考答案
思考与练习

实践与实训

【实训一】

以学前儿童角色游戏为内容，任选一个年龄段，设计一个活动方案，并制作相应的课件、游戏材料等，根据方案模拟游戏活动。

目的：掌握学前儿童角色游戏的设计要点，根据各年龄段幼儿特点，能科学指导、实施游戏活动。

要求：角色游戏活动方案结构完整，思路清晰，富有创造性。模拟活动结束后，各小组成员之间要相互点评。

形式：小组合作。

方案设计
小班角色游戏活动《小小萌医救宠记》

方案设计
中班角色游戏活动《滋滋烧烤屋》

【实训二】

幼儿园实习时，任选一个年龄段，观摩一次角色游戏情境，对其进行观察和记录，并运用教师指导行为相关理论进行评析。

目的：掌握学前儿童角色游戏的观察内容和评价方法，并将其运用于教育实践。

要求：结合学前儿童角色游戏的观察内容和评价方法，围绕学前儿童的游戏表现及角色游戏的组织、开展和指导等方面进行观察和分析。

形式：小组合作。

【实训三】

幼儿园实习时，任选一个年龄段，观摩一次角色游戏情境，并通过 AI 大模型辅助进行观察分析。

目的：掌握角色游戏的观察内容和评价方法，融合 AI 技术提升游戏观察与活动反思能力。

要求：在 DeepSeek、KiMi 等 AI 大模型辅助下，从以下维度观察、记录并分析学前儿童的行为：角色的创造性表现、游戏规则与情节发展、语言表达与人际交往、对自身角色的认知等。

形式：个人完成。

思政案例

幼儿园里的"大先生"，走进大山为爱前行

王隽枫老师是湖北咸宁人，出身幼教世家。1994 年，她从湖北幼儿师范高等专科学校毕业后，怀揣着"把幼儿教育作为一生事业"的信念南赴广州，开启了自己的幼教生涯。

在教育一线的二十多年工作中，她曾获得番禺区名师工作室主持人、南粤优秀教师、"广州好人"、广州市中小学骨干教师、广州市番禺区"育人先锋"等多项荣誉。2021 年 9 月，她被中宣部、教育部联合授予"最美教师"称号，并作为全国 520 万幼儿教师的代表登上央视舞台。从小，她就立志要做像母亲一样的幼儿教师。长大后，她更加坚定了"把幼儿教育作为一生事业"的理想信念。毕业三十多年后的今天，王隽枫老师终于实现了支教的心愿，在同一片蓝天下，与山区的孩子、老师们一起探寻能治愈一生的幸福童年密码。她真切地看到每一个孩子的优势与特点，因地制宜、因园制宜、因材施教。以爱育爱，王隽枫老师在其挚爱的幼教事业中坚定地沐光前行。

作为一名致力于推动学前教育发展的教育工作者，王隽枫老师始终秉持着"让每个孩子都能享受优质教育"的理念。在日常教学中，她的班级总是洋溢着温馨的欢声笑语。她通过精心创设富有选择性和多样性的区域环境，配备丰富的操作材料，尊重每个孩子的个体差异，让幼儿在自主游戏中实现个性化发展。即便是户外活动中偶遇的一只小昆虫，在她眼中也是不可多得的教学资源，总能转化为引导孩子们观察、思考与探究的自然课堂资源。

基于丰富的教学经验和专业能力，王隽枫老师还积极投身区域幼教事业的整体提升工作。受广州市番禺区教育局委托，她调研了全区近 50 所幼儿园，通过系统梳理环境创设、游戏支持、一日活动组织、教学实施、师幼互动等方面的问题，提出针对性的改进建议，切实促进了全区保教质量的提高。此外，她还将教育经验辐射至更远地区，先后赴西藏林芝、贵州赫章等地开展帮扶交流，致力于提升边远地区教师的课程开发与实践能力。

王隽枫老师深刻认识到文化传承在幼儿教育中的重要作用。在她执教的番禺区北城幼儿园，教师们致力于将中华优秀传统文化融入日常教学，形成了独具特色的岭南文化教育模式。王隽枫老师与其团队潜心钻研传统文化课程的开发与应用，通过精心设计系统性教学方案，解决了传统文化教育资源分散、不够完善的问题。经过持续性的实践探索，她们成功构建了以传统文化为核心的特色课程体系。该创新项目被评为广东省特色教育项目、广东省学前教育"新课程"科学保教示范项目。

作为幼教工作者，要以王隽枫老师三十年如一日的坚守为榜样，用专业、智慧与爱心浇灌每一个幼小的心灵，诠释新时代教师应有的担当与责任。我们要深刻理解并贯彻"以游戏为基本活动"的教育理念，大力弘扬"教育家精神"，立足岗位，为幼儿精心创设丰富多样的教育环境。要像王隽枫老师那样，善于发现生活中的教育契机，将自然观察、文化传承等元素融入日常教学，让每一位幼儿在快乐的童年学习生活中获得有益的经验和体验。要通过不断学习和持续创新，提升自身的教育教学水平，努力成为幼儿心目中的"大先生"。

项目三 学前儿童表演游戏

◇ **学习目标**

素质目标：尊重学前儿童在表演游戏中的主体地位；乐于开展表演游戏；培养学前儿童的想象力和创造力。

知识目标：理解学前儿童表演游戏的含义、特点和类型；掌握表演游戏的环境创设和设计要点；掌握学前儿童表演游戏的指导策略、观察与评价方法。

能力目标：能制订各年龄段学前儿童表演游戏方案；初步具备指导各年龄段学前儿童开展表演游戏的能力。

◇ **情境导入**

在一个充满童趣的上午，幼儿园中班的小朋友们迎来了表演游戏时间。陈老师带着微笑走进教室，说："今天大家要表演的是经典故事《小兔子乖乖》。"小朋友们兴奋地挑选着自己想要扮演的角色，跳跳一下子就拿起了小兔子的头饰，大声说："我要当勇敢的小兔子！"一旁的阳阳也不甘示弱，迅速抢到了大灰狼的头饰，咧着嘴模仿大灰狼的坏笑。准备就绪，表演开始了。扮演小兔子的跳跳和小伙伴们在"家里"快乐地玩耍着，模仿着小兔子蹦蹦跳跳的样子。这时，"大灰狼"阳阳大摇大摆地走过来，粗着嗓子喊道："小兔子乖乖，把门儿开开……"可不知怎么的，原本熟悉故事的小朋友们表演时却有些混乱。扮演小兔子的几个小朋友，有的忘记了台词，有的动作也不太协调。阳阳扮演的大灰狼，也没能把那种狡猾凶狠的劲儿完全展现出来。陈老师在一旁看着，心里琢磨着：幼儿在表演游戏中为什么会出现这样的状况呢？是对故事理解不够深入，还是缺乏表演经验？作为教师，该如何引导幼儿更好地理解角色、生动地表演，让表演游戏既有趣又能促进幼儿各方面能力的发展呢？

上述案例中，幼儿表现不佳的原因可能有哪些？如果你是陈老师，会采取哪些方法来帮助幼儿提升游戏水平？通过本项目的学习，相信你能找到答案。

任务一　认识学前儿童表演游戏

爱听故事是幼儿的天性，幼儿的童年离不开故事和童话。而当他们一遍又一遍不厌其烦地听过故事以后，不管是性格活泼还是性格文静的幼儿，都愿意尝试扮演故事中的某些角色进行游戏活动。他们通过故事中角色的扮演满足自己的表演欲望，体现自己对故事的解读。

一　学前儿童表演游戏的含义

学前儿童表演游戏是幼儿通过扮演文学作品、童话故事或生活中的角色，运用语言、动作、表情等方式，创造性地再现故事情节或生活场景的一种游戏活动。在表演游戏中，幼儿并非简单地重复故事内容，而是以自己的理解和想象去诠释角色，融入个人情感和创意，使故事呈现出多样化的演绎方式，因而，对学前儿童的语言能力、想象力、创造力等发展有重要意义。

拓展资源
表演游戏与角色游戏的异同

二　学前儿童表演游戏的特点

（一）表演性

表演性是学前儿童表演游戏最为突出的特征，是其区别于其他游戏类型的关键所在。幼儿如同一个个灵动的小演员，全身心地投入到角色的塑造之中。当他们开展以《小红帽》为蓝本的表演游戏时，扮演小红帽的幼儿会歪着头，眨巴着大眼睛，用甜美的声音说道："我要去看外婆啦。"同时，还会模仿小红帽蹦蹦跳跳走在森林小路上的模样，手臂轻快地摆动，脚步轻盈。而扮演大灰狼的幼儿，则会压低嗓音，故意做出凶狠的表情，弓着背，迈着大步去追赶小红帽。通过这些生动的语言、形象的动作以及丰富的表情，幼儿将故事中的情节绘声绘色地展现出来。在这个过程中，他们不断揣摩角色的特点，努力让自己的表演更加贴合角色，这不仅锻炼了他们的模仿能力，还让他们学会从不同角色的视角去感受世界，极大地提升了表现力。我们来看下面这个案例。

大班表演游戏《龟兔赛跑》

大班的小朋友们组织了一场《龟兔赛跑》的表演游戏。扮演兔子的阳阳，自信满满，仰着头，蹦蹦跳跳地跑着，还不时停下来，对着扮演乌龟的辰辰做鬼脸，骄傲地说："你肯定追不上我！"为了凸显兔子的骄傲，阳阳还做出打哈欠、伸懒腰的动作，表现出对比赛的满不在乎。辰辰扮演的乌龟，则不慌不忙，一步一步缓慢而坚定地爬着，尽管速度慢，但眼神中透着坚毅。当兔子在大树下睡觉的时候，乌龟依然坚持不懈地前进。辰辰通过缓慢的动作和沉稳的表情，将乌龟踏实、有毅力的特点展现得十分到位。在比赛结束时，阳阳垂头丧气，懊悔不已；辰辰则开心地挥舞着手臂。小朋友们在这场表演游戏中，深入挖掘角色的性格特点，用丰富的肢体语言和表情变化进行表演，把故事中的情节和角色的情感状态生动呈现出来，传递角色的情感和故事的寓意。

（二）自主性

自主性是学前儿童表演游戏的核心属性之一。在表演游戏里，幼儿拥有高度的自主决策权，他们能够根据自己的兴趣、经验和想象，自由地选择想要表演的故事主题、扮演的角色。在表演《西游记》时，幼儿可以自主决定自己是扮演神通广大的孙悟空、憨厚老实的猪八戒，还是慈悲善良的唐僧。能自主地对故事情节进行改编和创新，比如，让孙悟空拥有新的神奇法术，或者为唐僧师徒的取经之路增添新的冒险经历。在表演过程中，幼儿会自主地选择和运用游戏材料，用树枝当作金箍棒，用床单当作披风，充分发挥自己的创造力和想象力。教师应充分尊重幼儿的自主性，为他们提供宽松、自由的游戏环境，鼓励他们大胆地表达和创造。

（三）愉悦性

愉悦性是学前儿童表演游戏的重要特点，也是吸引幼儿积极参与的重要因素。在表演游戏中，幼儿可以摆脱现实生活中的种种束缚，自由地表达自己的情感和想法，体验到无限的快乐。他们会因为成功地模仿了某个角色的经典动作而感到开心，会因为与同伴之间默契的配合而哈哈大笑，还会因为自己创编的有趣情节而充满成就感。比如，在表演《我是"魔法师"》时（见图 3-1），幼儿们模仿魔法师、小螃蟹等角色的可爱动作和有趣对话，相互逗乐，整个游戏过程充满了欢声笑语。这种愉悦的体验不仅能够让幼儿在游戏中获得快乐，还能促进他们的身心健康发展、增强他们的自信心。

（四）教育性

教育性是学前儿童表演游戏不可忽视的特点，它在幼儿的成长过程中发挥着重要的作用。表演游戏以生动有趣的方式，将丰富的知识、道德观念和社会规则传递给幼儿，使他们在玩游戏的同时，不知不觉地受到教育。通过表演各种故事，幼儿可以了解到不同的文化、历史和社会现象，拓宽自己的知识面。在表演《司马光砸缸》时，幼儿可以学习到古人的智慧和勇敢精神；表演《孔融让梨》，则能让幼儿懂得尊老爱幼、懂得分享的道理。

表演游戏还能培养幼儿的语言表达能力、合作能力、解决问题的能力以及创造力等多种综合素质。在表演过程中，幼儿与同伴进行沟通、协商，共同完成表演任务，能提高他们的合作意识和人

图 3-1　《我是"魔法师"》

（图片来自黄冈师范学院附属幼儿园）

际交往能力；当遇到表演中的问题时，幼儿需要思考解决办法，这能够锻炼他们解决问题的能力。一起来看下面的案例。

中班表演游戏《三只小猪》

在表演《三只小猪》时，中班幼儿遇到了角色分配的问题："我想当小猪，不想当大灰狼！"教师引导他们通过"石头、剪刀、布"决定角色，扮演大灰狼的赫赫一开始不好意思凶狠地说话，同伴们鼓励他："你可以大声喊'我要吃掉你们'。"经过多次练习，赫赫逐渐放开，用夸张的语气表现大灰狼的凶猛。在搭建"房子"时，幼儿发现用纸板做的"稻草房"一推就倒，于是讨论："怎样让房子更结实？"最后决定用积木搭建"砖房"，并分工合作：有的搭墙，有的做屋顶，有的装饰门窗。游戏结束后，教师组织幼儿分享："当小猪的宝宝们是怎么商量保护房子的？大灰狼后来为什么没成功？"幼儿你一言我一语，不仅理解了"团结"和"智慧"的重要性，还在协商角色、解决问题的过程中提升了语言表达能力和社会交往能力——从"独自玩耍"到"合作表演"，每一次互动都是一次成长，这正是教育性的深层体现：在游戏中学习，在体验中发展。

活动视频
大班表演游戏活动《一园青菜成了精》

 三　学前儿童表演游戏的类型

根据角色扮演形式的不同，表演游戏主要有自身表演、桌面表演、影子戏和木偶戏四种表演形式。

（一）自身表演

自身表演指幼儿自己扮演角色进行表演。幼儿的表演极具质朴性与纯粹性，他们以故事、诗歌、童话等为蓝本，按自己对作品的理解自编、自导、自演，每次演出可能不同。以幼儿表演《小熊理发店》为例（见图3-2），他们可能会对理发过程和对话进行创新，发挥想象机智地用其他话语巧妙应对。

图3-2　《小熊理发店》

（图片来自黄冈师范学院附属幼儿园）

（二）桌面表演

桌面表演指幼儿在桌面上用小玩具替代角色，幼儿通过口头独白、对白及操纵玩具动作再现作品内容。这类游戏对幼儿语言声调有一定要求，需在理解情节与体会情感基础上，用不同声调表现角色性格与情节变化。比如，幼儿表演《三只小猪》，会用不同声调表现大灰狼和小猪。

（三）影子戏

幼儿玩的影子戏有头影戏、手影戏和皮影戏等，其中以手影戏居多，而皮影戏则具有鲜明的艺术特色。手影戏是幼儿用双手做各种手势，在光线下在墙上呈现出各种灵动的黑影。比如，双手做出兔子耳朵手势，墙上出现兔子影子。皮影戏是让观众通过白色幕布观看演员操纵平面偶人表演灯影。皮影偶人是平面侧影，小巧玲珑，形象夸张生动，融合多种综合因素。比如，《西游记之三打白骨精》的皮影表演。

拓展资源

非遗文化：皮影戏

（四）木偶戏

木偶戏指通过操纵木偶来进行表演的游戏形式。木偶造型多样，有提线木偶、布袋木偶、杖头木偶等。幼儿可根据不同木偶类型，通过手部动作操控木偶做出各种动作，配合语言、音效来展现故事内容。比如提线木偶，幼儿需操控多条线让木偶做出行走、抬手等动作，在表演时，能让木偶形象地呈现角色特点与情节。还有一种重要的表演形式就是人偶同演。

木偶的形象夸张，造型生动有趣。幼儿不仅喜欢看木偶表演，还喜欢自己操纵，自编、自演。表演游戏用的木偶比较简单，一般以布袋木偶和手指木偶为主，演出的舞台只要拉一块幕布挡住操纵者即可，简单易开展。

任务二　设计学前儿童表演游戏

一　学前儿童表演游戏的目标

表演游戏是幼儿通过模仿和想象，创造性地再现文学作品或生活情境的游戏形式，对幼儿语言表达、社会交往和情感体验具有重要价值。依据《3—6岁儿童学习与发展指南》和《幼儿园教育指导纲要（试行）》的相关要求，结合幼儿身心发展特征和学前儿童表演游戏的发展水平，各年龄段学前儿童表演游戏的目标如表3-1所示。

表3-1　各年龄段学前儿童表演游戏的目标

3～4岁（小班）	4～5岁（中班）	5～6岁（大班）
1. 愿意参与表演游戏，对模仿熟悉角色产生兴趣。 2. 在教师引导下自主选择简单角色。 3. 模仿角色的典型语言和标志性动作，有初步角色意识。 4. 能再现简单故事的核心情节。 5. 使用基础道具（头饰、简易服装）象征性表达角色。 6. 与同伴进行简短互动，初步感受集体表演氛围。 7. 在教师提醒下遵守轮流规则，初步整理表演材料	1. 主动参与角色表演，能较投入地沉浸故事情境。 2. 按意愿自主选择游戏主题和角色，表达角色基本特征。 3. 理解故事因果逻辑，创造性拓展简单情节。 4. 有目的地选择材料，用低结构材料替代道具。 5. 与同伴协商角色分配，合作完成场景布置。 6. 通过讨论解决游戏中的问题。 7. 主动归类整理材料，遵守游戏规则	1. 全身心投入表演，体验角色扮演的乐趣与成就感。 2. 与同伴协商确定游戏主题，深化角色互动情节。 3. 分析角色性格与主题寓意，结合肢体语言塑造立体角色。 4. 灵活运用身边物品开展游戏，自主创编剧本细节。 5. 分工合作完成道具制作、场景转换等复杂任务。 6. 主动沟通解决矛盾，协商制定游戏规则。 7. 有序整理材料，能对表演进行简单反思与调整

我们来看看几个游戏目标：

1. 小班表演游戏《小熊请客》的目标

（1）愿意扮演小熊、小猫等角色，感受同伴互动的快乐。

（2）能识别角色典型特征，模仿"请客—招待"的简单对话与动作。

（3）能在教师引导下轮流使用道具，初步学会与同伴配合表演。

2. 中班表演游戏《三只小猪》的目标

（1）主动选择动物角色，积极投入角色塑造和情节演绎中。

（2）理解房子在故事中的重要作用，知道坚固的房子能保护小猪不被大灰狼伤害。

（3）能与同伴协商分工，表演出故事中动物角色的动作和故事情节。

3. 大班表演游戏《西游记之三打白骨精》的目标

（1）自主选择唐僧、孙悟空等角色，对勇敢、机智等角色情感产生共鸣。

（2）理解"三打白骨精"故事角色关系，能脱稿演绎对话内容并设计个性化动作。

（3）能分工制作金箍棒、袈裟等道具，协商舞台调度，共同整理表演场地。

二　学前儿童表演游戏的设计要点

通过科学设计表演游戏的各要素，教师能为幼儿创造富有意义的游戏体验，使表演游戏成为幼儿理解社会、发展能力的重要载体。

（一）游戏主题的选择与创编

游戏主题是表演游戏的核心框架，决定了表演的内容、情节走向及幼儿的体验深度。表演游戏的主题来源广泛，既可以是经典童话故事（如《白雪公主》《三只小猪》）、幼儿感兴趣的场景（如"森林探险""太空旅行"），也可以是幼儿自主创编的情节（如"魔法厨房"，见图3-3）。主题的选择需符合幼儿的认知水平与兴趣，同时具备一定的戏剧性和角色发挥空间。

（二）角色塑造与情感表达

角色塑造是表演游戏的灵魂，幼儿需通过语言、动作、表情等多维度刻画角色的性格与情感。教师需引导幼儿深入理解角色的特点。

角色特征分析，帮助幼儿观察角色的典型行为，如大灰狼的凶恶、小兔子的胆小。

情感体验支持，通过提问引导幼儿共情。如："如果你是小红帽，遇到大灰狼时会有什么感受？"

表现方式指导，示范如何用夸张的语气（如大灰狼的粗嗓音）、动作（如小红帽蹦蹦跳跳）来呈现角色。在《小熊请客》中，幼儿通过模仿小熊的热情好客、狐狸的狡猾，以及朋友们的欢快互动，深化对角色情感的理解与表达。

图 3-3　"魔法厨房"

（图片来自黄冈师范学院附属幼儿园）

（三）游戏规则的协同与推进

游戏规则是表演游戏有序开展的保障，既包括情节发展的逻辑顺序，也包括幼儿间的合作约定。教师需引导幼儿共同制定规则。

情节连贯性规则，约定表演需按照"开端—发展—高潮—结局"的顺序进行。如《三只小猪》表演游戏需先搭建房子，再遭遇大灰狼，最后战胜困难。

角色轮换规则，通过协商或轮流的方式，让每个幼儿有机会体验不同角色。

合作互动规则，鼓励幼儿在表演中倾听同伴、互相配合。比如，"猎人"及时出现拯救小红帽。

（四）游戏材料的象征性运用与创意

游戏材料的假想是表演游戏的重要支撑，幼儿通过"以物代物"和"以人代人"实现象征性想象。教师需提供开放性材料，激发幼儿的创造力。具体的游戏材料如下。

低结构材料，纸箱、彩带、积木等可转化为城堡、魔法棒、交通工具等。

角色道具，通过服装、简单头饰帮助幼儿快速进入角色。

替代物引导，鼓励幼儿发现材料的多重用途，如用长棍当望远镜，用围巾当瀑布。

例如，在《西游记》游戏中，幼儿用塑料管当金箍棒，用黄色布料当作孙悟空的披风，通过材料的象征性运用增强表演的代入感，如图 3-4 所示。

活动视频
大班表演游戏活动《西游记》

图 3-4　"我是孙悟空"

（图片来自黄冈师范学院附属幼儿园）

（五）游戏情境与情节的假想与拓展

游戏情境与情节的假想是幼儿构建虚拟世界的关键，通过创造性的情境设计，幼儿能生动地演绎故事或创编新情节。教师可通过以下方式支持幼儿的假想能力。

情境创设，利用环境布置、背景音乐烘托氛围。

情节提问，通过"接下来会发生什么？""如果……会怎样？"引导幼儿拓展情节。如："白雪公主复活后，会和小矮人们一起做什么？"

跨领域融合，将表演游戏与音乐、美术结合，如为表演创编主题曲、制作角色面具。

活动视频
大班表演游戏活动《西游记续集》

拓展资源
AI 赋能表演游戏案例及教育启示

任务三　组织与指导学前儿童表演游戏

一　学前儿童表演游戏的环境创设

（一）小班幼儿表演游戏环境创设

小班幼儿处于前运算阶段，思维以直观形象为主，注意力难以长时间集中，对新鲜事物充满好奇但理解能力有限。他们的语言表达能力尚不完善，主要通过简单的词语和短句交流。在情感上，他们对熟悉的环境和事物有强烈的依赖感，渴望获得安全感。在表演游戏中，他们更倾向于模仿简单、熟悉的生活场景或故事，通过重复的动作和简单对话来体验角色。

在环境创设的场景布置方面，要选择教室中安静、独立的角落，用柔软的材料如彩色布幔围出表演区域，营造温馨、私密的空间，给予幼儿安全感。场景布置应简单直观，以幼儿熟悉的生活场景或经典简单童话故事为蓝本。使用大尺寸、色彩鲜艳的背景画，搭配少量大型、造型夸张的道具，方便幼儿快速识别和进入情境。在角色材料方面，要提供形象可爱、辨识度高的角色头饰或胸牌。搭配简单的角色服装，如带有动物图案的围裙或披风，方便幼儿穿戴。角色材料数量要充足，满足幼儿平行游戏需求，减少争抢。要投放与故事情节紧密相关、操作简单的道具，材质应安全无毒、轻便易拿。道具数量要足够每个幼儿参与游戏，且种类不宜过多，以免分散幼儿注意力。以《三只小熊》为例，详见表 3-2。

表 3-2　小班表演游戏《三只小熊》环境创设

创设类别	创设示例
场地布置	用棕色布幔围成小熊的家，地面铺上印有草地和花朵图案的地垫。背景墙上张贴大幅森林图片，中间放置一座用彩色积木搭建的简易小熊房子，房子旁边有"大树"（纸筒制作）和"秋千"（塑料玩具）
材料投放	准备熊爸爸、熊妈妈、熊宝宝的头饰，头饰上有大大的耳朵和可爱的五官。为每个角色配备一件带有对应图案的围裙，方便幼儿区分角色
辅助引导	在小熊房子里放置儿童尺寸的小床、桌子、椅子，桌子上摆放塑料餐具，如餐盘、小碗、小勺等。还要准备几个毛绒小熊玩具，供幼儿抱在怀里互动

（二）中班幼儿表演游戏环境创设

中班幼儿正处于前运算阶段向具体运算阶段的过渡时期，认知能力有所提升，注意力能相对集中较长时间，想象力愈发丰富，语言表达能力也显著增强，开始能用连贯的语句表达想法。他们对规则有了初步认知，渴望在游戏中扮演不同角色，体验不同的社会生活。在表演游戏中，他们不再满足于简单的模仿，而是希望尝试更丰富的故事情节，通过与同伴的互动交流来展现自己对故事的理解。

中班幼儿表演游戏在场景布置方面，应围绕具有一定情节性和互动性的故事主题构建，空间要足够宽敞，方便幼儿自由活动和交流。布置要细致且具代入感，利用多种材料打造出故事中的不同场景，同时设置一些互动区域，激发幼儿的参与热情。在角色材料方面，要注意提供丰富多样、与故事角色高度契合的服装和配饰，帮助幼儿快速进入角色。如准备角色信息卡片，加深幼儿对角色的理解，鼓励幼儿根据自己的理解对角色进行个性化演绎。同时要投放与故事情节紧密相关的丰富道具，涵盖实物道具和低结构材料。通过投放故事图书、故事音频等资料，为幼儿提供丰富的表演灵感，支持他们对故事进行创新演绎。以《白雪公主》为例，详见表 3-3。

表 3-3　中班表演游戏《白雪公主》环境创设

创设类别	创设示例
场地布置	在活动室较大空间打造"童话王国"场景。用积木和彩色卡纸搭建白雪公主的城堡，城堡内划分出不同房间，如卧室、餐厅等，摆放相应的小型家具。用绿色卡纸和塑料树枝制作森林场景，设置七个小矮人的木屋，木屋周围摆放一些塑料蘑菇和小石子路
材料投放	准备白雪公主、七个小矮人、皇后、王子等角色的服装和配饰。白雪公主的裙子用粉色绸缎制作，搭配皇冠；小矮人的服装用彩色绒布制作，带有帽子和胡须；皇后的服装以黑色为主，搭配魔法权杖；王子身着帅气的骑士装，配有宝剑。同时制作角色信息卡片，写上角色的性格特点和故事中的关键情节，如"白雪公主善良美丽，被皇后嫉妒后逃进森林"
辅助引导	投放苹果道具，一部分做成毒苹果的样子，用于皇后毒害白雪公主的情节；准备一些小铲子、小推车等道具，让小矮人在森林里挖矿；提供布料、针线、彩笔等低结构材料，幼儿可以为角色制作新的配饰或装饰场景。在场景周围放置《白雪公主》的故事图书、故事音频，方便幼儿随时参考

（三）大班幼儿表演游戏环境创设

大班幼儿的抽象逻辑思维开始萌芽，能理解复杂的故事情节和角色关系，具备较强的语言表达和组织能力。他们的合作意识和规则意识进一步增强，喜欢自主探索和创新。在表演游戏中，他们追求更具深度和挑战性的内容，渴望自主创作剧本、设计表演情节，充分展现自己的创意和才华。

大班幼儿表演游戏在场景布置方面，要设置具有丰富细节和灵活变化的场景，为幼儿提供广阔的创作空间。利用大型道具和装饰营造出逼真的氛围，同时设置表演舞台，配备专业的灯光和音响设备，满足幼儿表演展示的需求。在角色材料方面，要提供多样化、可创意改造的角色服装和道具，鼓励幼儿自主设计和制作，体现个性化和创新性。提供角色深度分析资料，帮助幼儿挖掘角色内涵，进行精彩的表演。可投放大量废旧物品、自然材料和专业表演道具，支持幼儿进行复杂、专业的表演创作。以《神笔马良》为例，详见表 3-4。

表 3-4　大班表演游戏《神笔马良》环境创设

创设类别	创设示例
场地布置	在表演游戏活动室划分出不同场景区域。马良的家位于角落，用棕色纸板搭建简易房屋，屋内放置破旧的小床、桌子和凳子，墙上挂着马良画的简单画作。皇宫区域用大型积木搭建宫殿轮廓，并用金色和红色彩纸装饰，设置高大的宫门、华丽的宫殿内部装饰，如用金色卡纸制作的柱子、红色绒布制作的地毯。田野场景用绿色地垫表示草地，放置一些塑料农作物模型和农民劳作的道具。舞台设置在场地中央，配备可调节的灯光和音效设备，在马良家使用昏暗灯光营造贫苦氛围，在皇宫则用明亮灯光展现奢华
材料投放	准备马良、画师、皇帝、百姓等角色的服装。马良的服装用粗布制作，颜色灰暗且带有补丁；画师服装用彩色绸缎制作，款式精美；皇帝龙袍用黄色绸缎制作，绣上金色龙纹，搭配皇冠；百姓服装用简单的蓝色或灰色布料制作。为每个角色准备相应道具，马良的神笔用木质魔杖装饰发光贴纸制作，画师的画笔和画纸用真实材料，皇帝的玉玺用木质方块雕刻并涂上红色印泥，百姓的农具用塑料或木质材料制作。同时，制作角色背景资料卡片，详细介绍角色特点和角色在故事中的经历

续表

创设类别	创设示例
辅助引导	除了角色专属道具，还投放一些通用道具。如大量的金银财宝模型（用金色和银色卡纸制作），用于皇帝的宫殿场景；各种绘画工具，包括不同颜色的画笔、画纸，满足马良在表演中绘画的情节需要。在材料区放置彩色卡纸、易拉罐、塑料瓶、剪刀、胶水、颜料等材料，方便幼儿制作道具。在表演区旁边设置资料角，摆放《神笔马良》的故事绘本、动画视频光盘，方便幼儿随时查阅参考

活动案例
从"小精灵魔法汤"到沉浸式文化剧场

二 学前儿童表演游戏的指导策略

表演游戏过程中，教师科学有效的指导策略对促进儿童在语言表达、社会交往、想象力和创造力等多方面的发展起着至关重要的作用。以下将从游戏前、游戏中、游戏后三个阶段详细阐述表演游戏的指导要点。

（一）游戏前的准备工作

1. 丰富儿童的生活经验和知识储备

通过日常生活渗透引导儿童观察生活中的人、事、物，鼓励他们参与日常活动，如帮忙摆放餐具、整理玩具等，让他们了解生活中的基本流程和规则。教师定期为儿童讲述各种类型的故事，包括童话故事、民间故事、生活故事等。在讲述过程中，运用丰富的语言、表情和动作，增强故事的吸引力。同时，建立班级图书角，投放适合不同年龄段儿童阅读的绘本和故事图书，鼓励儿童自主阅读。通过故事阅读，让儿童了解不同的角色形象、情节发展和社会规范，为表演游戏提供丰富的素材。

2. 选择合适的表演素材

表演的素材要符合儿童年龄特点，要根据不同年龄段儿童的认知水平和兴趣爱好选择表演素材。教师需要挖掘表演素材，素材应蕴含积极的价值观和教育意义，能够帮助儿童树立正确的人生观、价值观和道德观。例如，《小蚂蚁搬新家》可以培养儿童的合作精神和坚韧品质，儿童在娱乐的同时也能受到潜移默化的教育。同时尊重儿童兴趣，在选择表演素材时，要充分征求儿童的意见，了解他们的兴趣和喜好。可以通过问卷调查、小组讨论等方式，让儿童参与到素材选择的过程中。

3. 准备充足的游戏材料

准备丰富的角色道具，包括各种角色的服装、头饰、配饰等道具，让儿童能够直观地感受到角色的特点。道具的制作要注重质量和安全性，使用柔软、舒适、无毒的材料。同时，道具的种类要丰富多样，满足不同故事和角色的需求。包括辅助材料准备，如玩具餐具、玩具家具、玩具交通工具等，用于丰富表演的情节和内容。还可以提供一些音乐器材，如手铃、沙锤、木鱼等，为表演增添音乐元素。这些材料可以帮助儿童更好地营造表演氛围，增强表演的真实性。此外，准备一些故事图书、图片等，为儿童提供表演的灵感和参考。

4. 引导儿童做好游戏计划

游戏前组织儿童一起讨论表演的故事内容，帮助他们梳理故事的情节、角色和对话。可以通过提问的方式引导儿童思考，如"故事里有谁？""他们在做什么？""故事的结局是怎样的？"，让儿童对故事有一个清晰的理解。在分配角色方面，要鼓励儿童自主选择自己喜欢的角色。当出现角色冲突时，引导儿童通过协商、轮流、猜拳等方式解决，充分考虑儿童的兴趣和能力，让每个儿童都能在表演中发挥自己的优势。

在此基础上制定表演计划，包括表演的时间、地点、流程等。让儿童参与到计划的制订过程中，能够增强他们的责任感和主动性。例如，确定表演的开场方式、每个角色的出场顺序、表演过程中的互动环节等。同时，要预留一定的弹性时间，以便在表演过程中根据实际情况进行调整。请看下面的案例。

小班表演游戏《小熊请客》的经验铺垫与材料准备

一、案例背景

小班幼儿对动物角色充满兴趣，但角色意识较弱，需通过简单故事建立表演基础。教师选择《小熊请客》作为素材，该故事角色鲜明、对话重复，适合小班幼儿模仿。

二、指导策略与实施过程

1. 丰富生活经验：故事渗透与角色认知

实施过程：

（1）故事导入。播放《小熊请客》动画片，引导幼儿观察小熊、小猫、小狗、小鸡的典型动作（如小猫"喵喵叫"、小狗"摇尾巴"），提问："小熊是怎么邀请朋友的？小动物们带了什么礼物？"

（2）生活迁移。结合日常情境提问："如果你邀请小朋友来家里，会怎么说？怎么做？"帮助幼儿将故事经验与生活相联结。

2. 选择素材与准备材料：低结构道具支持模仿

材料准备：

（1）角色道具。准备柔软易穿戴的动物头饰（小熊、小猫头饰等），仿真食物模型（鱼、肉骨头、小虫）。

（2）场景材料。用纸箱搭建"小熊的家"，摆放儿童尺寸的桌子、椅子，地面铺设绿色地垫模拟草地。

理实结合：

根据小班幼儿动作发展特点，道具选择大尺寸、易操作的材料（如泡泡鱼），符合"层次性原则"中"简单易操作"的要求。

3. 引导游戏计划：初步协商角色分配

实施过程：

（1）自主选择。幼儿围坐一圈，教师展示头饰："今天谁想当小熊？谁想当小猫？"允许幼儿自由挑选，若出现多人争抢同一角色，教师可以引导轮流扮演："我们可以先让乐乐当小熊，下次换明明当，好吗？"

（2）简单分工。教师用图示展示角色出场顺序（小熊→小猫→小狗→小鸡），帮助幼儿建立表演流程意识。

案例分析：

游戏前的指导需聚焦"经验激活"与"材料适配"。教师要通过故事渗透帮助幼儿理解角色，利用低结构道具降低操作难度，同时通过开放式提问和轮流机制培养幼儿初步的规则意识，为小班幼儿顺利进入表演状态奠定基础。

（二）游戏过程中的指导

1. 观察儿童的游戏行为

教师要在游戏过程中进行全面观察，关注每个儿童的表现和行为。观察儿童在角色塑造、情节演绎、语言表达、同伴合作等方面的情况。例如，观察扮演大灰狼的儿童是否能够通过语言和动作表现出大灰狼的凶猛和狡猾；观察儿童在表演过程中是否能够按照故事情节进行有序的表演，是否会出现偏离情节的情况；观察儿童之间的互动是否积极、和谐，是否能够相互配合完成表演。同时，对于一些特殊儿童，如性格内向、能力较弱或表现特别突出的儿童，要进行重点观察。了解他们在游戏中的需求和困难，及时给予帮助和指导。

2. 适时介入指导

当儿童遇到困难时或者无法解决问题时，教师要及时介入，避免直接告诉儿童答案，而是要引导他们自己思考和解决问题。例如，当两个儿童因为争抢同一个角色而发生争吵时，教师可以引导他们讨论如何公平地分配角色，让他们学会尊重他人的意见和需求。通过解决冲突，儿童可以学会如何与人相处，从而使社会交往能力得到提高。当儿童的游戏水平停滞不前时教师也要适当介入，提出一些新的挑战和建议，激发儿童的创造力和想象力。

3. 鼓励儿童自主创新

在表演游戏中，对于儿童提出的新颖想法和创意，教师要及时给予肯定和鼓励。无论儿童的创意是否成熟，都要尊重他们的想法，让他们感受到自己的创造力得到了认可。同时，教师可以通过提问、启发等方式，引导儿童对原有故事进行拓展和改编。例如，在表演《三只小猪》时，教师可以问儿童："如果大灰狼没有被赶走，还会发生什么事情呢？""三只小猪除了用砖头盖房子，还可以用什么材料呢？"通过这些问题，激发儿童的想象力，让他们对故事进行创新和改编，丰富表演的内容。每个儿童都有自己独特的表演风格和方式，教师要尊重并支持他们的个性发展和独特的表演方式。不要过分强调表演的规范性和统一性，让儿童在表演中能够自由地发挥自己的特长和优势。

4. 促进儿童的合作与交流

在表演游戏中，教师要引导儿童明确各自的角色和任务，学会分工合作。例如，在表演一个大型的故事时，有的儿童负责搭建场景，有的儿童负责制作道具，有的儿童负责扮演角色，通过分工合作，让每个儿童都能参与到游戏中，共同完成表演任务。在分工合作的过程中，让儿童学会相互配合、相互支持，提高他们的团队协作能力。

教师要鼓励儿童在表演过程中进行交流互动，分享自己的想法和感受。可以通过提问、组织讨论等方式，引导儿童交流表演的经验和体会。同时要在游戏中培养儿童的倾听能力，引导儿童认真倾听同伴的发言和表演，尊重他人的意见和想法。当一个儿童在讲述自己的表演创意时，教师要提醒其他儿童认真倾听，不要打断别人的发言。一起来看以下案例。

中班表演游戏《三只蝴蝶》的冲突解决与创意激发

一、案例背景

中班幼儿在《三只蝴蝶》表演中出现角色分配冲突（多人争抢"红蝴蝶"角色），且情节演绎较机械，缺乏创造性互动。

二、指导策略与实施过程

1. 观察记录：捕捉关键问题

观察要点：

（1）角色协商。幼儿因"红蝴蝶"角色受欢迎而争执，部分幼儿选择放弃或等待。

（2）情节表现。对话仅重复故事台词，缺乏表情和动作设计（如蝴蝶躲雨时无"翅膀抖动"等细节）。

2. 适时介入：引导自主解决冲突

介入方式：

（1）平行介入。教师戴上"太阳公公"头饰参与游戏，观察幼儿反应后提问："红蝴蝶只有一个，怎样让每个小朋友都能玩呢？"引导幼儿讨论解决方案（如增加"黄蝴蝶""白蝴蝶"的台词，让每个角色都有互动机会）。

（2）问题启发。针对情节单一问题，教师以"花朵"角色提问："蝴蝶们躲在我这里时，除了说'让我们躲躲雨吧'，还能做什么呢？"以此激发幼儿添加动作（如"翅膀蹭花朵""抖落雨水"）。

3. 促进合作：小组分工与创意表达

实施过程：

（1）分组创编。将幼儿分成"蝴蝶组""花朵组""太阳组"，鼓励小组讨论："蝴蝶怎么飞更漂亮？花朵怎么说话更温柔？"引导幼儿用彩带设计"下雨"特效（挥舞彩带模拟下雨）。

（2）角色轮换。制定"角色轮换表"，让每个幼儿轮流扮演核心角色（如红蝴蝶），并担任"小导演"指导同伴的动作。

案例分析：

游戏中教师通过"观察—记录—介入"循环，先捕捉角色分配冲突和情节僵化问题，再以平行介入和问题启发引导幼儿自主解决，符合"适时介入"策略中"不直接给答案，而是提问引导"的原则。同时，分组创编和角色轮换培养了中班幼儿的合作意识与创造性表达能力，体现了"鼓励自主创新"的指导要点。

（三）游戏结束后的指导

1. 帮助儿童总结经验教训

游戏结束后要与儿童一起回顾表演游戏的过程，引导他们回忆在游戏中遇到的问题，并针对游戏中出现的问题与儿童一起分析原因，找到解决方法。例如，如果发现儿童在表演时语言表达不够清晰，教师可以建议他们在今后的游戏中多练习朗读和讲述故事，提高语言表达能力；如果发现儿童在合作方面存在问题，教师可以组织一些团队合作的游戏活动，培养他们的合作意识和能力。

2. 拓展游戏内容和形式

教师要在原有表演游戏的基础上，引导儿童进一步深化主题，挖掘故事中的深层含义。鼓励儿童对原有故事进行改编，如改变故事的结局、增加新的角色或情节等。例如，在表演《卖火柴的小女孩》后，可以组织儿童讨论，小女孩为什么会在寒冷的冬天卖火柴，她的生活为什么会这么悲惨。通过讨论，让儿童了解社会的不公平和生活的艰辛，培养他们的同情心和社会责任感。又如，让儿童将《龟兔赛跑》的故事改编成兔子和乌龟成为好朋友，一起合作完成比赛，以此培养儿童的合作精神和创新思维。同时将表演游戏与其他艺术形式相结合，如绘画、音乐、舞蹈等，丰富游戏的形式和内容。

3. 整理和保管游戏材料

游戏结束后，引导儿童一起整理游戏材料，培养他们的良好习惯和责任感。让儿童学会将角色道具、场景搭建材料、辅助材料等分类整理，放回原位。教师要对游戏材料进行检查和维护，确保材料的安全性和完整性。还要检查道具是否有损坏，场景搭建材料是否缺失，如有问题及时进行修复或补充。

将游戏材料妥善保管，避免材料的丢失和损坏。可以设置专门的材料存放区域，将材料分类存放，并做好标识。例如，将角色道具存放在一个柜子里，将场景搭建材料存放在另一个柜子里，每个柜子贴上相应的标签，方便查找和取用。同时，要注意存放环境的干燥、通风，防止材料受潮、发霉。请看以下案例。

大班表演游戏《西游记之三打白骨精》的多元评价与经验拓展

一、案例背景

大班幼儿完成"三打白骨精"表演后，情节连贯但角色情感表达不够深入，且材料整理较混乱。

二、指导策略与实施过程

1. 组织多元评价：自评、互评与教师评结合

（1）幼儿自评。邀请孙悟空扮演者分享："你打白骨精时为什么要转圈？这个动作是怎么想到的？"

（2）同伴互评。引导唐僧扮演者评价"白骨精"："你变成村姑时说话很温柔；但是变成老奶奶时，走路的姿势不像老奶奶，下次可以怎么改？"

（3）教师总结。肯定创意（如孙悟空扮演者设计的"筋斗云"动作），提出建议："如果唐僧在误会孙悟空时，能够皱眉头、摆摆手，大家会更清楚你的心情。"

　　2. 总结经验：情节优化与材料整理

　　（1）情节讨论。通过故事板回顾表演流程，标记"精彩片段"（如白骨精的三次变化）和"卡顿点"（如场景转换不及时），共同讨论解决方案（如用铃铛声作为场景转换信号）。

　　（2）材料整理。引导幼儿分类收纳道具（服装挂在对应角色图标下，金箍棒、袈裟放入"西游记道具箱"），制定"材料整理分工表"（两人负责整理服装，两人负责整理场景道具）。

　　3. 拓展延伸：跨领域融合与主题深化

　　（1）语言领域。鼓励幼儿改编结局（如"白骨精被打败后，唐僧如何向孙悟空道歉？"），并绘制"新结局连环画"。

　　（2）社会领域。开展"角色招聘会"，新增"旁白师""灯光师"等角色，让未参与表演的幼儿负责音效和背景切换。

拓展资源
如何将中华优秀传统文化融入幼儿园表演游戏

 学前儿童表演游戏的观察与评价

　　随着幼儿园教育向游戏化、生活化、个性化方向发展，表演游戏作为幼儿表达情感、迁移经验、发展社会交往能力的重要载体，其观察与评价成为教师专业能力的核心体现。

（一）表演游戏的观察策略

1. 观察内容的多维聚焦

（1）游戏主题与情节发展

　　观察幼儿对表演游戏主题的偏好和选择过程，对选定故事的情节理解程度，能否准确把握故事的主线和关键事件。观察游戏中情节推进的节奏快慢，幼儿是否能合理安排角色出场顺序，能适时推进故事发展还是会出现情节停滞、拖沓的情况。同时，注意幼儿是否会对原有情节进行创新改编。

（2）角色分配与互动质量

　　观察幼儿在角色分配过程中的表现，是主动选择还是被动接受，幼儿之间是否会协商、合作完成角色分配。在游戏中，关注角色之间的互动方式，互动是否积极、自然，能否根据角色特点进行交流和行动。如中班《狐假虎威》游戏中，教师需观察幼儿是否能主动分配"老虎""狐狸"角色，并在游戏中运用礼貌用语进行沟通。

（3）材料使用与创造性表现

观察幼儿在表演游戏中对材料的选择和运用，是否能充分发挥材料的作用来丰富游戏内容。关注幼儿是否能利用现有材料进行创造性制作，将材料进行改造或组合，以满足游戏的各种需求。

（4）表演技能与情感表达

表演技能包括语言表达、动作表现、表情管理和情感投入等。教师在游戏中要观察幼儿在表演中的语言清晰度、流畅度，是否能运用合适的词汇和语气表达角色情感；关注幼儿的肢体动作是否协调、自然，是否能准确表现角色的行为特点；关注幼儿在表演中的表情变化，能否通过表情传达角色的情绪；留意幼儿在表演过程中的情感投入程度，是否能真正融入角色，感受角色的喜怒哀乐。

2. 观察方法的科学运用

（1）定点观察法

定点观察法是指教师固定在某个区域或场景进行观察，观察在该区域内进行表演游戏的幼儿的行为表现。选择观察点时，应根据表演游戏的主题和场地设置，选择具有代表性的区域，如表演舞台、道具制作区、角色换装区等。教师要集中精力对特定区域的幼儿进行深入观察，获取详细、丰富的观察资料。这种方法适用于对某个特定场景或环节进行重点观察。

（2）扫描观察法

扫描观察法是指在一定的时间内，对全体幼儿进行轮流观察，全面了解幼儿在表演游戏中的整体情况。在游戏开始前，教师可以先确定观察的时间间隔，如每隔 10 分钟对每个幼儿进行一次快速观察。观察时，重点关注幼儿在游戏中的参与度、选择的角色、使用的材料以及与同伴的互动情况。这种方法可在较短时间内了解全体幼儿的游戏状态，发现幼儿在游戏中存在的普遍问题和个别差异。

（3）参与式观察法

参与式观察法要求教师直接参与到幼儿的表演游戏中，与幼儿共同进行表演。在参与过程中，教师以游戏伙伴的身份与幼儿互动，深入了解幼儿在游戏中的真实想法、感受以及他们的行为动机。教师可以在表演过程中自然地与幼儿交流，询问他们对角色的理解、为什么要这样表演等问题，从而获取更深入的信息。例如，教师在与幼儿一起表演童话剧时，观察幼儿在情节推进、角色配合等方面的表现，感受幼儿在游戏中的情绪体验。通过参与式观察，教师能切身体会游戏中可能存在的问题和幼儿的需求，以便更好地给予指导和支持，增强与幼儿之间的互动和情感连接，使观察结果更具真实性和可靠性。

（二）表演游戏的评价方式

1. 多主体参与评价

（1）教师评价

基于幼儿园表演游戏发展水平评价标准（详见表 3-5），教师从"情感体验""表演技能与知识运用""社会交往与合作"三个维度展开评价。具体评价内容包括对故事角色情感的理解与呈现、表演技巧的运用、对故事内容的认知与演绎，以及在表演过程中的团队协作、角色互动等方面。评价时，教师以幼儿为中心，注重保护游戏的趣味性与创造性。如在中班表演游戏《三只小猪》中，教师观察到有的幼儿在扮演大灰狼时，不仅声音粗哑、动作夸张，还会自己添加一些台词："我要把你们的房子都吹倒，然后把你们都吃掉！"这体现了幼儿对大灰狼凶狠性格的理解和创造性的演绎，教师可以对此进行肯定和鼓励。同时，教师也要注意到幼儿在表演中存在的问题，如部分幼儿语言表达不够清晰，要及时给予指导，帮助幼儿提升表演能力。

表 3-5 幼儿园表演游戏发展水平评价标准

评价项目	评价标准			
	Ⅰ级（0分）	Ⅱ级（2分）	Ⅲ级（4分）	Ⅳ级（6分）
表演主题	无明确表演主题，行为随意，无表演目的	在他人提示下确定简单常见主题，但缺乏自主思考	能自主确定简单主题，围绕主题有初步表演想法，情节较简单	自主确定复杂、富有创意的主题，深入挖掘主题内涵，表演情节丰富、有深度
角色认知与扮演	不明确角色特点，无法进入角色状态，表演无角色区分	能大致了解角色基本特征，模仿角色简单动作或表情，但较生硬	能主动选择角色，理解角色性格和情感，表演时动作、表情较自然，符合角色特点	深刻理解角色，创造性地诠释角色，通过表情、动作、语言等生动展现角色内心世界，角色塑造鲜明独特
情节创编与演绎	无情节创编，只是机械模仿简单片段	在他人引导下对原故事进行少量改编，如增加简单对话，情节连贯性差	能自主对故事进行一定创编，增加新情节或角色，情节基本连贯，表演较流畅	大胆创编复杂情节，情节跌宕起伏，富有想象力，表演生动精彩，能吸引观众投入其中
表演技能（语言）	语言表达不清晰，声音微弱，很少使用角色语言	能用简单语句表达，声音较清晰，但语言平淡，缺乏感染力	语言表达流畅，能运用符合角色特点的语气、语调说话，有一定感染力	语言生动形象，富有表现力，能根据角色情绪变化灵活调整语言，声音有感染力，很好地带动表演氛围
表演技能（动作）	动作不协调、僵硬，与表演内容不匹配	有简单动作表现，基本能跟上表演节奏，但动作缺乏细节	动作自然流畅，能通过动作辅助表达角色情感，动作有一定细节和表现力	动作优美协调，富有创造性，精准传达角色情感和意图，动作与语言、情节配合默契，表演效果好
合作互动	独自表演，不与同伴交流互动	偶尔与同伴交流，在他人邀请下参与合作，但主动性差，配合不默契	能与同伴合作表演，有简单分工，能听从同伴意见，配合较顺畅	主动发起合作，分工明确合理，积极与同伴沟通交流，共同解决表演中遇到的问题，团队协作能力强

评价项目	评价标准			
	Ⅰ级（0分）	Ⅱ级（2分）	Ⅲ级（4分）	Ⅳ级（6分）
专注度与坚持性	难以专注于表演游戏，容易被其他事物吸引，表演持续时间短（不足10分钟）	能专注表演10～20分钟，遇到困难容易放弃	能认真专注表演20～30分钟，遇到困难尝试一两种方法解决	自始至终专注于表演，遇到困难积极主动尝试多种方法解决，坚持完成表演，表演质量高

（2）幼儿自我评价

幼儿自我评价是幼儿自我认知发展的关键环节，对其在表演游戏中的成长有着重要意义。游戏结束后，教师引导幼儿回顾游戏过程，鼓励他们分享自己在表演游戏中的感受与收获。教师可以通过提问，如"你在表演中最喜欢哪个部分，为什么？""你觉得自己在表演这个角色时，做得好的地方是什么，还有哪些地方可以改进？"等，帮助幼儿反思自己的表现，激发他们的自我成长意识。

（3）同伴评价

同伴评价为幼儿提供了从他人视角认识自己的机会，有助于培养幼儿的观察能力和批判性思维，同时促进幼儿之间的交流与学习。在表演游戏结束后，教师可以组织幼儿进行同伴互评。鼓励幼儿互相分享对他人表演的看法，如："你觉得他在表演中哪个地方最吸引你，为什么？""你认为他还可以在哪些方面做得更好？"我们来看以下案例。

红色主题表演游戏的观察与评价

在"学习雷锋月"主题活动中，师生共同设计皮影戏《小猪布兰德》。教师通过追踪观察发现，幼儿在角色分配时出现争执，部分幼儿不愿扮演"雷锋"角色。教师并未直接干预，而是在游戏结束后组织讨论："雷锋叔叔做了哪些好事？我们怎样用表演来表现他的精神？"以此引导幼儿理解角色内涵。评价环节，教师利用视频回放，引导幼儿自评"在帮助同伴时的感受"，同时结合微量表评估其社会交往能力。通过这种方式，既传承了红色文化，又提升了幼儿的合作意识与道德认知。

2. 可视化评价体系的构建

借鉴"游戏评价可视化"理念，运用照片、视频、图表等工具记录幼儿游戏过程。例如，通过绘制"游戏轨迹图"，直观呈现幼儿在表演游戏中的角色参与度、材料使用频率及情节推进路径，为评价提供客观依据。同时，结合《3—6岁儿童学习与发展指南》，研制表演游戏核心经验微量表，从"角色扮演水平""情节创造性""同伴合作能力"等维度进行量化与质性结合的评价。

活动案例

大班表演游戏《小皮影·大月亮》

武汉市洪山区武南幼儿园童趣园　胡盼

一、游戏背景

大班的小朋友们之前都有过中秋节的相关经验，今年的中秋节如何过又引起了小朋友们的讨论，他们提出以庆祝的形式来度过中秋节。我们观看了关于皮影的表演，他们对皮影的表演充满了兴趣，一起制作了表演皮影的道具，那么当皮影戏和中秋节牵手，会碰撞出什么样的火花呢？让我们一起来期待小朋友们的表现吧。

习近平总书记强调，要坚定文化自信；推动中华优秀传统文化创造性转化、创新性发展；要特别重视挖掘中华五千年文明中的精华，弘扬优秀传统文化。而皮影表演正是源于幼儿对于中华传统节日中秋节的庆祝形式的探索。当中秋节遇上皮影戏，精彩的故事情节，传统的双簧艺术，一步一跳，稳健准确，一舞一动，尽是神韵，让人感受光与影的另类魅力。通过中秋节的庆祝形式引入皮影戏，研究它在弘扬民族文化、培养幼儿朴素的爱国热情和审美倾向中的作用，响应国家传承中华优秀文化的号召，通过皮影戏培养幼儿的综合美术素养、创造力和团队协作精神。

二、游戏过程实录

（一）戏台的搭建

一个简简单单的舞台，呈现不一样的美。我们的皮影戏台是什么样的呢？教师通过信息化的手段，引导幼儿观看皮影戏台，从了解戏台的结构出发，发起了一场关于皮影戏台的头脑设计风暴。搭建我们的皮影戏台到底需要哪些材料呢？如图1至图19所示。

橙子：我们要准备幕布。

嘀嗒：我们要做舞台的框架。

逗逗：舞台上还要有灯光，我们还要给舞台做装饰。

图1　戏台搭建网络图

图2　商量搭戏台需要的材料

嘀嗒：我们探究了搭建舞台需要的东西，可是我们到底要用什么做幕布呢？怎么把我们的舞台搭建起来呢？

橙子：我们可以用保鲜膜。

嘀嗒：不行，保鲜膜太薄了，手一戳就破了。而且它是透明的，后面表演的小朋友就曝光了。

逗逗：我们可以用旧衣服去做幕布。

彤彤：不行，衣服太小了，我觉得我们可以用白布试一试。

嘀嗒：那我们的框架用什么材料合适呢？

逗逗：我们可以用木板把幕布撑起来。

彤彤：不行，木板太重了、太厚了，我们拿不动。

逗逗：我们还可以用做角色区窗口的板子（泡沫板）。

橙子：舞台下面要用柜子垫起来。

嘀嗒：表演的时候舞台上会有很多皮影，放在一起太乱了，我们可以用一个工具箱把他们装起来。

图3　制作框架　　　　　　　　　　　　图4　定幕布大小

彤彤：我们的舞台做好了，我们还差皮影表演的灯光呀，没有灯，我们在后面看到的皮影的影子还是黑黑的，并且有时候不明显。

嘀嗒：我们可以拿老师的手机试一试。

逗逗：家里有手电筒，我可以带来看一看可不可以。

橙子：我家有台灯，我也可以拿来试一试。

图5　手机的灯光效果　　　　图6　手电筒的灯光效果　　　　图7　台灯的灯光效果

教师的思考：

当小朋友们发现搭建戏台比较复杂时，他们没有退缩、没有放弃，而是表现出浓厚的兴趣和强烈的动机，积极思考，勇于探究。在他们提出问题的时候，我并没有根据自己的已有经验，直接告诉他们解决问题的办法，而是让他们自己探索，发现更适合制作戏台的材料。小朋友们从提出问题、探究问题到最后解决问题的这一过程，充分体现了"让幼儿做游戏的主人"这种以幼儿为主体的活动理念。小朋友们在遇到问题时，主动去寻求解决问题的方法，形成了主动学习的品质，在自己找到合适方法的时候，也能大胆地同教师和同伴分享，锻炼了自己的语言表达能力。戏台搭建阶段选择材料时遇到的问题和教师小结如表1所示。

表1　戏台搭建阶段选择材料时遇到的问题和教师小结

问题	解决办法	效果	支持策略
幕布材料的选择	白色旧衣服	太小、不适合表演，白色衣服连接处影响舞台美观	家园同构，幼儿回家选择材料； 教师指导幼儿开展幕布透光性实验
	白色幕布	可按所需大小裁剪，透光性好	
框架材料选择	木板	太重，不易于幼儿操作	材料库的材料支持 教师指导幼儿切割
	筷子	太细，支撑不牢固	
	泡沫板	方便裁剪，适合做框架	
	柜子	做戏台支撑架	
灯光的选择	手机灯光	光线暗，皮影色彩不鲜明	材料库的材料支持 教师引导幼儿探索光影实验
	手电筒	幕布上会形成光圈	
	台灯	灯光合适，能较清楚地看见皮影的色彩	

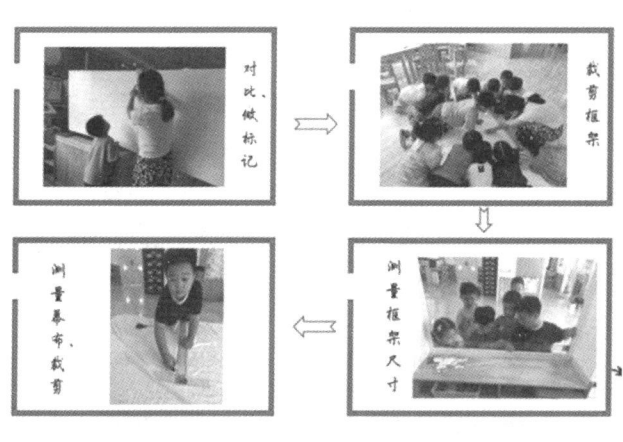

图8　皮影戏台搭建流程

图9　皮影戏台

（二）表演的准备

精彩的故事情节，一舞一动，尽是神韵。栩栩如生的皮影表演，离不开趣味横生的生动剧本。

吴源一：我们皮影表演组的人应该怎么做呢？

溪溪：需要皮影道具。

吕黄睿：皮影道具已经制作好了，我们需要剧本。

圆子：我们的表演需要音乐。

紫妍：我们可以把绘本里面表演的内容说出来。

吴源一：我们表演的人是要说很多话的，所以我们应该把绘本里面的话变成我们说的台词。

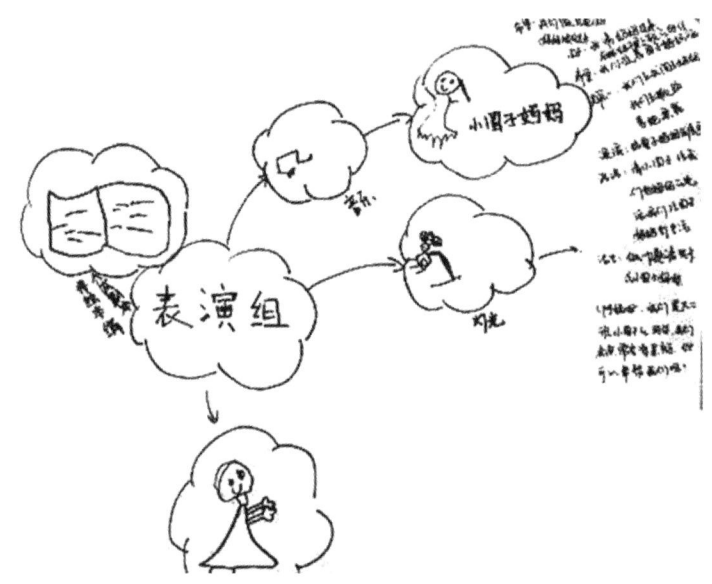

图 10　表演组网络图

小皮影·大月亮

旁白：在神秘的皮影王国里，天空中没有太阳，只有一个月亮，小皮影们只能收集月亮的能量储存再月饼里，依靠能量来照亮整个皮影王国。有一天，小皮影们意外发现了一本古老的月亮经书。

蓝洋洋：哇，好神奇的书呀。

黑爷爷：如果能做出和最大月饼一样大的月亮，那我们的皮影王国就会一直明亮呢。

旁白：于是小皮影们开始观察月亮每天的变化。

黄小胖：月亮的形状每天都不一样呢，颜色大小也不一样。

陶味味：月初，月亮像浅黄色的香蕉船，渐渐的变成了半圆形的小梳子。

红噜噜：月末，月亮慢慢的又变成了很灰色的小船，最后会消失不见。

旁白：皮影王国里德高望重的黑爷爷看了看小皮影们记录的月亮信息，告诉小皮影们。

黑爷爷：今年最大的月亮会在八月十五中秋节这一天出现。

旁白：小皮影们知道这个消息可开心了，小皮影们可被这个问题难住了。

花花青：可是月亮在中秋节这一天有多大呢？

豆小带：我的马儿跑得最快，如果我的马儿能从月亮的一边跑到另外一边，那儿跑过的距离就是月亮的大小，呼呼，怎么一直追不上。

花花青：我们用叠罗汉的方法来测量把，啊哦，还是不行，我捧了一跤。

兔包包：我们用划船的方法来测量吧，我们划着小船经过月亮在水面的倒影，小船划过的距离，就是月亮的大小。啊，好像不对。

红噜噜：我们用手拉手的方法来测量吧，我们手拉手，把月亮围起来。咦，怎么还是不够长。

旁白：日子一天天过去，小皮影们都做出了很大的月饼，都认为自己的月饼已经和最大的月亮一样大了。

花花青：我做出了像马儿一样的月饼。

兔包包：我做出了叠罗汉一样的月饼。

陶味味：我做出了手拉手的月饼。

旁白：中秋节这一天到了，小皮影们把自己做好的月饼，拿到皮影广场上看

了看天上的月亮，我们的月饼还是不够大，这可怎么办呢？

黑爷爷：我们可以把月饼拼在月亮上面。

旁白：远远的月亮越升越高，小皮影们的身上发现了闪亮的光芒，四周还响起了音乐。

哇，原来是一场皮影戏要开始了，花花青舞着衣袖，豆小带骑着马儿奔跑。

铛，好戏开场了。

图 11　编写剧本《小皮影·大月亮》

紫妍：现在剧本我们自己编写好了，那音乐怎么办？

圆子：我去找妈妈帮忙，妈妈是音乐老师。

吴源一：那我们一起给圆子妈妈写一封邀请信吧，告诉她我们的活动，请她帮一帮我们。

胡老师：恭喜你们把剧本编写出来了，音乐的问题也可以请圆子妈妈帮我们解决，现在我们离表演皮影戏更进一步了。

溪溪：胡老师，我想表演花花青。

吴源一：我也想表演花花青。

胡老师：到底谁演花花青？谁扮演其他角色呢？

吴源一：我们来竞争吧，谁把角色的台词说得最好，谁就去扮演那个角色。

浩浩：可以，我们一起来比一比吧。

图 12 写给圆子妈妈的邀请信

图 13 竞争角色

视频 1
给圆子妈妈的邀请视频

视频 2
竞争角色

每一个角色都诉说着不同的故事。孩子们根据自己的兴趣，通过竞选投票，最终获得了自己喜欢的角色（见表2）。

表 2 角色分配表

角色	花花青	兔包包	黑爷爷	豆小带	红噜噜	蓝羊羊	黄小胖	陶咪咪	旁白	紫灵灵
表演者	吴源一	刘紫妍	钟怀瑾	吕黄睿	李慕尚	洛洛	赵熙诚	赵灵溪	金诚浩	黄少泽

胡老师：我把你们练习台词的声音录了下来，我们一起来听一听吧。

紫妍：我感觉听起来很平淡。

浩浩：我有一个好办法，我们先听每一个小朋友说台词，如果说得不好，有更好的方式我们就一起教他。

吴源一：我们还可以把练习好的台词录下来，这样表演的时候我们可以提前准备好，免得我们忘词、说不好。

图 14　练习台词、录音

视频 3
练习台词

教师的思考：

皮影表演依托绘本故事《小皮影·大月亮》，幼儿开始书写别样的皮影戏剧本。在这个过程中，面对自己不能解决的音乐问题，会运用家长协助的方式解决，此外，幼儿自主探究解决角色分配和台词表达问题。这一过程中，幼儿的语言表达、合作沟通、艺术素养等能力都得到了提升。皮影表演准备阶段教师小结如表 3 所示。

表 3　皮影表演准备阶段教师小结

问题	解决办法	效果	支持策略
剧本的编写	深入了解绘本内容	幼儿顺利编写剧本	教师引导幼儿编写剧本
音乐	给圆子妈妈写邀请信	获得圆子妈妈认可	教师引导幼儿书写邀请信
角色的分配	竞争角色，成团出道	公平、公正、一致同意	教师引导幼儿海选
台词语气、语调的把握	录音，指出不足，相互学习	幼儿能较准确地把握台词语气、语调	教师引导幼儿练习台词

（三）筹备庆祝活动

胡老师：经历了搭建戏台、编写剧本、排练表演，我们中秋节关于皮影的表演即将开幕，还有哪些是需要我们去准备的呢？

吴源一：我们表演，肯定需要观众呀，我们可以画邀请函，去邀请小朋友和老师来看我们的表演。

嘀嗒：我们还可以画一个宣传海报告诉大家，并且放在大厅，让幼儿园的所有人都知道，就像电影海报那样。

浩浩：我们要表演，还要提前设计布置好我们的活动场地。

嘀嗒：在布置之前我们要先设计好场地，小班的弟弟妹妹坐前面，中班和大班的小朋友坐在后面，老师坐在最后面，这样才不会挡住视线。

图 15　宣传海报

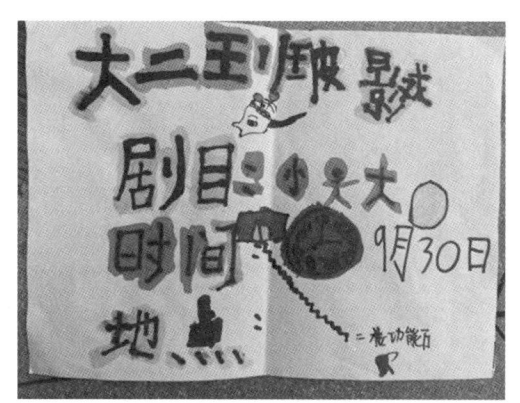

图 16　邀请函

图 17　发出邀请

图 18　布置场地

教师的思考：

小小的一张一张皮影，简单的布幕舞台，操作者灵巧的手指，加上一点光亮，就能展现出无比的美景。一场为中秋节筹备的皮影表演《小皮影·大月亮》逐步完成，如何让小朋友们知道我们要表演皮影戏了呢？表 4 是教师对于庆祝筹备阶段的小结。

表 4　庆祝筹备阶段教师小结

问题	解决办法	支持策略
如何筹备庆祝活动	制作宣传海报	教师引导幼儿制作宣传海报、设计邀请函、布置场地
	设计邀请函	
	设计布置场地	

在这一次关于皮影的表演游戏活动中，你有什么样的感受呢？你最深刻的一件事情是什么呢？让我们一起听一听大家的想法吧。

钟怀瑾：我觉得有点忙碌，因为在表演的时候换皮影有点来不及，但是我又很开心，因为我表演的时候知道接下来要换哪个皮影了。

嘀嗒：我感觉有点累，因为在表演时要帮小班弟弟妹妹找椅子。

彤彤：我感觉很有成就感，因为我们几个合作，最后终于把戏台搭好了。

吕黄睿：有点不开心，我感觉我表演的时候没有做好。

孔若曦：最开始的时候我画的皮影胳膊太细了，就拼不上去。后来我找到了方法，把皮影胳膊画得粗一点，就可以拼上去了。

诚诚：我一拿到皮影就很开心，因为可以表演。我还能跟着音乐拿着相应的皮影表演。

紫研：我感觉有点忙，因为我表演的时候拿了好几个皮影，然后就会有点着急。我竞争了4次才拿到角色，我很开心，我终于可以表演了。

戴静怡：我觉得做皮影有点难，我自己设计的皮影不好看。

吴源一：我有点惊慌，因为有时拿娃娃，音乐已经过了。我还有点紧张，怕自己演不好。

宝宝：我感觉自己表现得很好，我可以自己把皮影做出来了。

浩浩：表演的时候我不小心被别的小朋友挤倒了，我有点失落。然后我很快爬起来了，可以继续表演，我又有点兴奋。

希望：我感觉很有成就感，我能很好地表演皮影戏。

赵灵溪：我感觉是有点慌张的，在拿皮影表演的时候皮影"陶咪咪"突然坏掉了。

图 19　正式表演《小皮影·大月亮》

视频 4
正式表演

教师的思考：

小朋友们在表演的活动当中，一次又一次地进行表演，从没有喊过累，可见他们对本次表演活动是专注且投入的，并且愿意不厌其烦地一遍遍表演给小朋友们和教师看，充分体现出了他们持之以恒的学习品质。在活动当中他们遇到小麻烦时，不再是求助教师，而是自己抓紧时间处理问题，避免耽误表演，既体现了他们解决问题的能力，又展现出了他们的集体荣誉感。

三、游戏活动反思

（一）幼儿在游戏中是如何学习的

1. 幼儿怎样习得知识、经验

在这个游戏中，幼儿始终处于积极的思维状态，整个探索过程就是"发现问题—思考与假设—实验验证"。在这一个过程中，幼儿不仅了解到皮影的知识，也学会了如何表演皮影。更重要的是，利用各种材料解决问题的同时，探究到了材料间的差异。

2. 幼儿的学习品质如何获得

学习品质是幼儿在玩和学习过程中都会自然流露的，而不是教师强加的。在游戏学习过程中，幼儿学习品质的表现如何呢？在假设、验证、再验证的循环往复中，我看到了坚持不懈、不轻言放弃的品质，以及他们强烈的探究欲望，每一次失败都让他们收获经验，增强了进一步探究的动机。此外，我看到了他们的自信，他们始终相信自己是有办法解决问题的。

3. 游戏中的同伴关系如何

这个过程体现了解决问题时同伴合作的力量，当有人台词说得不好的时候，其他小朋友会自发地帮忙，共同完成目标。同伴之间的协商、讨论，让他们相互启发，游戏自然而然地给了幼儿合作的内驱力。

（二）教师在游戏中起了什么作用

1. 耐心的等待，让幼儿有探索学习的可能

"皮影制作、戏台搭建"这样的活动之所以能一步一步地在幼儿的猜想和验证中进行下去，最重要的还是教师给予了幼儿充分的自主空间。

作为教师，如果在幼儿问使用什么材料时，直接告诉他们什么材料可以，什么材料不可以，这样探索就不复存在。而耐心等待的结果就是让幼儿有了自己的思考节奏，一小步一小步接近成功。这样的"小步子"会使幼儿思考得更加充分。

2. 适度支持、激发幼儿的探索欲望

有时一个简单的提问，就能激发幼儿的探索欲望。在活动中我问：我们中秋节关于皮影的表演即将开幕，还有哪些是需要我们去准备的呢？这个提问，触发了幼儿的深入思考：如何筹备表演活动。

（三）启示

以前我们总觉得幼儿很容易放弃，特别是遇到困难的时候。但在此次游戏中面对自己要解决的问题时，他们却异常投入，有合作、有计划地展开探索，哪怕遇到困难也会继续寻找方法解决问题。

◇ 项目小结

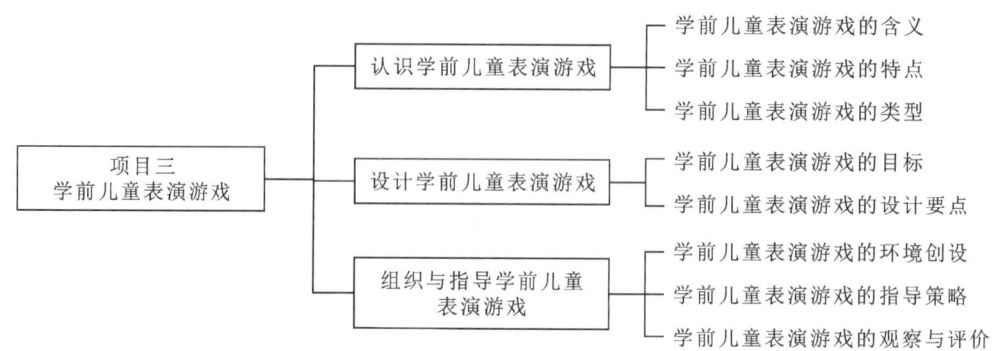

学前儿童表演游戏是幼儿通过语言、动作、表情等方式创造性再现文学作品或生活情境的游戏形式，兼具表演性、自主性、愉悦性与教育性。其核心在于幼儿通过扮演角色，将对故事的理解与生活经验融入演绎过程，实现"以人代人、以物代物"的象征性表达。表演性体现在塑造角色的语言、动作与情感投入，自主性贯穿于角色分配、情节拓展的全过程，愉悦性源自游戏本身的沉浸式体验，而教育性则渗透在语言发展、社会合作、情感认知等多方面。

表演游戏是幼儿全面发展的重要载体。在认知层面，幼儿通过理解故事逻辑、分析角色特征，深化对世界的认知；在能力层面，从模仿简单对话（小班）到自主创编剧本（大班），逐步提升语言表达、合作协商与问题解决能力；在情感层面，幼儿通过体验角色情感，培养同理心与社会适应力。此外，不同表演形式为幼儿提供多元表达渠道，满足个性化发展需求，助力其在想象与现实的交织中建构经验。

教师需从环境创设、过程指导与评价反思三方面系统支持。游戏前，精选贴近幼儿经验的素材，准备低结构道具与安全场景，激发探索欲；游戏中，通过观察捕捉幼儿的角色冲突与创意表现，以平行介入、问题启发等策略引导幼儿自主解决问题，鼓励个性化演绎；游戏后，借助多元评价总结经验，延伸拓展情节或融合音乐、美术等领域，深化教育效果。同时，通过教师的有效观察与评价，提升幼儿表演的经验与水平，让表演游戏真正成为幼儿"在玩中学"的成长舞台。

思考与练习

一、单项选择题

1. 幼儿通过塑造角色表现文艺作品内容的游戏是（　　）。（选自 2023 年上半年幼儿园教师资格证考试）

　　A. 角色游戏　　　　　　　　　　　B. 结构游戏

　　C. 智力游戏　　　　　　　　　　　D. 表演游戏

2. 不属于表演游戏的种类的有（　　）。（选自 2021 年上半年幼儿园教师资格证考试）

A. 娃娃家　　　　　　　　　　　B. 桌面表演

C. 影子戏　　　　　　　　　　　D. 木偶戏

3. 儿童按照故事、童话的内容，分配角色，安排情节，通过动作、表情、语言、姿势等进行的游戏被称为（　　）。（选自 2020 年下半年幼儿园教师资格证考试）

A. 规则性游戏　　　　　　　　　B. 结构游戏

C. 角色游戏　　　　　　　　　　D. 表演游戏

二、活动设计题

大班的江老师出差两天，回来以后，孩子们都过来告亮亮的状，说亮亮总是搞破坏。亮亮说："我不是在搞破坏，我是孙悟空，我在打妖怪。"晶晶说："我不是妖怪，我是唐僧。"其他的孩子也说："我不是妖怪，我是玉皇大帝。"还有的说："我也是孙悟空，我要扮演孙悟空。"……孩子们七嘴八舌，早就忘记了告状这件事，都在讨论自己要扮演什么角色。（选自 2022 年上半年幼儿园教师资格证考试）

问题：请设计一个谈话活动，从孙悟空的行为目的和意义开始，将幼儿的破坏性扮演行为引导成为表演性游戏行为。要求写出活动名称、目的和过程。

三、活动模拟题

1. 表演游戏《三只小猪》，要求：（1）模拟引导幼儿盖房子的过程；（2）幼儿争抢"大灰狼"角色，设计两种引导方法。（选自 2024 年下半年幼儿园教师资格证面试）

2. 设计一个表演游戏，引导幼儿表现"森林音乐会"的场景，需包含角色分配、情节设计和材料使用情况。（选自 2023 年上半年幼儿园教师资格证面试）

 参考答案
思考与练习

实践与实训

【实训一】

以学前儿童表演游戏为内容，任选一个年龄段，设计一个活动方案，并制作相应的课件、游戏材料等，根据方案模拟游戏活动。

目的：掌握学前儿童表演游戏的设计要点，根据各年龄段幼儿特点，能科学指导、实施游戏活动。通过模拟活动，提升实践操作与教学组织能力。

要求：（1）表演游戏活动方案结构完整，思路清晰，逻辑连贯；（2）根据活动方案，制作教学

课件，准备游戏材料；（3）以小组合作的形式开展模拟游戏活动，各小组成员分工明确。模拟活动结束后，各小组成员之间相互点评。

形式：小组合作。每个小组由 4～6 名学生组成，共同完成表演游戏的设计、准备、模拟和点评工作。

方案设计
中班表演游戏活动《可爱鸭》

活动视频
中班表演游戏活动《可爱鸭》

【实训二】

幼儿园实习时，任选一个年龄段，观摩一次表演游戏情境，对其进行观察和记录，并运用教师指导行为相关理论进行评析。

目的：掌握学前儿童表演游戏的观察内容和评价方法，并将所学的教师指导行为相关理论灵活运用到实际的教育实践中，提升观察分析能力和教育实践能力。

要求：（1）选择一个年龄段的幼儿进行观摩，包括幼儿对角色的理解和扮演、情节的发展、语言的运用、同伴之间的互动等方面；（2）围绕表演游戏的组织、开展和指导等方面进行详细客观记录；（3）结合 Deepseek 和其他 AI 大模型，从游戏玩法的掌握、游戏持续时间、游戏任务完成水平等方面分析幼儿在表演游戏中的行为与表现。

形式：个人完成。

思政案例

文化润童心　创新育未来

在全球化浪潮与文化多元化的背景下，坚定文化自信、传承中华优秀传统文化已成为教育的重要使命。幼儿教育作为国民教育体系的根基，承担着启蒙文化认知、培育民族精神的关键任务。将传统文化体验融入幼儿表演游戏，不仅能让幼儿在角色扮演中感受中华文化的魅力，更能通过创造性的游戏过程培养其创新精神。这种教育模式既契合职教理念中"实践育人、产教融合"的核心思想，又能为"岗课赛证"综合育人机制提供实践范本，为培养具有文化底蕴与创新能力的新时代幼儿教师奠定基础。

一、文化传承与创新并重

幼儿表演游戏具有育人价值。幼儿表演游戏是幼儿通过模仿和想象，创造性地反映现实生活的一种游戏形式。将传统文化元素融入其中，能够构建"文化认知—情感认同—实践创新"的完整育人链条。例如，在《京剧小舞台》游戏中，幼儿通过扮演京剧角色，不仅能学习戏曲的唱腔、动作和服饰，还能在教师引导下理解戏曲背后的历史故事与文化内涵。这种沉浸式体验有助于幼儿对传统文化形成亲切感，进而增强文化认同感。同时，表演游戏的开放性为幼儿提供了创新的空间。幼儿在扮演汉服设计师时，不仅可以模仿传统服饰的样式，还能发挥想象力，为汉服添加现代元素，设计出"古今结合"的创意服装。这种将传统文化与现代审美相结合的过程，正是创新精神的生动体现。通过表演游戏，幼儿既能传承文化基因，又能在实践中培养创新思维，实现文化传承与创新的有机统一。

二、传统文化体验

（一）京剧艺术

在角色扮演中感受戏曲魅力。京剧是中华传统文化的瑰宝，其独特的脸谱、唱腔和表演形式为幼儿表演游戏提供了丰富的素材。教师可设计《京剧小戏院》游戏，让幼儿选择自己喜欢的京剧角色（如诸葛亮、孙悟空等），通过模仿经典唱段和动作，体验戏曲的艺术魅力。例如，在《空城计》的角色扮演中，幼儿通过夸张的手势和唱腔表现诸葛亮的智慧，不仅能加深对历史故事的理解，还能在表演中感受京剧的程式化美感。为了增强游戏的趣味性和教育性，教师可引导幼儿参与京剧道具的制作。例如，让幼儿用彩纸绘制脸谱，用废旧材料制作戏服，这样的过程既培养了幼儿的动手能力，又让他们在实践中了解京剧的文化内涵。此外，教师还可引入现代多媒体技术，播放京剧动画片或短视频，帮助幼儿直观感受京剧的艺术特色，激发他们对传统文化的兴趣。

（二）汉服文化

在设计创作中传承服饰美学。汉服是中华民族传统服饰的代表，其形制、图案和色彩蕴含着丰富的文化内涵。在幼儿表演游戏中，教师可开展《汉服设计师》游戏，让幼儿通过设计、制作汉服，感受传统服饰的美学价值。例如，教师可提供不同颜色的布料、丝带和装饰品，引导幼儿根据自己的想象设计汉服，并在游戏中展示自己的作品。在设计过程中，教师可向幼儿介绍汉服的基本形制（如交领、右衽、宽袍大袖等）和常见图案（如祥云、花鸟、瑞兽等），让幼儿在创作中融入这些元素。同时，鼓励幼儿将现代元素与传统设计相结合，如在汉服上添加亮片、荧光条等，创造出具有个性的"新汉服"。这种将传统文化与现代创意相融合的活动，既能培养幼儿的创新意识，又能让他们在实践中体会到传统文化的生命力。

（三）其他传统文化形式的融合

除了京剧和汉服，教师还可将其他传统文化形式融入幼儿表演游戏。例如，在《传统节日游园会》游戏中，幼儿可扮演不同节日代表的角色（如春节的舞龙者、端午节的屈原等），通过情境模拟了解节日的由来和习俗；在"民间故事剧场"中，幼儿可改编《牛郎织女》《嫦娥奔月》等传统故事，用自己的方式演绎，培养想象力和创造力。通过多样化的传统文化体验，幼儿在表演游戏中不仅能学习文化知识，还能在情感上与传统文化产生共鸣，从而形成对中华文化的认同感和自豪感。

这些生动的案例表明，表演游戏是连接传统文化与幼儿认知的桥梁。通过角色扮演、创意制作与情境模拟，幼儿不仅能直观感受京剧的艺术魅力、汉服的美学价值和传统节日的文化内涵，还能在自主探索中突破传统框架，创造性地将文化元素与现代生活相结合。这种教育模式不仅增强了幼儿的文化认同感，更培养了他们的创新思维与实践能力，为其终身发展奠定了坚实的文化基础。

三、创新精神培养

（一）鼓励幼儿在游戏中大胆想象　创新的基础是想象力

在幼儿表演游戏中，教师应鼓励幼儿突破现实的束缚，大胆想象。例如，在《神话故事新编》游戏中，幼儿可以为孙悟空设计新的冒险故事，让他穿越到现代社会，解决新的问题。这种想象不仅能激发幼儿的创造力，还能让传统文化在新的语境下焕发活力。教师可通过提问、引导讨论等方式，激发幼儿的想象力。例如："如果嫦娥来到现在的城市，她会做什么？""孙悟空能用金箍棒帮助现代人解决什么问题？"这些问题能引导幼儿从不同角度思考，培养他们的发散思维。

（二）支持幼儿在游戏中自主创造　创新需要实践的机会

在幼儿表演游戏中，教师应支持幼儿自主选择角色、设计情节、制作道具，让他们在实践中体验创造的乐趣。例如，在《传统工艺作坊》游戏中，幼儿可自主决定制作陶器、剪纸或扎染，并根据自己的创意设计作品。教师可提供丰富的材料和工具，鼓励幼儿尝试不同的创作方法。同时，尊重幼儿的想法，不轻易否定他们的创意，让他们在宽松的环境中自由表达。例如，当幼儿用新奇的方式制作陶器时，教师可引导他们解释自己的设计理念，并给予积极的反馈，增强他们的自信心和创新动力。

（三）引导幼儿在游戏中合作创新　创新往往需要团队合作

在幼儿表演游戏中，教师可设计需要合作完成的任务，让幼儿在协作中碰撞出创新的火花。例如，在《大型传统剧目编排》游戏中，幼儿需分工合作，有人负责编剧，有人负责表演，有人负责制作道具，共同完成一个完整的演出。在合作过程中，教师可引导幼儿学会倾听他人的意见，借鉴不同的想法，从而产生新的创意。例如，在讨论剧情时，教师可鼓励幼儿提出不同的观点，并一起探讨如何将这些观点融合到剧目中，培养他们的团队协作能力和创新思维。

综上所述，以表演游戏为载体弘扬文化自信与创新精神，是幼儿教育领域落实立德树人根本任务的重要途径。通过将京剧、汉服、传统节日等传统文化元素深度融入游戏设计，幼儿在玩乐中实现了文化传承与创新的双重成长。这种教育实践不仅为幼儿的全面发展提供了丰富的养分，也为学前教育工作者指明了方向——唯有扎根传统文化土壤，同时拥抱创新教育理念，才能培养出既有文化底蕴又具创新精神的新时代人才，让中华优秀传统文化在未来一代心中生根发芽、发扬光大。未来，我们应继续探索传统文化与幼儿教育的深度融合路径，不断创新教学方法，让文化自信的种子在幼儿心中生根发芽，让创新精神的火花在游戏中闪耀光芒。

项目四　学前儿童结构游戏

◇ 学习目标

素质目标：尊重学前儿童的自主性；树立科学的游戏观，培养学前儿童传承文化、探索创新的能力。

知识目标：理解学前儿童结构游戏的含义、特点和类型；掌握学前儿童结构游戏的环境创设和设计要点；掌握学前儿童结构游戏的指导策略、观察与评价方法。

能力目标：能制订各年龄段学前儿童结构游戏方案；初步具备指导各年龄段学前儿童开展结构游戏的能力。

◇ 情境导入

下午，幼儿园大班正开展自主游戏活动，王老师来到建构区巡查。此时，建构区里热闹非凡，孩子们正热火朝天地进行搭建。铭铭和几个小伙伴正计划搭建一座"梦幻城市"。铭铭负责搭建城市里最高的摩天大楼，他专注地挑选着合适的积木，试图让大楼又高又稳。可搭着搭着，大楼突然倾斜，"哗啦"一声倒塌了，周围的积木也被压倒了一片。铭铭一下子愣住了，有些不知所措。一旁搭建桥梁的甜甜，看到这一幕，停下手中动作说："铭铭，别着急，我们一起想想办法。"几个孩子围了过来，开始你一言我一语地讨论。有的说积木摆放要更整齐，有的说要先搭个牢固的底座。这时，有几个孩子因为都想用一块特殊形状的积木起了争执，谁都不肯让步。王老师看到这一系列场景，心中思索：面对孩子们搭建失败时的沮丧情绪，该如何引导他们调整心态、重新尝试？孩子们发生争执时，怎样介入才能既化解矛盾，又培养他们的规则意识和社交能力？

上述案例中，孩子们玩的是什么游戏？如果你是王老师，会如何根据孩子们的表现进行针对性指导？通过对本项目的学习，你会找到答案。

任务一　认识学前儿童结构游戏

在我们的生活里，总能发现这些有趣画面：幼儿用积木搭起高高的城堡，在沙坑里挖出蜿蜒的"河道"，还用雪花片拼出造型独特的汽车……这些利用积木、沙土、拼插玩具等材料进行搭建、组合、创造的活动，就是充满想象力与创造力的结构游戏。

一　学前儿童结构游戏的含义

结构游戏也称建构游戏，是幼儿利用各种结构材料（如积木、积塑、沙土、黏土等），通过想象与动手操作，构造物体形象，反映周围生活的一种创造性游戏。结构游戏始于 3 岁前后，一般从简单的积木游戏开始，随着年龄的增长和认知水平、动作技能的发展，游戏也趋向复杂化、多样化。在幼儿园，结构游戏不单是一种构造活动，而且是一种包含着许多技能的创造性组合活动和全面培育心理素质的综合活动，在幼儿成长进程中占据关键地位。

二　学前儿童结构游戏的特点

（一）创造性

在结构游戏中，幼儿不受固定模式限制，能根据自己的想象和意愿创造出各种物体形象。他们可以把几个纸盒组合成太空飞船，用积木搭建出童话中的城堡，用梯子、凳子搭成小桥（见图 4-1），赋予简单材料无限可能，充分发挥创造力和想象力，表达对世界的独特认知。一起来看下面这个案例。

中班结构游戏《梦幻童话镇》

在中班的建构区，孩子们以"童话镇"为主题开展结构游戏。平时就对童话充满幻想的轩轩，看着面前的积木和纸盒，突发奇想："我要建一座会飞的城堡，让里面的公主能去任何地方！"他先用积木搭建城堡的主体，又找来易拉罐当作城堡的"飞行柱子"。一旁的瑶瑶受到启发，说："那我们再建一条彩虹路，让公主走在上面去看彩虹！"她把彩色积木一块一块拼接起来，弯弯曲曲的彩虹路就出现了。其他孩子也纷纷发挥想象，用积木和彩纸做出了其他造型的物品。在这个过程中，孩子们没有按照固定的模式搭建，而是根据自己对童话的理解和想象，赋予了作品独特的创意，充分展现了结构游戏的创造性。

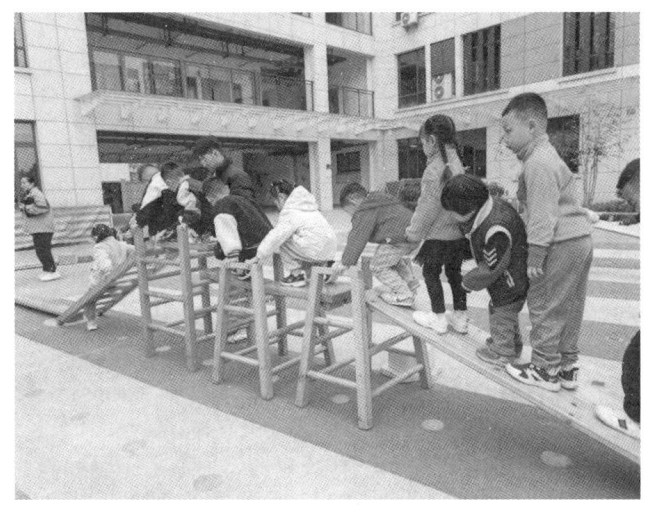

图 4-1　幼儿用梯子、凳子搭成小桥

（图片来自黄冈师范学院附属幼儿园）

（二）操作性

幼儿通过直接动手操作积木、积塑、纸盒等结构材料，进行堆高、平铺、围合、镶嵌等动作。比如在搭建积木城堡时，幼儿需要拿起积木，思考如何摆放才能让城堡稳固且造型独特。这一过程锻炼了幼儿的手部精细动作和手眼协调能力，也让幼儿在实践中感知材料的特性。我们看下面这个案例。

小班结构游戏《我的小房子》

小班的建构区里投放了许多木质大积木。在《我的小房子》的游戏中（见图 4-2），阳阳拿起一块长方形积木，小心翼翼地放着，作为房子的"墙壁"。接着，她又拿起一块三角

图 4-2　《我的小房子》

（图片来自黄冈师范学院附属幼儿园）

形积木，试图放在"墙壁"上当作屋顶，可积木总是掉下来。经过几次尝试，她发现需要把三角形的底边和长方形的上边对应好，才能放稳。旁边的朵朵看到了，也学着阳阳的样子搭建自己的小房子。她一边搭建，一边嘴里念叨着："先放一块大大的积木做墙，再放三角形做屋顶。"幼儿在摆弄积木的过程中，不断尝试不同的搭建方法，锻炼了手部的抓握、放置、拼接等精细动作，手眼协调能力也在操作中逐渐提高，这正是结构游戏操作性特点的体现。

（三）自主性

幼儿是游戏的主导者，从游戏主题的确定、材料的选择，到搭建的过程和方法，都由他们自主决定。他们能自由选择是独自搭建，还是与同伴合作；可以自行决定搭建一个动物园，还是一个超级市场，从而在自主探索中获得满足感和成就感。一起来看下面这个案例。

大班结构游戏《未来城市》

大班开展《未来城市》的结构游戏时，孩子们自主讨论游戏方案（见图4-3）。丽丽说："我来当总设计师，规划城市的布局。"其他孩子纷纷响应。在分配任务时，有的孩子选择搭建高楼大厦，有的负责建造交通设施，还有的主动承担起负责城市绿化的工作。在搭建过程中，当发现搭建高楼的积木不够时，负责的小组自主商量，决定用废旧纸盒来代替部分积木，让高楼顺利建成。整个游戏过程，从主题确定、任务分工到解决问题，孩子们都自主决策，充分体现了结构游戏中孩子们的自主性，他们是游戏的真正主人。

图4-3 《未来城市》

（图片来自黄冈师范学院附属幼儿园）

（四）艺术性与审美性

幼儿搭建出的作品虽然稚拙，但蕴含着他们对美的理解和追求。他们会注重色彩搭配，比如用彩色积木搭建彩虹；关注造型的美观，将积木排列成对称的形状。在游戏过程中，幼儿逐渐形成对形状、色彩、空间的审美感知，审美能力得到提升。我们来看下面这个案例。

中班结构游戏《美丽的花园》

　　在中班《美丽的花园》结构游戏中，孩子们特别注重作品的美观。他们先将绿色彩纸铺在地面当作草地，然后用彩色积木搭建出五颜六色的花朵，红的玫瑰、黄的向日葵、紫的薰衣草……为了让花园更有层次感，琪琪把较高的花朵积木放在后面，较矮的放在前面。轩轩还用白色的积木围了一个圆形的栅栏，把花园"保护"起来。在装饰花园时，孩子们用彩色纸条制作蝴蝶，将贝壳当作花朵的"宝石"点缀其中。从色彩搭配到造型设计，孩子们在搭建过程中融入了自己对美的理解和追求，让简单的积木变成了充满艺术感的花园，展现了结构游戏的艺术审美性。

活动案例
中班结构游戏《消防救援记》

 学前儿童结构游戏的类型

　　结构游戏的种类是多样的，根据其使用的材料和结构形式，我们将结构游戏分为七大类型，即积木游戏，积塑游戏，积竹游戏，金属结构游戏，拼图游戏，穿珠、串线、编织游戏，玩沙、玩雪、玩水等游戏。

（一）积木游戏

　　积木是最常见的结构游戏材料，有不同形状、大小和材质。幼儿能用积木进行简单垒高，搭建高楼、城堡，在这一过程中，理解空间的高低概念；还能通过平铺地面、搭建广场，感受平面的延展；利用积木围合出房间、花园，认识空间的封闭与开放。以下是常见的四种积木类型。

　　1. 小型、中型和大型的普通积木

　　普通积木通常具有简单基础的几何形状，如长方体、正方体、圆柱体、三角体等，是最基础的积木形式（见图4-4），多由木材、塑料或泡沫塑料制成。普通木质积木质感温润，有天然纹理；塑料材质的色彩丰富、坚固耐用；泡沫塑料材质的则质地轻盈、耐磨抗压。玩法较为基础，主要用于简单的堆叠、排列，帮助幼儿认识形状、颜色、大小等基本概念，锻炼手眼协调和空间感知能力。比如，幼儿用普通积木垒高、平铺，搭建简单的房子、围墙等。

　　2. 主题建筑

　　积木以特定的建筑主题为设计核心，包含各种与主题相关的独特形状和部件。如城堡主题积木有尖顶、城墙、塔楼等形状；城市主题积木有高楼大厦、街道、桥梁等部件。一般采用塑料材质居多，质量较好，色泽鲜艳，能够较好地呈现出主题建筑的细节和特色。玩法是围绕特定主题进行搭

图 4-4 积木游戏

（图片来自黄冈师范学院附属幼儿园）

建，幼儿可以根据自己对主题的理解和想象，构建出完整的场景，有助于培养他们的想象力、创造力以及对特定建筑和文化的认知。例如，幼儿可以用城堡主题积木搭建出一座宏伟的城堡，设计城堡里的各种设施和场景。

3. 拼插积木

积木的边缘或表面带有特殊的拼接结构，如凹凸槽、插孔、凸点等，形状丰富多样，既有常规几何形状，也有各种独特造型以满足不同的拼接需求。多为塑料材质，具有良好的韧性和可塑性，拼接牢固，不易脱落。需要幼儿通过将积木的不同部分进行精准的拼插来完成搭建，能锻炼手部精细动作和耐心。可以创造出非常复杂和多样化的造型，从简单的动物、植物到复杂的机械模型、机器人等，能充分激发幼儿的创造力和空间思维能力。乐高积木就是典型的拼插积木，幼儿可以用它拼出各种创意作品。

4. 榔头积木

以小圆棒为连接物将各种形状的积砖进行拼接构造，拼接时用小榔头敲击帮助连接，故称榔头积木。

（二）积塑游戏

积塑由各种塑料零件组成，可通过拼接、插合等方式创造多样造型。它色彩鲜艳、可塑性强，能激发幼儿创造力，按照结构性质我们把它们分为主题类积塑和素材类积塑两大类。主题类积塑按照主题类需要做成各种形状，比如，幼儿可以用积塑搭建出机器人、交通工具、动植物等。素材类积塑则是由一些简单元件构成，可以根据想象构成各种造型，具有更大的创造性空间。素材类积塑由软硬不同的塑胶制成，有凸点型积塑、花片型积塑（又称"雪花积木"）、块型积塑、齿型积塑和插图型积塑等几种类型。

（三）积竹游戏

积竹游戏以竹子为主要材料，将竹筒、竹片、竹棍等通过捆绑、套接等方式搭建物体。竹子天然、环保，具有独特质感。幼儿可以搭建竹制建筑，如小竹屋、竹亭；也能制作交通工具，如竹筏、竹马车。积竹游戏能让幼儿接触自然材料，感受传统文化魅力。在搭建中，幼儿要根据竹子的长短、粗细合理搭配，思考搭建结构的稳定性，锻炼解决问题的能力与对自然材料的运用能力。

（四）金属结构游戏

这类游戏使用金属零件和工具，通过螺丝、螺母连接组装。虽然操作相对复杂，但能搭建出更稳固、结构精巧的作品。幼儿可以搭建桥梁、机械模型等，在操作过程中，了解机械原理、工程结构，培养对科学技术的兴趣。比如，搭建一座可活动的吊桥模型，探索杠杆原理在其中的应用。

（五）拼图游戏

拼图游戏是将完整图案分割成若干小块，幼儿需要通过观察、思考，把小块拼图按正确位置拼接还原成完整图案。它包括图像组合拼图游戏、拼棒游戏、拼板游戏、几何图形拼图游戏、自然物拼图游戏和美术拼图游戏。简单的拼图可能只有几块，适合低龄幼儿，可以帮助他们认识形状、颜色，锻炼观察力；复杂的拼图块数较多，图案细节丰富，适合年龄稍大的幼儿，比如，完成一幅大型世界地图拼图。

（六）穿珠、串线、编织游戏

穿珠、串线游戏使用珠子、线绳等材料，幼儿通过将珠子按特定顺序或随意穿在绳子上，创造出项链、手链、挂件等作品（见图4-5）。色彩丰富、形状各异的珠子对幼儿有极大吸引力。低龄幼儿能在串珠过程中，认识不同珠子的颜色、形状，锻炼手部抓握能力；年龄稍大的幼儿则可以根据自己的审美和创意，设计珠子排列顺序，完成复杂图案，使自己的专注力、耐心以及审美能力与创造力得到培养，比如用彩色珠子串出动物造型的挂件。

图 4-5　穿珠游戏

（图片来自武汉市洪山区第一幼儿园）

编织游戏一般采用毛线、纸条、草绳等材料。幼儿可以从简单的平结、辫结开始学起，制作杯垫、小篮子、围巾等。在编织过程中，幼儿需掌握不同编织方法，了解材料的纹理和特性。例如，用纸条编织一个小篮子，幼儿要思考如何穿插纸条，才能让篮子形状规整、结构牢固。

（七）玩沙、玩雪、玩水等游戏

沙、雪和水是天然的结构游戏材料，幼儿可以在沙中塑造各种造型，比如城堡、山脉、河流，利用水与沙混合制作沙堡，用雪堆出不同造型，感受材料的不同特性和变化。在沙水游戏中，幼儿通过挖、堆、舀等动作，发挥想象力和创造力，还能体验合作乐趣，如几个幼儿一起合作搭建大型沙水主题公园。

任务二　设计学前儿童结构游戏

 一 ## 学前儿童结构游戏的目标

结构游戏是幼儿通过操作积木、积塑、纸盒等材料，创造性地建构物体形象、反映生活经验的重要游戏形式。参照《幼儿园教育指导纲要（试行）》和《3—6岁儿童学习与发展指南》，结合幼儿动作发展、认知水平及社会性需求，各年龄段结构游戏的目标如表4-1所示。

表4-1　各年龄段学前儿童结构游戏的目标

3～4 岁（小班）	4～5 岁（中班）	5～6 岁（大班）
1. 对摆弄积木、纸盒等结构材料产生兴趣，愿意参与简单建构活动。 2. 在教师引导下，尝试自主选择单一建构主题。 3. 模仿堆叠、平铺、围合等基础动作，识别材料的基本形状和颜色。 4. 围绕简单主题开展建构，初步呈现物体的基本特征。 5. 运用大颗粒材料进行象征性建构，理解材料的简单用途。 6. 愿意与相邻同伴游戏，初步学习分享材料，体验平行建构的乐趣。 7. 在教师提醒下，尝试整理材料并放回指定位置	1. 主动参与结构游戏，较专注地完成中型建构任务。 2. 按意愿自主确定建构主题，理解主题与材料的对应关系。 3. 掌握围合、连接、对称等技能，能用语言描述建构作品的功能。 4. 创造性使用低结构材料，尝试替代物建构。 5. 与同伴协商分工，合作完成简单场景搭建。 6. 通过讨论解决建构中的问题，调整搭建方法。 7. 主动归类整理材料，遵守规则	1. 全身心投入复杂结构游戏，体验大型建构项目的成就感。 2. 与同伴共同协商确定复杂主题，规划建构方案。 3. 综合运用架空、镶嵌、比例等技能，理解建构中的物理原理。 4. 灵活运用多元材料，自主设计功能性建构。 5. 明确分工，协作完成大型项目，协调各部分结构衔接。 6. 主动沟通解决矛盾，共同制定小组建构规则。 7. 有序整理材料并分类收纳，能对建构过程和作品进行简单反思

我们来看看几个游戏目标：

1. 小班结构游戏《搭积木小房子》的目标

（1）愿意尝试用积木搭建简单的小房子，感受建构的乐趣。

（2）初步识别基本形状，模仿堆叠方形积木作墙壁、三角形积木作屋顶。

（3）能与同伴分享积木，初步学习轮流使用材料。

2. 中班结构游戏《构建小花园》的目标

（1）乐意选择"小花园"主题，享受与同伴进行结构游戏的快乐。

（2）初步了解设计花园小径和装饰性元素，懂得创造性使用彩色积木和纸盒。

（3）能与同伴协商分工，合作完成花园布局。

3. 大班结构游戏《未来城市》的目标

（1）乐意选择"未来城市"主题，讨论核心区域的建构方案。

（2）能用废旧材料制作功能性设施，并掌握基本的运用架空搭建的技能。

（3）能分工完成城市各区域的搭建，共同制定材料使用规则和搭建顺序。

二　学前儿童结构游戏的设计要点

通过科学设计结构游戏的各要素，教师能为幼儿创造富有挑战性与创造性的建构体验，使结构游戏成为幼儿探索世界、发展逻辑思维与空间思维能力的重要途径。

（一）游戏主题的设定与引导

游戏主题是结构游戏的核心目标，指幼儿通过建构活动想要完成的具体任务或场景。结构游戏的主题应贴近幼儿生活经验，兼具挑战性与可行性。常见主题包括"搭建城堡""设计桥梁""建造幼儿园"等。主题的设定需考虑以下原则。

生活关联性：选择幼儿熟悉的场景，便于幼儿迁移已有认知。

年龄适宜性：小班适合简单主题，大班可尝试复杂主题。

开放性与创造性：允许幼儿在主题框架内自由发挥。例如，"搭建彩虹桥"的主题能激发幼儿对色彩和形状的探索，同时引导其思考如何让桥梁稳固。

（二）材料的选择与运用

材料是结构游戏的基础，直接影响幼儿的建构行为与发展。教师需根据幼儿年龄特点提供多样化的低结构材料。

基础建构材料，如积木、积塑、纸箱等，满足幼儿基本搭建需求。

辅助材料，如绳子、胶带、贴纸等，支持幼儿装饰与创新。

自然材料，如树枝、贝壳、石子等，拓展幼儿对材料特性的认知。

例如，小班幼儿适合大颗粒积木，便于抓握与拼搭；大班幼儿可提供小型积塑，支持精细结构的设计。同时，鼓励幼儿用纸箱制作"积木墙"，体验不同材料的组合运用。

（三）建构技能的培养与指导

建构技能是幼儿完成结构游戏的核心能力，教师要通过循序渐进的引导帮助幼儿掌握以下技能。

基础技能，垒高、平铺、围合等，如用积木围出正方形"花园"。

进阶技能，架空、对称、组合等，如用积木架空搭建"桥梁"。

工具使用，学习使用剪刀、锤子等工具进行材料改造。教师可通过示范、唱儿歌（比如，"积木宝宝叠叠高，一层一层要对齐"）或分步任务卡引导幼儿逐步提升技能。

（四）空间规划与布局能力的发展

空间规划是结构游戏的重要维度，体现幼儿对空间关系的认知与组织能力。教师需引导幼儿进行空间规划与布局。

理解空间概念，通过提问帮助幼儿感知上下、前后、里外等方位。

合理布局，鼓励幼儿在建构前规划各部分的位置。

扩展空间思维，通过合作搭建大型作品，引导幼儿协调个体与整体的空间关系。例如，在"搭建动物园"时，幼儿需规划不同动物场馆的位置，考虑通道、绿化等空间要素（见图 4-6）。

图 4-6　"搭建动物园"

（图片来自黄冈师范学院附属幼儿园）

（五）合作与创新意识的激发

合作与创新是结构游戏的高阶目标，能促进幼儿社会性与创造力的发展。在结构游戏中，教师要注意合作创新意识的引导。

合作能力培养，鼓励幼儿分工协作，协商解决冲突（见图 4-7）。

创新思维引导，提供开放性材料，提出开放性问题，激发幼儿创造性设计。

作品分享与反思，引导幼儿介绍自己的作品，并反思改进。

图 4-7　幼儿分工协作

（图片来自黄冈师范学院附属幼儿园）

活动案例
中班结构游戏《我为小兔建新家》

拓展资源
AI 赋能结构游戏案例及教育启示

任务三　组织与指导学前儿童结构游戏

一　学前儿童结构游戏的环境创设

（一）小班幼儿结构游戏环境创设

小班幼儿处于结构游戏的起始阶段，他们的思维以直观形象为主，手部肌肉力量较弱，动作协调性差，对结构游戏的规则和方法了解较少。这一阶段的环境创设旨在激发幼儿对结构游戏的兴趣，帮助他们初步感知结构材料，培养基本的建构技能。

在游戏场地方面，应选择空间相对较小、布局简单且封闭性较好的区域，让幼儿有安全感。例如，可利用教室的一角设置结构游戏区，用矮柜或屏风与其他区域隔开。地面铺设柔软的地垫，既可以减少幼儿摔倒受伤的风险，又能营造温馨的氛围。游戏材料的选择至关重要。要投放体积较大、形状规则、色彩鲜艳的材料，如大颗粒积木、泡沫拼图等，方便幼儿抓握和操作。材料的数量要充足，满足幼儿平行游戏的需求，避免因争抢材料引发冲突。以搭建小房子为例，除了提供基本的积木，还可投放一些辅助材料，如塑料小人、玩具动物，让幼儿在搭建完成后进行情景游戏，增加游戏的趣味性。同时，为帮助幼儿明确游戏主题和玩法，可在游戏区张贴简单的搭建示例图片，图片内容以幼儿熟悉的简单物体为主，如小塔、小桥等，图片色彩鲜艳、形象生动，便于幼儿理解和模仿。以《欢乐小镇》为例，其环境创设详见表 4-2。

表 4-2　小班结构游戏《欢乐小镇》环境创设

创设类别	创设示例
场地布置	在教室角落用彩色围栏围出游戏区域，地面铺设印有街道和房子轮廓的地垫，营造小镇氛围。上方悬挂彩色纸灯笼，四周张贴各种可爱的小动物图片，仿佛小动物们都生活在这个小镇里
材料投放	准备 30 块大颗粒彩色积木，以红、黄、蓝三色为主，形状包含长方形、正方形、三角形。投放 15 个塑料小动物模型，如小猫、小狗、小鸭子等，让幼儿为小动物搭建家园。搭配 10 块泡沫拼图，图案为小镇里常见的设施，如滑梯、秋千
辅助引导	在游戏区墙壁张贴简单的搭建步骤图，展示用 3～4 块积木搭建小房子的过程，旁边配上小动物的卡通形象鼓励幼儿动手尝试。展示架上摆放用积木搭建好的小镇标志性建筑，如用 5 块积木搭建的小亭子，方便幼儿模仿

（二）中班幼儿结构游戏环境创设

中班幼儿的结构游戏能力有所提升，他们开始有一定的建构目的和计划，手部动作更加灵活，能尝试用不同材料进行组合搭建。其合作意识逐渐萌芽，喜欢与同伴交流互动。基于这些特点，结构游戏环境创设要注重拓展游戏空间、丰富游戏材料种类，满足他们对多样化材料的需求，促进合作与交流。

游戏场地要更加宽敞、开放，便于幼儿自由走动和合作。可以将游戏区设置在活动室或走廊的较大空间处，保证有足够的空间放置大型建构作品。在场地布局上，划分出不同的功能区域，如材料存放区、作品展示区、建构操作区等，使游戏区域功能明确、秩序井然。材料方面，除了保留部分适合小班的基础材料外，要增加种类和数量，引入更多形状、质地的材料，如易拉罐、纸盒、塑料水管等，满足幼儿多样化的建构需求。同时，提供一些低结构的辅助材料，如彩纸、胶带等，鼓励幼儿对材料进行加工和改造，提升建构的创造性。为了激发幼儿的创造力和想象力，可在游戏区投放一些与建构主题相关的图片、图书、模型等资料，让幼儿在建构前有更多的灵感来源，也能帮助他们更好地理解建构对象的结构和特征。以中班结构游戏《梦幻城堡》为例，其环境创设详见表 4-3。

表 4-3　中班结构游戏《梦幻城堡》环境创设

创设类别	创设示例
场地布置	将教室一侧较大空间作为游戏区，用蓝色地垫划分出材料区、搭建区和展示区。材料区放置多层收纳架，分类存放积木、易拉罐、纸盒等材料。搭建区摆放 5 张桌子，便于幼儿分组合作。展示区设置高低错落的展示台，用于展示城堡建构作品。游戏区周围张贴城堡的大幅图片，营造梦幻氛围

续表

创设类别	创设示例
材料投放	投放 50 块多种形状的积木，除基本形状外，增加半圆形、梯形、拱形等。提供 15 个易拉罐、20 个纸盒，用于搭建城堡的城墙、塔楼等部分。配备 8 卷彩纸、4 瓶胶水、3 把儿童剪刀，让幼儿装饰城堡。此外，投放 8 个塑料小人偶，如王子、公主、骑士等，丰富城堡场景
辅助引导	在游戏区设置"创意灵感角"，放置各种城堡模型图片册、介绍城堡结构的简单图书。定期展示幼儿搭建城堡的优秀作品，附上搭建思路，激发幼儿的创作灵感

（三）大班幼儿结构游戏环境创设

大班幼儿在结构游戏中表现出更强的自主性、计划性和创造性，他们的建构技能和创造力有了较大提升，他们渴望挑战，喜欢自主探索和合作交流，对游戏的深度和广度有更高要求。此时的环境创设应注重培养幼儿的自主探索和合作创新能力，提供更具挑战性的材料和空间。

游戏场地要进一步扩大，可设置专门的结构游戏活动室，配备足够的桌椅、展示架等设施。场地布局要灵活多变，可根据不同的建构主题进行调整，如搭建大型城堡时，可设置不同的区域分别用于搭建城墙、塔楼、护城河等。材料选择上要提供丰富多样、高结构与低结构相结合的材料，同时增加各种废旧材料和自然材料，鼓励幼儿利用这些材料进行创意搭建。此外，投放一些工具让幼儿能够对材料进行更深入的加工和改造，实现更复杂的建构。例如，在搭建"未来家园"时，幼儿可以用树枝搭建房屋框架，用旧轮胎制作交通工具。为支持幼儿自主开展结构游戏，可在游戏区设置"建构计划角"，提供纸、笔、尺子等工具，鼓励幼儿在游戏前制订建构计划，包括建构主题、所需材料、搭建步骤等，并在游戏过程中根据实际情况进行调整。同时，设立"创意分享区"，在游戏结束后，让幼儿分享自己的建构思路和创意，促进幼儿之间的交流和学习。以大班结构游戏《未来科技城》为例，其环境创设详见表 4-4。

表 4-4　大班结构游戏《未来科技城》环境创设

创设类别	创设示例
场地布置	利用专门的活动室作为游戏区，用可移动屏风划分出不同功能区域，如交通区、建筑区、能源区等。墙壁上绘制科技感十足的图案，如星空、宇宙飞船等。地面采用防滑材料，方便幼儿活动。展示墙上展示幼儿的设计图纸、科技城规划图等
材料投放	准备乐高积木、木质积木、积塑、金属管件等多种材料。提供大量废旧物品，如旧轮胎、饮料瓶、废旧电路板等，鼓励幼儿创新利用。配备螺丝刀、锤子、电钻等工具（安全款），帮助幼儿完成复杂建构。例如，幼儿可用金属管件搭建未来飞行器，用废旧电路板装饰建筑
辅助引导	在游戏区设置"建构创意中心"，提供纸、笔、尺子、电子绘图板等工具，方便幼儿绘制建构图纸、制定搭建计划。设立"问题讨论区"，幼儿遇到问题时可在此交流讨论。邀请科技工作者来园分享科技知识，拓宽幼儿视野

学前儿童结构游戏的指导策略

（一）游戏前的准备工作

1. 丰富幼儿的生活经验和知识储备

要丰富幼儿的感知经验，教师可通过多种方式帮助幼儿积累建构相关经验。可以组织实地参观活动，如带幼儿参观博物馆古建筑展厅、社区建筑等，让幼儿直观感受不同建筑风格、结构特点。日常利用图片、视频、绘本故事展示各类建筑，引导幼儿观察、讨论，拓宽视野。通过回顾已有知识，在游戏前组织简短谈话活动，引导幼儿回忆生活中的建筑，例如，说说自己家房子的样子、去过的商场布局等，激活幼儿已有的生活认知，为建构构思提供素材。还可复习之前学过的空间关系、建构原理知识，如通过提问"怎样让积木搭得又高又稳"，引发幼儿思考，巩固知识基础。

2. 做好充分的材料准备

教师要依据幼儿年龄特点与建构目标筛选材料。小班幼儿适合大块、颜色鲜艳、形状简单的建构材料，如大型木质积木、空心塑料积木，方便抓握、识别，能初步激发建构兴趣；中班可增加中等难度材料，如带连接点的积塑、拼图积木，满足其探索连接技巧、尝试复杂造型需求；大班可以逐步引入专业材料，挑战建构能力，促进知识技能提升。材料要保证数量充足，避免幼儿因争抢受限，每种材料根据人数按比例配备。同时将材料分类整理摆放于建构区，贴上清晰标签，便于幼儿自主取放。摆放要合理，较重材料置于下层，轻便材料在上层，常用材料放在显眼易取位置，培养幼儿自我管理与自主游戏能力。

3. 做好规划引导工作，激发主题构思

教师可用生动语言、有趣情境导入游戏，激发幼儿建构兴趣，如"今天我们要变身小小建筑师，为小动物们建造一个超级乐园，你们想不想试试"，引发幼儿参与热情；展示一些奇特建筑的图片、幼儿优秀建构作品，激发想象，提出开放性问题，"猜猜这个建筑是怎么搭成的"，点燃幼儿创作欲望。

鼓励幼儿自主构思建构主题，也可根据幼儿兴趣、近期教学内容提供几个主题选项供选择。如结合春天主题，提出"搭建春天的花园""为小鸟建新家"等，引导幼儿围绕主题展开想象，思考所需材料、建构布局，初步规划建构蓝图。

（二）游戏过程中的指导

1. 观察与判断幼儿行为

教师要持续观察幼儿建构行为与建构进程，看其对材料的选择与运用是否熟练，能否运用已有建构技能搭建目标建筑，如果发现幼儿一直选用单一材料、搭建方式简单，教师可以引导拓展；关注幼儿在合作建构中的互动，例如，是否能协商分工、有效沟通，有无冲突发生，要及时了解团队协作情况。

同时要依据观察精准判断介入时机。当幼儿遇到技术难题，如搭建高楼重心不稳、桥梁连接不牢固，面露难色寻求帮助时，需及时介入；当幼儿因角色分配、意见不合争吵激烈，影响游戏进行，要立刻协调；若幼儿沉浸创作，进展顺利，教师应默默关注，不轻易打扰。

2. 适时启发与引导

当介入时，教师多采用提问方式引导幼儿自主解决问题，启发思考。例如，看到幼儿搭建的城堡围墙总倒塌，可以问"你们想想看，真正的城堡围墙为什么能立得那么稳，你们的围墙是不是少了什么"，启发幼儿思考支撑、加固方法；针对合作分歧，可以问"大家都想演主角，那主角要做些什么，我们怎么分工能让游戏更好玩"，引导幼儿协商解决问题。

要在准确观察、判断基础上，适时给出建设性建议拓展幼儿建构思路。若幼儿重复搭建常见建筑，可以建议幼儿"要不要试试给房子加上个秘密花园，或者建个能通往天空的楼梯"，鼓励创新；观察到幼儿只用积木搭建，可以提醒幼儿"旁边的纸盒、易拉罐说不定也能派上用场，和积木组合起来说不定更有趣"，促进材料多元运用。

3. 给予支持与鼓励

当幼儿面临建构技术困境，教师要在必要时给予示范操作以提供技术支持，但要强调是仅供参考，鼓励幼儿后续自己尝试。当幼儿不知如何用积塑搭建复杂造型，教师可以简单示范几步关键连接，让幼儿在模仿基础上自主探索；当幼儿对空间关系理解有误，可以现场用积木演示讲解，加深理解。

对幼儿在建构中的创意闪光点要多肯定、鼓励创新，如独特的建筑造型、新颖的材料组合、巧妙的色彩搭配，教师要及时给予肯定与表扬。如"你这个火箭造型太酷了，还用卜了发光材料，像真的要飞向宇宙一样，真有创意"，以此增强幼儿自信心，激励持续创新。

（三）游戏结束后的指导

1. 整理并检查结构材料

教师要引导幼儿一起整理建构材料，将材料按类别放回原位，强调分类存放的重要性，例如，"如果我们不把积木放好，下次找材料就会很麻烦，而且容易丢"，培养幼儿良好的游戏习惯与自我管理能力；对于幼儿主动整理的行为及时表扬，例如，"你把积塑整理得又快又整齐，真是个细心的小帮手"，培养整理习惯的养成。教师也要对建构材料进行检查维护，查看有无损坏、缺失，及时维修补充，确保下次游戏材料完备，例如，发现积木有裂缝、积塑零件丢失，要及时修复、补齐，保障游戏顺利开展。

2. 建构作品展示与交流

活动结束后，教师要组织幼儿将建构作品展示在指定区域，如建构区的展示台、教室墙面。展示方式应多样，可按主题分类，将"城市风光""童话世界""未来家园"等不同主题作品分区摆放；也可按幼儿年龄、小组分类，便于对比观察。展示过程要让幼儿参与，一起布置、调整作品位置。

同时开展分享交流活动，鼓励幼儿介绍自己的建构作品，包括主题构思、运用材料、特色创新之处等；引导幼儿互相欣赏作品，提问"你最喜欢哪个作品，为什么"，促进幼儿相互学习，拓展建构思路。

通过遵循结构游戏指导的意义与要求，精准把握游戏前、中、后各阶段指导要点，教师能够充分发挥结构游戏的教育价值，促进幼儿的认知水平、动作协调、创造力、社会力、审美水平等多方面全面发展，让结构游戏成为幼儿快乐成长的有力助推器。一起来看下面这个案例。

大班结构游戏《搭建过山车》的指导案例

一、游戏背景

在大班的结构游戏里，教师以"搭建过山车"为主题，引导幼儿开展建构活动。这个主题既符合大班幼儿对机械和运动的好奇心理，又能充分锻炼他们的多种能力。在活动过程中，教师践行从"指挥者"到"观察者"、从"传授者"到"引导者"、从"评价者"到"共建者"的角色转变，不断提升自身专业能力，促进幼儿全面发展。

二、游戏前准备

教师提前收集了丰富的建构材料，如木质积木、塑料积木、易拉罐、纸筒、胶带、剪刀等，还准备了一些辅助材料，如小球、小珠子等用于模拟过山车的运行。同时，教师通过播放过山车的视频、展示过山车的图片和模型，帮助幼儿了解过山车的基本结构和运行原理，激发幼儿的兴趣和建构欲望。

三、游戏过程指导

观察幼儿行为（从"指挥者"到"观察者"）：游戏开始后，教师利用《幼儿建构行为观察表》，详细记录幼儿的表现。例如，观察到小明和小组同伴小红在搭建过山车轨道时，对于轨道的坡度和连接方式产生了分歧。小明认为轨道的坡度应该大一些，这样过山车会更刺激；而小红则觉得坡度太大，小球可能无法顺利通过。教师没有直接给出建议，而是继续观察他们如何解决这个问题。

引导幼儿思考（从"传授者"到"引导者"）：当看到幼儿们因为轨道问题陷入僵局时，教师以引导者的身份介入。教师提出开放式问题："真正的过山车轨道怎么设计，才能让车子既安全又刺激地运行呢？你们可以观察一下图片或者模型，看看能不能找到灵感。"幼儿们受到启发，开始仔细观察图片和模型，一边观察一边讨论。最终，他们发现轨道的坡度需要有一定的变化，并且连接部位要稳固。于是，他们调整了搭建方案，成功解决了轨道的问题。

参与幼儿游戏（从"评价者"到"共建者"）：在幼儿们搭建过山车的过程中，教师发现他们搭建的过山车场景比较单调，除了轨道和过山车，没有其他的装饰和配套设施。教师便以共建者的身份参与到游戏中，提议和幼儿们一起添加一些元素，让过山车的场景更加丰富。教师和幼儿们一起收集了树枝，将树枝修剪后插入地面，当作树木；用彩纸制作了一些小彩旗，装饰在过山车周围；还用纸盒制作了售票亭和休息区。在这个过程中，教师和幼儿们一起讨论、动手，不仅让作品更加完善，还增进了师生之间的互动和情感交流。

四、游戏经验的提升

融合 STEAM 教育理念①。在游戏过程中，教师引导幼儿思考过山车的运行原理，涉及科学领域的重力、惯性等知识。例如，教师提问："为什么过山车在高处速度会变快，在低处速度会变慢呢？"引发幼儿对科学原理的探索兴趣。同时，在搭建过程中，幼儿需要测量轨道的长度、角度，这又涉及数学知识的运用。此外，幼儿在设计和装饰过山车场景时，发挥了艺术创造力，体现了艺术领域的内容。教师通过这样的活动设计，将 STEAM 教育理念融入结构游戏中，促进了幼儿多领域知识的融合和发展。

运用基础木工技能指导幼儿。在搭建过程中，部分幼儿想要用木质材料制作一些更复杂的结构，如过山车的支架。教师利用自己掌握的基础木工技能，指导幼儿安全使用儿童锤和螺丝刀。教师先向幼儿示范正确的使用方法，强调安全事项，如使用儿童锤时要注意握锤的姿势和敲击的力度，使用螺丝刀时要对准螺丝孔，避免划伤手等。在教师的指导下，幼儿们成功地用木质材料制作出了坚固的过山车支架，他们的动手能力和操作技能都得到了提高。

五、游戏效果与总结

通过这次《搭建过山车》的结构游戏，幼儿们不仅在建构技能上有了很大的提升，能够综合运用多种材料和建构技巧搭建出复杂的作品，还在科学探索、数学认知、艺术创造和社会交往等方面得到了全面发展。教师通过践行角色转变和提升专业能力，有效地引导了幼儿的游戏过程，让幼儿在游戏中获得了丰富的体验和成长。在今后的教学中，教师要继续以这种方式指导幼儿的结构游戏，为幼儿提供更有价值的学习机会。

拓展资源
如何在幼儿园结构游戏中推广和应用传统文化

 学前儿童结构游戏的观察与评价

随着幼儿园课程游戏化的深入推进，结构游戏作为幼儿建构能力、空间思维、合作意识发展的重要载体，其观察与评价成为幼儿教师专业能力的核心体现。依据《3—6 岁儿童学习与发展指南》，结构游戏的观察与评价是教师理解幼儿发展需求、优化游戏支持策略的重要依据。

（一）结构游戏的观察策略

对结构游戏的观察是读懂幼儿的"密码本"。教师需以专业视角捕捉游戏中的学习瞬间，通过系统化工具将碎片化行为转化为发展图谱，最终实现"以评促学、以评促教"。

---

① STEAM，这一术语由科学（science）、技术（technology）、工程（engineering）、艺术（arts）和数学（mathematics）这五个学科的英文首字母（大写）组成。STEAM 教育理念，代表着一种跨学科的综合教育理念。它旨在通过多学科的融合与探索，培养学生的创新精神、问题解决能力，以及跨学科的综合素养。

1. 观察内容的多个维度

（1）建构行为与技能

观察幼儿对积木、积塑、纸盒等结构材料的操作，包括拿取、搬运、拼接、镶嵌等动作，了解其手部精细动作的发展情况。关注幼儿是否掌握垒高、平铺、围合、架空、对称等建构技巧，以及在搭建过程中对这些技巧的运用熟练程度。比如，观察幼儿搭建城堡时，能否运用围合技巧构建城墙，用架空技巧搭建城门。同时，留意幼儿对空间的感知和运用，是否理解上下、前后、左右等方位概念，能否合理规划建构作品的空间布局，如在搭建多层建筑时，能否正确安排各层的位置。

（2）主题构思与创意

关注幼儿建构主题的来源，是源于日常生活中的观察（如模仿自己居住的小区），还是受到童话故事、动画片的启发（如搭建"白雪公主的城堡"），抑或是来自自身的想象（如构建"未来星球基地"）。记录幼儿在建构过程中展现的创意，包括独特的造型设计（如将城堡的塔楼设计成螺旋状），功能拓展（为搭建的幼儿园增加自动滑梯等设施），以及新颖的材料组合（如用易拉罐和吸管搭建机器人）。

（3）合作互动

在合作建构时，观察幼儿如何协商确定建构主题、分配任务，是否有幼儿主动发起讨论，能否根据同伴的能力和特长合理分工。例如，在搭建"大型游乐场"时，有的幼儿负责搭建游乐设施，有的负责规划场地布局。关注幼儿在建构过程中的沟通交流方式，是友好协商、耐心倾听，还是出现争吵、抢夺材料等情况，还要关注他们解决分歧的方法。

（4）专注与坚持

记录幼儿参与结构游戏的持续时间，以此判断其专注程度。不同年龄段的幼儿专注时间有所差异，小班幼儿可能专注时间较短，而中班、大班幼儿在感兴趣的建构主题中，专注时间会相对延长。同时，观察幼儿在遇到建构困难，如积木倒塌、材料不足时的表现，是轻易放弃，还是能够坚持不懈地尝试不同方法解决问题。

2. 观察方法的科学运用

（1）定点观察法

选择建构区的特定区域进行针对性观察，如材料投放区、搭建区等。通过定点观察，深入了解幼儿的现有经验和游戏兴趣点，观察幼儿之间的人际交往，如在材料投放区，幼儿如何交流选择材料；观察游戏情节的发展，如在搭建区，幼儿怎样一步步完成建构作品，记录游戏中的细节表现。

（2）追踪观察法

确定1~2个幼儿作为重点观察对象，观察他们在游戏情境中的真实发展水平。该方法不固定观察区域，对观察对象在建构区内的活动进行记录。例如，观察某个幼儿在整个游戏过程中，从最初的构思、选择材料，到搭建过程中的技巧运用、遇到问题的解决方式，以及与同伴的互动情况等，全面了解其在结构游戏中的发展表现。

（3）检核表法

教师根据结构游戏的观察目标和幼儿发展的关键指标，制定相应的观察检核表。检核表中列出一系列需要观察的行为项目，如"能主动选择游戏材料""能与同伴协商确定搭建主题""能正确使用搭建工具"等。在观察过程中，教师对照检核表中的项目，对幼儿的行为进行逐一判断，若幼儿出现相应行为，则在对应的项目后打"√"，未出现则打"×"。通过这种方式，教师能够快速、清晰地了解幼儿在各项能力发展上的达标情况，便于进行量化分析和对比，从而更有针对性地为幼儿提供支持和指导，也有利于对幼儿的发展情况进行阶段性评估和总结。

在观察过程中要注意分年龄段评价。小班观察重点放在材料探索兴趣、基础叠高技能、简单模仿能力；中班观察重点在于围合技巧、主题表达、初步合作意识；大班观察重点在于复杂的结构设计、工具使用、自主解决问题等方面的能力。

（二）结构游戏的评价方式

1. 多主体参与评价

（1）教师评价

基于幼儿结构游戏发展水平评价标准（见表4-5），教师从多个方面进行评价。在评价过程中，以幼儿为主体，注重保护幼儿的游戏积极性和创造性。如在大班《搭建未来城市》的游戏中，教师通过观察幼儿对城市各功能区的规划、复杂建构技能的运用、团队合作的情况，来评价幼儿在结构游戏中的综合表现。

表 4-5　幼儿结构游戏发展水平评价标准

评价项目	评价标准			
	Ⅰ级（0分）	Ⅱ级（2分）	Ⅲ级（4分）	Ⅳ级（6分）
建构技能掌握	基本不会使用建构技能，无法搭建出成型作品	能进行简单的垒高、平铺，搭建的作品结构松散、不稳定	熟练运用垒高、平铺、围合等技能，搭建出较简单且稳固的物体	综合运用多种复杂建构技能（如架空、镶嵌、排列组合等），搭建出复杂、精细且结构稳固的作品
材料选择与运用	随意选择材料，不考虑材料特性与建构需求	能根据建构意图选择常见材料，但使用方式单一	根据建构需要选择合适材料，并能尝试不同材料的组合使用	创造性地使用各种材料，包括废旧物品，对材料进行加工改造，以满足建构创意需求
建构主题构思	没有明确的建构主题，搭建行为无目的	在他人提示下有简单的建构主题，但缺乏自己的想法	能自主确定简单的建构主题，围绕主题进行搭建，有一定的情节	自主确定复杂、富有创意的建构主题，深入思考主题内涵，建构作品情节丰富、有深度
合作互动	独自游戏，不与同伴交流合作	偶尔与同伴交流，在他人邀请下参与合作，但缺乏主动性	能与同伴合作搭建，有简单的分工，能听从同伴意见	主动发起合作，分工明确合理，积极与同伴交流沟通，共同解决合作中遇到的问题

续表

评价项目	评价标准			
	Ⅰ级（0分）	Ⅱ级（2分）	Ⅲ级（4分）	Ⅳ级（6分）
专注度与坚持性	难以专注于结构游戏，容易被其他事物吸引，游戏持续时间短（不足10分钟）	能专注玩10～20分钟，遇到困难容易放弃	能认真专注玩20～30分钟，遇到困难尝试一两种方法解决	自始至终专注于游戏，遇到困难积极主动尝试多种方法解决，坚持完成作品

（2）幼儿自我评价

自我评价对幼儿的自我认知发展具有重要意义。在游戏结束后，教师鼓励幼儿分享在游戏中的感受和体验，如："你在搭建过程中遇到了什么困难，是怎么解决的？""你对自己的作品满意吗，为什么？"通过这些问题，引导幼儿回顾游戏过程，反思自己的行为和表现，发挥自我评价对幼儿结构游戏的教育和启发作用。

（3）同伴评价

组织幼儿在游戏结束后进行同伴互评，引导幼儿互相参观作品，分享自己对同伴作品的看法和感受。教师可以提出一些引导性的问题，如："你觉得他搭建的作品哪里最有创意？""你从他的作品中学到了什么？""你有什么建议，可以帮助他把作品搭得更好？"让幼儿在评价同伴作品的过程中，学会欣赏他人的优点，学习不同的搭建方法和创意，同时也能从同伴的反馈中发现自己的不足之处，促进彼此之间的共同进步。

2. 开展过程性评价

从过程性评价的角度出发，教师要紧密关注幼儿在结构游戏中的全程表现。通过综合运用自然观察、作品分析、访谈等多种方法，要求教师具备细致的观察力、丰富的教育经验以及灵活应变的能力，持续收集幼儿在游戏中的行为、语言、作品等多方面信息，捕捉并记录幼儿在材料运用、搭建技能、创造力、社会性发展以及游戏态度等维度的动态变化，如从简单堆叠材料到创新组合、搭建技能从基础迈向复杂、创意从单一走向多元、合作从生疏变得默契、面对困难从易放弃到积极应对等，描绘出幼儿在结构游戏中的成长路径。这种评价方式有助于教师全面把握幼儿的发展状况，依据每个幼儿的特点提供精准指导，营造支持性的游戏环境，充分尊重幼儿在游戏中的独特表现，推动幼儿在结构游戏中实现全方位发展与能力提升。

小班结构游戏活动《扑克王国》

黄冈师范学院附属幼儿园　吴琼　张润

一、游戏背景

（一）活动缘起

本学期中，我将大量扑克牌投放在区域活动中，很快幼儿便被新的材料所吸引，他们有的玩起了比大小，有的模仿成人三三两两翻牌玩……我们班女孩偏多，她们经常将自己想象成"小公主"。"小公主"的想法总是那么奇特！将扑克牌立起来后，"小公主"就想到可以用扑克牌搭城堡。基于幼儿的兴趣点，我鼓励他们在自我探索中获得多方面核心经验，他们的扑克牌探索之旅便开始了。

（二）游戏预期

（1）乐意参加扑克牌结构游戏，喜欢动脑思考、动手构造，探究游戏更多新玩法。

（2）能用扑克牌折叠、平铺等多种方式搭建城堡，并发现搭得又高又稳的方法。

（3）积极参与，在自主探究和同伴合作中发现问题、分析问题、解决问题。

（三）游戏准备

（1）环境准备：在区域里张贴活动规则；墙面一侧张贴样式各异、不同特色的建筑物图片，一侧张贴楼房地基图纸和基本建构方法图纸。

（2）材料准备：地垫、不同大小的扑克牌等。

（3）经验准备：小班幼儿具有搭建积木的经验。此外，他们具有玩"扑克牌接龙""扑克牌点数""扑克牌分类"等游戏经验。

（四）游戏环境

1. 将扑克牌融入班级环境创设中，充分发挥环境的隐形教育价值

在班级环创墙引入扑克牌主题，将扑克牌元素融入班级环境创设中。将幼儿的建构作品投放在美工区和作品展示栏等，让建构作品时刻提醒幼儿关于扑克牌的游戏，引发幼儿的持续探究行为。

2. 提供安全、卫生、易于操作的游戏材料及充足的创作空间

充分利用区角的低结构材料，为幼儿提供安全、卫生、易于操作的游戏材料和充足的创作空间，充满满足幼儿的创作条件。

二、游戏过程实录

（一）初遇扑克牌

区域活动开始了，幼儿来到益智区，新的材料很快便吸引了幼儿的注意，幼儿选择了新投入的扑克牌开始了探索之旅（见图1至图10）。很快几个幼儿围坐在一起，他们拿起扑克牌观察了一会，随后开始玩点数、分类、比大小等游戏。这时冉冉将一张扑克牌对折立了起来并说道："这还可以立起来，我们可以用这搭一个城堡！"随后她便抽选出两张扑克牌，搭成三角形，只见扑克牌很快便倒塌了。

图1　幼儿打扑克牌1

图2　幼儿打扑克牌2

随后，冉冉不气馁，又接着拼搭起来，接着搭了两组扑克牌建筑，并高兴地喊道："我成功啦！我成功啦！我们可以一起搭一个大城堡！"冉冉的兴奋引起了其他幼儿注意，墨墨看到后，也参与到冉冉的搭建游戏，也尝试着将扑克牌立起来。恒恒也跟着模仿起来，但尝试了好几次依旧失败了，几分钟后，几个幼儿在一起研究出了不让扑克牌倒塌的方法，只见他们将扑克牌换一个方向立在中间，再次进行拼摆，一层又一层扑克牌搭在一起成了一个"城堡"的形状。墨墨说："冉冉你真厉害！"

"哈哈哈……"一阵阵爽朗的笑声充斥在幼儿的周围。经过反复多次的探索后，这一组幼儿便摸索出了扑克牌的玩法，看！这是幼儿多次重复游戏后的作品。

图3 幼儿搭建扑克牌1

图4 幼儿搭建扑克牌2

教师思考：

在将扑克牌搭高这个过程中，幼儿遇到扑克牌站不稳，经常往下掉的问题，这主要有两个原因：一是扑克牌太软，本身就不容易立起来；二是小班幼儿手指精细动作还未达到能将正常扑克牌折叠整齐的程度；三是幼儿不理解如何用扑克牌搭建高楼，导致扑克牌地基不稳。为了支持他们更快地找到原因，我通过语言引导、分享图片的方式，与他们一起分析城堡不倒的原因，帮助他们找到了扑克牌搭得又高又稳的方法。

图5 4倍大扑克牌

（二）"大牌"见"小牌"

看着幼儿的表现，作为教师我是发自内心的高兴，他们的想法一个接着一个产生，真是有创意！针对第一次搭建发现的问题，我打算采用环境暗示的方法，在建构区墙面贴上扑克牌搭建高楼的方法，引导幼儿进行模仿学习。我们还发现，小班幼儿的精细动作还未达到能将正常扑克牌折叠整齐的程度，于是我们将材料换成了4倍的大扑克牌！

"哇！好大的扑克牌呀！这次我能搭一个超级大的城堡！"他们看到大扑克牌惊喜无比，一起商量要搭建一个超级大的城堡。

（三）"扑克王国"设计图

"老师，看，我搭了一座小桥！"尧尧搭的小桥让我感到非常惊喜。他将墨墨和冉冉搭的城堡连接了起来，形成了一个"扑克王国"！

这时我不由得感叹道："哇！你们这真的像一个王国！"

"是呀！是呀！我们这可以住好多人，老师你要跟我们一起住吗？"

"我要把我的小猫也带进来！"

"可是我们的城堡还不够多，我们要搭更多的城堡！"

看着他们的扑克牌搭建技术已经到了炉火纯青的地步，我有了自己的思考，于是在游戏总结时，我向他们提议："看到你们的城堡搭建得这么好，我真的太佩服你们了。大家有没有兴趣来当设计师，设计搭建出更多更好的作品呢？"这一提议立刻引发了他们的强烈回应，画搭建设计图在班级里掀起了新一轮的热潮。小班的幼儿还不能独自完成设计图，于是他们决定回家求助爸爸妈妈。

图6　"扑克王国"设计图1

图7　"扑克王国"设计图2

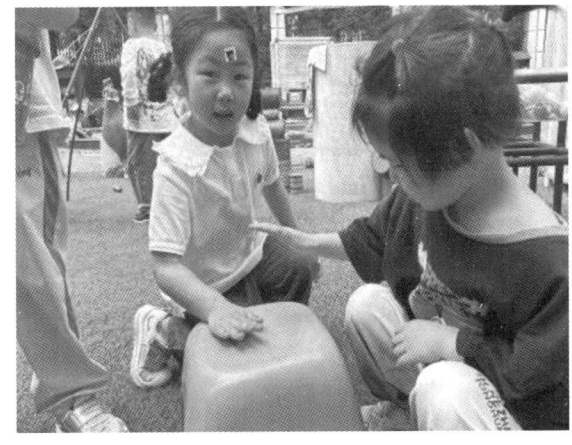

图8　"扑克王国"设计图3

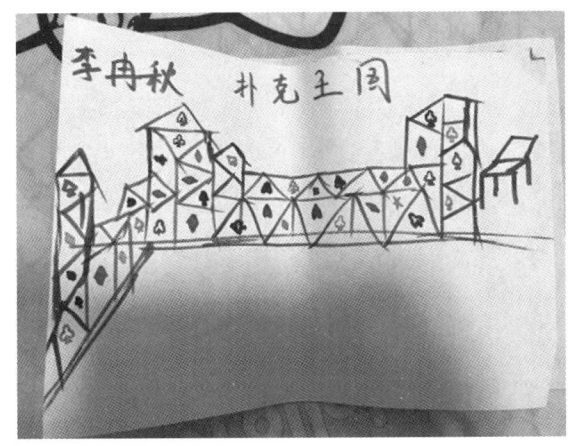

图9　"扑克王国"设计图4

（四）"扑克王国"建成了

"扑克王国"建成了，幼儿又会发生什么不一样的趣事呢？我们敬请期待吧！

三、游戏活动反思

爱玩是幼儿的天性。幼儿玩的过程就是学习的过程。幼儿在玩的过程中能够自由、

图10 "扑克王国"建成了

快乐地学习和探索。通过搭建游戏，幼儿不仅能发展动手能力、提高建构技能，更重要的是能在协商、互动的游戏氛围中学会分享与合作，体验成功与挫折，从而促进自身的全面发展。

（一）增进同伴交往，发展协商、合作能力

本次游戏的强烈趣味性和挑战性，触发了幼儿的协商与合作。这是面对难题时的自然互助，是在浓厚兴趣中的自发牵手。不管是建构过程中的默契配合，还是困惑时刻的出谋划策，都体现了幼儿在游戏中协商能力的发展。

（二）解决问题的过程就是幼儿智慧的体现

幼儿在拿到扑克牌时，也很迷茫，尽管生活中常常见到，可是真正玩起来还需要进一步探索与思考。在一次次的尝试中，不同幼儿探索到了不同新玩法，这都不是他们的随意行为，而是他们发现问题、主动寻找答案的结果。通过观察、思考、实践，他们始终保持积极主动的探索状态。在这一过程中，他们解决问题的能力得到提高，思维的灵活性得到了充分的发展。

（三）充足的游戏时间，让幼儿在探究中展现出良好的学习品质

长时间持续的游戏，能使幼儿有机会不断深入探究和创造，并展现出良好的学习品质。例如：幼儿通过操作发现，搭建扑克牌不易倒塌的方法是将扑克牌沿着中线对折整齐，地基要稳。这场景让我看到了幼儿积极应对困难的学习品质。他们在困难面前不退缩，大胆思考不断试误，积极反思不断调整。在幼儿进行复杂造型的扑克牌建构时，我看到了他们认真和专注的学习品质。这说明他们对这项活动非常感兴趣，操作的过程满足了他们不断挑战自我的需求。

（四）教师的支持助推游戏继续开展

活动前，教师为幼儿创设良好的游戏环境；活动中，教师支持幼儿的搭建活动；幼儿通过自己的努力成功后，教师及时给予鼓励、赞赏，给予幼儿足够的支持。在搭建高层建筑遇到困难后，幼儿主动向教师求助。教师及时介入，引导幼儿发现问题所在，使幼儿搭建的热情重新高涨。教师的介入起到支持、引领的作用，促使幼儿与同伴之间积

极交流互动。整个游戏过程中，教师始终本着正确的游戏观，相信幼儿，耐心等待，让幼儿有探索学习的可能；并适度支持，让幼儿有继续游戏的欲望。

活动视频
小班结构游戏活动《扑克王国》

◇ **项目小结**

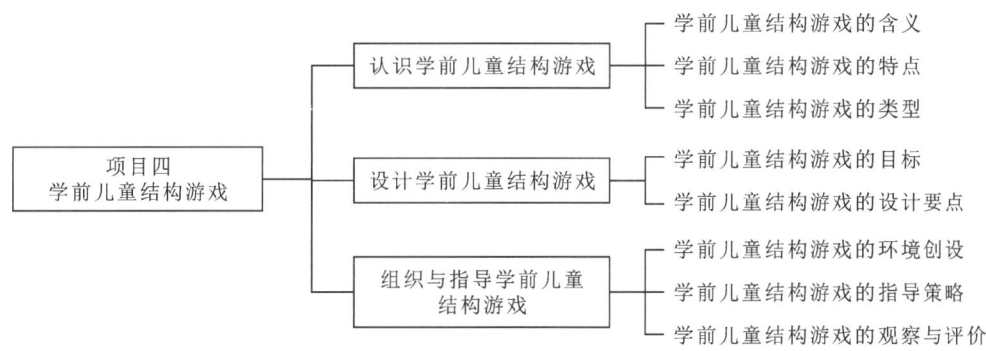

　　学前儿童结构游戏是幼儿借助积木、积塑、沙土、纸盒等材料，通过想象与操作建构物体、再现生活经验的创造性游戏。其核心特点包括创造性、操作性、自主性、艺术性与审美性。游戏类型丰富多样，有积木游戏、积塑游戏、积竹游戏等，不同材料与形式助力幼儿理解空间关系、物理原理，帮助幼儿在操作中积累数学、科学等核心经验，成为幼儿认知发展的实践基础。

　　结构游戏设计需依循年龄特点设定分层目标：小班注重材料兴趣与简单模仿，中班强调主题拓展与合作协商，大班聚焦复杂建构与创意表达。设计要点包括：主题贴近幼儿的生活经验，兼具开放性；材料投放体现层次性；技能培养循序渐进；要做好空间规划，引导方位理解与场景布局；要合作与创新，鼓励分工协作与材料替代，促进社会性与创造力发展。科学整合各要素，可有效支持幼儿在游戏中实现认知、动作、情感的多维发展。

　　结构游戏的组织与指导需从环境创设、指导策略、观察与评价三方面系统推进。环境创设遵循安全性、适宜性、开放性原则：小班提供简单安全的材料与封闭空间，中班增加材料种类与探索区域，大班投放专业性材料并设置创意启发墙面。指导策略贯穿游戏全程：游戏前，丰富生活经验，准备充足材料，激发主题构思；游戏过程中，通过扫描观察整体动态，定点追踪个体表现，以开放式提问引导思考，鼓励幼儿自主解决问题；游戏结束后，引导幼儿整理材料，展示作品并交流、反思，强化整理习惯与元认知能力。观察与评价聚焦建构技能、主题创意、合作互动、专注力等维度，运用定点观察法、追踪观察法、检核表法，结合教师评价、幼儿自我评从、同伴互评，以及过程性评价形成"观察—指导—反思"的闭环，精准支持幼儿在建构中提升技能、发展社会性及创新思维能力。

总之，本章围绕结构游戏的理论与实践，从内涵解析到设计实施，再到组织指导，系统呈现其教育价值与操作路径。教师需以幼儿发展为核心，通过适宜的环境、科学的指导与持续的评价，让结构游戏成为幼儿"做中学"的重要载体，助力其在自主建构中实现全面发展。

思考与练习

一、单项选择题

1. 关于教师对于大班幼儿结构游戏的指导行为，下列说法正确的是（　　）。（选自 2019 年上半年幼儿园教师资格证考试）

　　A. 教师培养幼儿独立建构的能力　　　　B. 教师给定建构主题

　　C. 教师对幼儿游戏过程漠不关心　　　　D. 教师评价幼儿搭建的物体不符合现实

2. 幼儿以积木、沙、雪等材料为道具模仿周围现实生活的游戏是（　　）。（选自 2019 年下半年幼儿园教师资格证考试）

　　A. 表演游戏　　　　　　　　　　　　　B. 结构游戏

　　C. 角色游戏　　　　　　　　　　　　　D. 规则游戏

3. 幼儿用积木、积塑等材料搭建房子，这类活动属于（　　）。（选自 2025 年上半年幼儿园教师资格证考试）

　　A. 体育游戏　　　　　　　　　　　　　B. 结构游戏

　　C. 规则游戏　　　　　　　　　　　　　D. 角色游戏

二、简答题

简述积木游戏对于幼儿发展的价值。（选自 2021 年上半年幼儿园教师资格证考试）

三、材料分析题

三名幼儿用彩色积塑玩建构游戏，各自搭建了一件作品，幼儿甲说不出自己搭的是什么，没有命名（见图 1），幼儿乙说自己搭的是爱心（见图 2），幼儿丙说自己搭的是单峰骆驼（见图 3）。（选自 2024 年下半年幼儿园教师资格证考试）

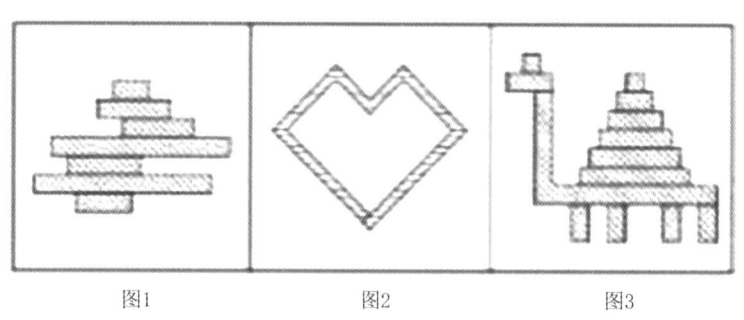

图1　　　　　　　　　图2　　　　　　　　　图3

问题：请分析上述三件作品各自体现的幼儿建构游戏水平。

参考答案
思考与练习

实践与实训

【实训一】

以学前儿童结构游戏为内容，任选一个年龄段，设计一个活动方案，并制作相应的课件、游戏材料等，根据方案模拟游戏活动。

目的：掌握学前儿童结构游戏的设计要点，根据各年龄段幼儿特点科学设计，提升实践操作和教学组织能力。

要求：（1）撰写结构游戏活动方案，思路清晰、逻辑连贯；（2）根据活动方案制作教学课件，并准备游戏材料；（3）以小组合作的形式开展模拟游戏活动，小组成员分别扮演教师和幼儿，明确各自职责。模拟活动结束后，依据一定的评价标准进行客观、全面的互评。

形式：小组合作。

活动案例
小班结构游戏《参观动物园》

活动案例
中班结构游戏《马路成长记》

【实训二】

幼儿园实习时，任选一个年龄段，观摩一个结构游戏情境，对幼儿进行观察和记录，并运用教师指导行为相关理论进行评析。

目的：掌握学前儿童结构游戏的观察要点和记录方法，提高观察分析能力和教育实践能力，为今后的教学工作积累经验。

要求：选择一个年龄段的学前儿童结构游戏进行细致观摩并详细客观记录。结合 DeepSeek 和其他 AI 大模型，从游戏玩法的掌握、游戏持续时间、游戏任务完成水平等方面分析幼儿在结构游戏中的行为与表现。

形式：个人完成。

思政案例

从传统智慧中探寻科学游戏观

在中国悠久的历史长河中，传统文化蕴含着无尽的智慧，为我们理解和实践科学游戏观提供了宝贵的启示。而古代教育家们的理念和故事，更是犹如璀璨星辰，照亮了教育的前行之路。

让我们追溯到春秋战国时期，孔子的教育思想至今仍熠熠生辉。孔子主张"因材施教"，他认为每个学生都有独特的天赋和性格，教育应根据学生的特点进行。这一理念在科学游戏观中同样适用。在游戏中，每个孩子的兴趣、能力和思维方式各不相同。例如，在一场拼图游戏中，有的孩子能够迅速找到规律，迅速完成；而有的孩子则需要更多的时间去摸索。这时，教师不应以统一的标准去衡量和要求所有孩子，而是要像孔子一样，观察每个孩子的特点，给予个性化的指导和鼓励，让他们在游戏中都能有所收获和成长。

再看古代的"六艺"教育，包括礼、乐、射、御、书、数。其中的"射"和"御"，不仅是技能的训练，更是一种游戏和竞赛。在"射艺"中，参与者需要精准地瞄准目标，调整呼吸和心态，这既锻炼了身体，又培养了专注力和耐心。而"御艺"则要求驾驭车马和团队协作，体现了对协调能力和合作精神的培养。这些传统的游戏活动，并非单纯的娱乐，而是蕴含着对身体素质、心理素质和社交能力等多方面的培养，与现代科学游戏观中强调的全面发展不谋而合。

我国传统文化中还有许多民间游戏，如放风筝、踢毽子、滚铁环等，它们不仅充满乐趣，还蕴含着科学原理。以放风筝为例，孩子们在放风筝的过程中，需要了解风向、风力等自然因素，掌握放线和收线的技巧，这既锻炼了他们对自然现象的观察和理解能力，又培养了他们的动手操作能力。而在与小伙伴一起放风筝的过程中，孩子们学会了分享、合作和竞争，培养了良好的人际关系和团队精神。

古代教育家朱熹曾说："为学读书，须是耐心，细意去理会，切不可粗心。为数重物，包裹在里面，无缘得见。必是今日去一重，又见得一重。明日又去一重，又见得一重。去尽皮，方见肉。去尽肉，方见骨。去尽骨，方见髓。"这一教诲在科学游戏中也有着深刻的体现。孩子们在玩游戏时，往往会遇到各种困难和挑战，就如同层层包裹的重物。只有耐心地去探索、尝试，一层一层地解决问题，才能最终领悟游戏的真谛，获得知识和技能的提升。

在现代教育实践中，我们可以借鉴这些传统文化和教育家的智慧，构建科学的游戏观。例如，在幼儿园开展《传统建筑搭建》游戏活动，教师先向孩子们介绍中国古代建筑的特点，如飞檐、斗拱等，然后提供相应的材料，让孩子们分组合作搭建。在这个过程中，孩子们不仅能够锻炼动手能力和空间想象力，还能感受到中国传统文化的魅力，增强民族自豪感。又如，组织《诗词接龙》的游戏，能让孩子们在游戏中感受诗词的韵律之美，提高语言表达能力和记忆力。同时，通过团队竞赛的形式，培养孩子们的竞争意识和团队合作精神。

从这些传统文化和教育家的智慧中，我们得到了以下启示：首先，科学游戏观应注重传承和弘扬传统文化。要将传统文化元素融入游戏中，让孩子们在游戏中感受传统文化的博大精深，增强文化自信。其次，游戏设计应遵循孩子们的身心发展规律。应根据不同年龄段孩子的特点和需求，设计具有针对性和挑战性的游戏，激发他们的兴趣和潜能。再者，要强调游戏中的自主探索和合作交流。让孩子们在游戏中自主思考、解决问题，培养他们的独立思考能力和创新精神。同时，要通过合作交流，提高他们的社会交往能力和团队意识。最后，教师和家长应发挥引导作用。在孩子们游戏的过程中，适时给予指导和鼓励，帮助他们总结经验、吸取教训，促进他们的成长和进步。

总之，从中国传统文化和教育家的智慧中，我们深刻领悟到科学游戏观的重要性和内涵。让我们将这些智慧运用到教育实践中，为孩子们创造一个充满乐趣、富有挑战、促进全面发展的游戏环境，让他们在游戏中茁壮成长，成为有知识、有品德、有创新精神的新时代人才。

项目五　学前儿童体育游戏

◇**学习目标**

素质目标：树立正确、科学的健康观和游戏观；养成热爱运动的好习惯；增强安全意识和团结协作精神。

知识目标：理解学前儿童体育游戏的含义、特点和类型；掌握学前儿童体育游戏的目标、设计要点及环境创设的要求；掌握学前儿童体育游戏的观察内容与评价方式。

能力目标：能够为各年龄段的学前儿童设计科学、有效的体育游戏，并能组织与指导，突出活动开展的趣味性。

◇**情境导入**

晨间户外活动时间，中班的孩子们头戴动物头饰，变身"丛林小卫士"进行游戏。王老师喊道："小卫士们，魔法森林需要我们的帮助！大家需要穿过河流里的大漩涡，钻过山洞，把能量宝石送到大树爷爷手里！"孩子们立刻拿着"能量宝石"（小皮球）簇拥到彩虹伞铺成的"河流"边，跟着指令单脚跳过"漩涡"，蜷身钻过低矮的"洞穴"。活动中，浩浩因平衡能力不佳总是踩到伞面，一着急手里的"能量宝石"掉在地上，王老师立刻化身"森林仙子"扶住他，告诉其他孩子："运送'能量宝石'的时候，大家要团结起来，这样大树爷爷才能得到更多的宝石啊！"其他孩子立马帮浩浩捡起了滚远的"能量宝石"，并递给了他。二十分钟后，一群气喘吁吁但满脸兴奋的"小卫士"们，将所有"能量宝石"安全送到了"大树爷爷"（大型软垫）那里。看着欢呼雀跃的孩子们，尤其是已经完全融入集体的浩浩，王老师欣慰地宣布："在大家的齐心协力下，魔法森林得救啦！"

上述案例中，王老师是如何激发孩子们参与体育游戏的积极性的？该如何组织体育游戏呢？相信通过本项目的学习，你会找到答案。

任务一　认识学前儿童体育游戏

2025 年 1 月，中共中央、国务院印发《教育强国建设规划纲要（2024—2035 年）》，强调："落实健康第一教育理念，实施学生体质强健计划，中小学生每天综合体育活动时间不低于 2 小时。"这为教育体系中体育活动的开展提供了重要指导。

幼儿园教育是人生旅程的基石，而健康的体魄是幼儿可持续发展的基础。因此，幼儿园要激发幼儿参加体育游戏的兴趣，让他们在丰富多彩的体育游戏中享受乐趣、增强体质、健全人格、锤炼意志。

 学前儿童体育游戏的含义

《幼儿园教育指导纲要（试行）》明确指出，幼儿园教育应"以游戏为基本活动"，其中健康领域要求幼儿园要"开展丰富多彩的户外游戏和体育活动，培养幼儿参加体育活动的兴趣和习惯，增强体质，提高对环境的适应能力"。

体育游戏，也称运动性游戏或活动性游戏，是促进幼儿身心健康发展的重要活动。学前儿童体育游戏是根据特定的体育任务而设计的，由身体基本动作、情节、角色和规则组成，以发展幼儿的身体素质和心理素质为目的的规则游戏。如，老鹰捉小鸡、钻山洞、水果蹲蹲蹲、小老鼠上灯台等。

活动视频
中班体育游戏《小老鼠上灯台》

 学前儿童体育游戏的特点

（一）趣味性

幼儿体育游戏的趣味性主要体现在情节的生动性、材料丰富性，以及运动设施的互动性和挑战性。教师应将幼儿置于故事化的情境中，激发幼儿的探究欲望。我们来看下面这个案例。

在中班体育游戏《勇敢的小骑士》中，教师借助绘本故事，首先让幼儿扮演小骑士角色，戴着头盔，手持玩具剑，骑上用平衡车、木马、软垫组装的"战马"，冲进用树桩和绳网搭起的"森林"，一边躲避障碍，一边收集金币。之后幼儿攀登"山丘"，用特定动作或速度跨过"山顶"，跨越不同难度的"河流"，拯救被困的"小动物"（由毛绒玩具等道具模拟），进而获得额外的奖励。

在以上案例中，教师赋予幼儿小骑士的角色身份，通过服饰、道具增强幼儿参与游戏的沉浸感，在此基础上，教师巧妙地将动作练习融入游戏目标，激励幼儿完成"解救小动物"的任务获得额外奖励，提升了活动的趣味性和互动性。

（二）竞争性

体育游戏一般是以激烈的争夺和对抗来进行的，在规则的约束下，幼儿通过相互协作，战胜自我，在胜利中肯定自我。如在中班体育游戏《小螃蟹赛跑》中，教师在户外场地设置了四条长度相同的线段，将幼儿分成人数相等的红、黄、蓝、绿四组螃蟹队。每组幼儿分别站在各自线段起点时，教师发出信号，每队排头的幼儿迅速趴下，双手放在直线上，双脚着地侧身爬到指定地点，然后跑回本队拍下一个幼儿的手，进行手脚着地侧身爬的接力赛，最先到达的小组获胜。充满竞争的游戏过程，培养了幼儿的竞争意识、进取精神和应变能力。

（三）规则性

规则是幼儿顺利开展体育游戏的保障，也是活动成功的关键。如果教师能将规则巧妙地布置在游戏情境中，就可以降低幼儿理解规则的难度。因此，教师要有意识地通过游戏情境的创设，帮助幼儿认识和理解规则，进而培养幼儿的规则意识。一起来看下面这个案例。

在中班《老鹰捉小鸡》的游戏中（见图5-1），鸡妈妈带着可爱的小鸡宝宝们在草地上捉虫。突然，一只老鹰出现了，鸡妈妈张开翅膀奋力保护小鸡宝宝们，但还是有两只小鸡宝宝被老鹰抓走。鸡妈妈伤心极了，决定去救小鸡宝宝。第一次救小鸡宝宝时，因大声喊叫惊动了老鹰，营救失败了。第二次救小鸡宝宝时，另一只小鸡宝宝想帮忙，差点被老鹰抓走，营救又失败了。

图 5-1　《老鹰捉小鸡》

（图片来自武汉市洪山区武南幼儿园童趣园）

根据上面的案例，教师组织班上幼儿讨论营救失败的原因，并制定了以下规则：扮演小鸡宝宝的幼儿不能太多；要有空旷、平坦的场地进行游戏。

这个案例中，教师创设了生动的游戏情境，巧妙地引导幼儿理解规则的重要性，并共同探讨制定规则。在愉快的游戏体验中，幼儿不断总结经验，逐步建立规则意识。

（四）教育性

体育游戏是幼儿园体育教育的重要组成部分。幼儿园体育游戏的任务主要通过两种途径完成：一是注重锻炼功能的体育活动，如早操和其他户外体育活动等；二是具有趣味性和竞技性的体育游戏。与体育活动相比，体育游戏更能培养幼儿的运动能力和身体素养。

幼儿体育游戏将走、跑、跳、钻、爬、平衡和攀登等基本动作的锻炼寓于活动中，如中班游戏《快乐的小青蛙》（见图5-2），幼儿需要双脚熟练地变换方向跳跃，在此过程中，幼儿的协调性和下肢力量得到了提高，他们的动作技能也得到了发展。幼儿体育游戏一般以集体形式开展，幼儿在游戏中学会与同伴相处、沟通与合作，不断提高自己的社会适应能力和人际交往能力。

活动视频
大班体育游戏《魔法彩虹伞》

图 5-2 《快乐的小青蛙》
（图片来自武汉市洪山区武南幼儿园童趣园）

三 学前儿童体育游戏的类型

为了有针对性地选用合适的体育游戏，我们依据一定的标准对体育游戏进行了分类。

（一）按游戏组织形式分类

按游戏组织形式分类，幼儿园的体育游戏主要分为自主性体育游戏和教学性体育游戏。自主性体育游戏是在自由轻松的氛围下，幼儿自主选择游戏场地和操作材料、自主组合玩伴的游戏（详见表5-1）；教学性体育游戏即教师有目的、有计划地完成一定的教学目标而组织的游戏。如大班体育游戏《丛林历险记》，就是教师以锻炼幼儿躲避障碍、攀爬和跳跃等动作为教学目标而设计的游戏，同时要求幼儿在斜坡、有一定间隔的物体或各类障碍物上较灵活地完成走、跑、跳等动作。

表 5-1　幼儿园自主性体育游戏的种类及说明

种类	说明
徒手游戏	幼儿在不使用体育器械的情况下进行的游戏，如粘泡泡糖、萝卜蹲、木头人、切西瓜、网小鱼、钻山洞、跑火车、捉青蛙等
轻器械游戏	幼儿喜爱的轻器械主要有呼啦圈、球类、绳类、轮胎等，主要项目有小袋鼠摘果子、螃蟹运球、小马直线跳、赶小猪等
户外大型玩具游戏	幼儿园常见的户外大型玩具主要有攀爬网、组合滑梯、滚轮隧道、秋千、障碍爬梯等

（二）按游戏有无情节分类

按体育游戏有无情节进行分类，可以分为主题游戏和无主题游戏。主题游戏以假定的形式来反映现实生活中的片段和童话故事中的情节，如《小猴子过河》《猫和老鼠》《白雪公主和小矮人》等。而无主题游戏则没有固定的情节和角色，或包含了幼儿感兴趣的基本动作内容，如追逐、躲闪、攀爬等，或融入了竞赛性的因素，如投球大作战（见图5-3）等。

图 5-3　投球大作战

（图片来自武汉市洪山区武南幼儿园童趣园）

（三）按游戏的活动形式分类

根据游戏的活动形式，可将体育游戏分为接力游戏、追拍游戏、争夺游戏、角力游戏和猜摸游戏。接力游戏是以接力的形式开展的一种分组竞赛游戏，包括走、跑、跳、钻爬、投掷球类等活动，如"接力传球""花样跳盒""快跑接力赛"（见图5-4）等。追拍游戏指幼儿追拍同伴或球，如

"拍背追人""同色追逐战""争夺追皮球"等。争夺游戏是为争夺一定的物品或位置进行的斗智比速游戏，如"沙包争夺赛"等。角力游戏是幼儿间相互较量的对抗性游戏，如"双人角力"等。猜摸游戏指在游戏时蒙住幼儿的眼睛，引导他们用嗅觉和触觉来进行猜物或运动的游戏，如"蒙眼摸物""捉迷藏"等。

图 5-4 快跑接力赛

（图片来自武汉市洪山区武南幼儿园童趣园）

任务二 设计学前儿童体育游戏

 学前儿童体育游戏的目标

体育游戏是增强幼儿体质，促进幼儿健康的重要途径，也是幼儿探索世界和获取外部信息的重要手段。根据《幼儿园教育指导纲要（试行）》和《3—6 岁儿童学习与发展指南》的相关要求，结合幼儿的身心发展特征及幼儿体育游戏的特点，各年龄段体育活动技能目标可明确如表 5-2 所示。

表 5-2 各年龄段体育活动技能目标一览表①

项目	年龄		
	小班	中班	大班
走	1. 能在指定范围内四散走，互相不碰撞；能走 1000 米。 2. 学会几种简单的模仿走，在简单的障碍物中走	1. 能听信号有节奏地走、变速走或变方向走。 2. 能走跑交替；有不甘落后的争先意识并掌握若干种走步方法	1. 能轻松自如地绕障碍物沿曲线走。 2. 能独立想出新的走步方法；能进行长距离远足活动

① 周艳霞，郑妍，黄锐．学前儿童游戏与指导［M］．湖南师范大学出版社，2021：131．（有改动）

项目	年龄		
	小班	中班	大班
跑	1. 能向指定方向持物跑，能连续跑半分钟。 2. 能在指定范围内四散追逐跑；会走跑交替；能在成人的引导下调节跑速	1. 能控制自己的身体绕障碍物跑。 2. 能快跑和在一定范围内四散追逐跑；能走、跑交替（或慢跑）；能远足和一路纵队跑	1. 能听信号变速跑或躲闪跑。 2. 能进行竞赛跑；能绕复杂的障碍物走跑交替 300 米左右
跳	1. 能双脚同时用力蹬地起跳，动作连贯有节奏；能从 25～30 厘米的高处跳下。 2. 初步掌握跨跳动作，能跨跳过一定距离	1. 能较熟练地掌握助跑跨跳动作。 2. 能从 30～35 厘米高处自然地跳下；能助跑跨跳平行线，跳距不少于 40 厘米	1. 学习侧跳和不同方向变换跳等多种跳跃形式；学习跳短绳。 2. 会跳短绳并尝试练习合作跳长绳
投	1. 能自然地向前方或远处挥臂投掷各种物体。 2. 能向指定方向投掷并有一定距离，懂得物体轻重与投掷远近之间的关系	1. 掌握单手肩上投远动作；能连续不断地拍球； 2. 能自抛自接低（高）球或两人近距离互抛互接大球；能双手交替拍球	1. 投掷中有投远投准的愿望，控制投掷方向。 2. 能准确地做出投掷动作，投准目标
平衡	1. 能在简单、固定的平行线上或窄道中行进。 2. 具有一定的平衡能力，动作协调、灵敏	1. 能大胆地在平衡木上活动。 2. 能大胆地在平衡木上走；能闭目向前走	1. 能单足站立一定时间。 2. 能交换手臂动作走平衡木；能在有间隔的物体上走
钻爬	1. 能正面钻过障碍物；有一定速度并能较好地控制方向。 2. 能钻爬过较低的障碍物，身体不碰到物体；能攀登低障碍物	1. 能钻爬过较长的障碍物；能攀登各类攀登设备，大胆地玩大型活动器械。 2. 能熟练协调地在障碍物下钻来钻去，在攀登架上爬上爬下	1. 能手脚交替灵活地攀登各种设施。 2. 能有序地越过障碍物；能手脚交替协调地攀登

我们来看看几个游戏目标。

1. 小班体育游戏《小兔子运萝卜》的目标

（1）喜欢参与跳跃的游戏，感受小兔子运萝卜的快乐。

（2）知道小兔子双腿并拢蹦跳等跳法。

（3）能朝指定方向，按照小兔子的跳跃方式去运萝卜。

2. 中班体育游戏《小蚂蚁运粮食》的目标

（1）体验团队合作搬运的乐趣。

（2）知道走平衡木、钻拱桥的技巧和手膝着地爬的动作。

（3）能以膝盖悬空的方式手脚并用爬行，能根据信号或指令调整快慢。

3. 大班体育游戏《障碍大闯关》的目标

（1）体验跨越障碍的乐趣，积极参与游戏。

（2）知道助跑跨跳的动作要领，了解几种过障碍的方法。

（3）能用助跑跨跳的动作挑战不同距离、高度的障碍物。

二　学前儿童体育游戏的设计要点

（一）游戏动作

游戏动作在提升幼儿身体素质方面发挥着关键作用。在设计体育游戏时，教师要为幼儿创造丰富多样的动作体验，具体包括：发展幼儿基础运动能力的动作，如走、跳、投掷（见图 5-5）、平衡、钻、爬、攀登等；简单的运动技术，如绳类、体操等运动项目的基本技术；体育游戏本身所特有的动作，如抛球、跳皮筋等游戏中的动作；模拟小动物的动作和简单的舞蹈动作，如小碎步、对脚盘坐等；生活动作，如穿衣、梳头发等动作。

图 5-5　趣味投掷

（图片来自武汉市洪山区武南幼儿园童趣园）

（二）游戏情节

游戏情节是影响体育游戏趣味性的关键因素。教师可以选择幼儿感兴趣的小动物或其他角色形象，通过角色扮演、情境模拟和竞赛挑战等多种形式，创设丰富多样的场景和任务，激发幼儿的探索欲望。如在中班《乌龟探险》的游戏中（见图 5-6），教师向幼儿发出邀请："小乌龟们，咱们一起去河对岸的森林探险啦，出发吧！"幼儿手脚着地绕爬过"石子路"，用游泳的动作"游"过"小河"，再爬过"草地"，最后从两边返回队尾。在有趣的情境中，幼儿们积极地进行了多种动作的探索和尝试。

图 5-6　《乌龟探险》

（图片来自武汉市洪山区武南幼儿园童趣园）

（三）游戏方式

体育游戏活动的方式主要分为活动的组织形式和练习的方法。活动的组织形式包括队形准备、器械选择、游戏人数和角色的分配、开始热身环节、活动过程和放松环节等。教师可以运用轮流法、竞赛法、猜拳法、模拟法以及综合练习法等方法，引导幼儿按照同时练习或相继练习的顺序进行游戏。

（四）游戏规则

体育游戏要有一定的规则，作为决定幼儿游戏胜负的标准。游戏规则主要包括基本规则、任务要求和奖惩标准等。基本规则即在游戏中必须遵守的规则；任务要求即游戏中需达成的目标；奖惩标准指在游戏前，师幼共同协商达成一致的规则。如在中班《抢鸭子》的游戏中，教师把溜溜布拧成一根绳子的形状，将幼儿分成两队进行拔河抢鸭子。教师的口令发出后，幼儿开始拔河抢鸭子，鸭子越过界线的队获胜，吹响口哨后游戏结束。需要注意的是，游戏规则要根据幼儿的运动负荷和游戏发展水平进行灵活调整。

（五）游戏条件

游戏条件是体育游戏顺利开展的前提。游戏条件主要包括游戏时间、游戏场地、活动器械、游戏玩具等。充足的游戏时间和适宜的场地是决定幼儿游戏质量的关键因素。游戏场地可以是户外操场，也可以是室内的空旷区域。活动器械是指教师为幼儿准备的用于体育锻炼的各种器材，如三角障碍物、滚筒、软梯、轮胎（见图 5-7），等等。游戏玩具在体育活动中有双重性质，既是物质条件，也是幼儿操作和互动的对象。

图 5-7　趣玩轮胎

（图片来自武汉市洪山区武南幼儿园童趣园）

拓展资源

自制体育器材在幼儿体育游戏中的应用

任务三　组织与指导学前儿童体育游戏

 学前儿童体育游戏的环境创设

儿童心理学家皮亚杰指出，儿童在与环境的交互中主动获取经验。因此，在体育游戏中，教师要为幼儿创造自主、多元的体育游戏环境，提供适宜的游戏材料，激发幼儿参与游戏的兴趣。

（一）场地安全

根据《幼儿园工作规程》的文件要求，幼儿园的设备设施、玩教具必须符合国家相关安全与环保标准。教师在创设环境时，必须将安全放在首要位置考虑，即在保持游戏场地具备挑战性和冒险性的同时，必须以幼儿游戏环境的安全为基础。

首先，教师可以在攀爬架、钻爬隧道、滑梯、平衡木等大型玩具下铺设碎树皮、细沙等松软材料，以防止幼儿意外伤害。同时，大型运动器械下方及容易发生碰撞的区域，应铺设厚度不少于20厘米的弹性松软材料，或者至少铺设厚度为2.5厘米的弹性塑胶地垫。其次，集体活动区域的地面应优先选择草地或沙土松软材料，通往各个活动区的小路可以分别铺设石板路、水泥路等路面。

自然生态环境更能降低幼儿在游戏时发生安全事故的风险。此外，活动场地应定期进行安全检查，及时修补，排除安全隐患。

（二）空间充足

充足的户外活动空间是幼儿身心健康发展的必备条件。游戏空间范围越大，每个幼儿可利用的自由活动空间就越多。《托儿所、幼儿园建筑设计规范》规定，每班应设专用室外活动场地，面积不宜小于 $60m^2$，各班活动场地之间宜采取分隔措施；应设全园共用的户外活动场地，人均面积不应小于 $2m^2$。

（三）区域划分

户外体育游戏的场地要有一定的区域划分，一般分为固定运动器械区（见图5-8）、可移动运动器材区（见图5-9）和自然游戏区。固定运动器械区主要促进幼儿神经系统的发育和粗大动作的发展，如投掷、弹跳、旋转、攀爬等用固定器械进行练习。可移动运动器材包括绳索、独角椅、拱形门、平衡凳等，将幼儿的基本动作技能融入活动中，材料之间可以移动、组合。自然游戏区有利于幼儿视觉和空间组织能力的发展，如坡地、草地、沟壑等，这些充满野趣和挑战的地方，为幼儿提供了充满自然变化的游戏环境。

图5-8　固定运动器械区
（图片来自武汉市洪山区武南幼儿园童趣园）

图5-9　好玩的平衡凳
（图片来自武汉市洪山区武南幼儿园童趣园）

（四）材料投放

体育游戏通常在户外开展，户外宽敞的空间更适合幼儿进行攀爬、跳跃等各类活动。教师应根据幼儿的年龄特点和游戏发展需求，为他们提供丰富多样的材料，满足幼儿自主游戏和探索需求。

小班幼儿以无意注意为主，喜欢生动活泼、直观形象的事物，教师应投放数量多、种类少的游戏材料，如跷跷板、摇摇马、弹簧动物等。中班幼儿喜欢接触新鲜事物，教师应投放有挑战性和层次性的材料，提高幼儿的身体协调性和平衡能力，如平衡隧道、梅花桩、隧道钻筒等。大班幼儿具备一定的自我保护能力，教师可以投放可移动、高开放、一物多用的低结构游戏材料，如滑板车、长木板、木梯（见图5-10）等，这些材料能引发幼儿主动思考和探究，培养幼儿的综合运动能力。

图 5-10 平衡大挑战

（图片来自黄冈师范学院附属幼儿园）

二 学前儿童体育游戏的指导策略

（一）自主性体育游戏的组织与指导

1. 强化师幼安全意识

体育游戏能充分释放幼儿的天性，而确保游戏的安全性至关重要。在活动开始前，教师要留意地面是否存在积水、障碍物或尖锐物，检查活动设施的安全性和稳固性，确保所有设施无尖锐边角或松脱零件，排除可能存在的安全隐患。

幼儿天生具有冒险和探索的倾向，因此，教师要根据活动的具体需求、运动量和幼儿的个性差异，预判幼儿可能面临的危险。同时，教师要结合游戏内容对幼儿进行安全教育，培养他们的自我保护能力。如告诉幼儿哪些动作是安全的，哪些动作是危险的。

2. 鼓励幼儿自由探索

创造性是幼儿在自主性体育游戏中表现出的特征。教师要为幼儿提供组合式、移动式、连接式等多种类型的运动器械，引导幼儿自主组合材料、变换游戏方式，并支持幼儿主动探究。在探索、操作和反思中，幼儿可以不断尝试和创新游戏玩法，教师要充分激发幼儿的想象力，从而促进他们的身心在自主性体育游戏中健康发展。

3. 引导幼儿遵守并构建规则

游戏自主性的实现需要规则来保障。自主性体育游戏中的规则主要包含人际交往、材料使用和游戏安全规则，灵活运用这些规则不仅可以增强游戏的趣味性，还可以激发幼儿解决问题的主动性。同时，教师要根据幼儿的年龄特点和游戏需要，引导幼儿运用集体讨论、讲解示范等方式自主构建规则，为幼儿创造一个有序的游戏环境。

4. 观察幼儿游戏，及时调整指导策略

在自主性体育游戏中（见图5-11），教师应观察幼儿的游戏状态、运动能力和解决问题的能力。幼儿的性格、思想、运动能力存在一定的个体差异，教师要根据差异，及时调整游戏玩法和游戏难度，确保游戏难度处于幼儿的最近发展区水平。同时，教师要有意识地观察每一个幼儿的言行和游戏感受，用尊重、平等的态度呵护每一个幼儿。

图 5-11　幼儿园自主性体育游戏

（图片来自武汉市洪山区武南幼儿园童趣园）

（二）教学性体育游戏的组织与指导

1. 游戏前

体育游戏开始前，教师要全面了解幼儿的身体状况和精神状态，根据幼儿的年龄特点和体能水平选择适合幼儿的游戏内容。之后，结合游戏的目的、内容和要求，检查游戏场地是否安全，准备相应的运动器械，在确保活动安全的同时，又能取得良好的教育效果。

2. 游戏中

（1）带领幼儿做热身活动

教师可以设计一些简单有趣的练习动作，带领幼儿进行热身活动，主要包括伸展和踢腿等单一或组合动作的徒手体操、模仿小动物的体操或体育律动等，目的是帮助幼儿的身体从静止状态过渡到运动状态，防止扭伤。需要注意的是，热身的时间不宜过长。

（2）进行合理的分配

游戏正式开始前，教师要组织幼儿进行分组、分队和分配角色等准备工作。分组和分配角色时，教师可采用报数法、轮流法等方法，确保各组力量均衡。男孩和女孩、能力强的和能力弱的幼儿也要均匀分配，每队的人数控制在8~12人之间，教师还可采用推选法或随机指定法等方法保证活动顺利开展。

（3）讲解和示范

教师要用生动的语言向幼儿讲解游戏动作的基本要领和游戏规则，激发幼儿的探索欲望。鉴于小班幼儿平衡力较差，动作缺乏准确性，教师应以示范动作为主，提醒幼儿注意身体姿势和动作的规范性。中班、大班幼儿的动作更加协调灵活，观察能力和理解能力显著提高，教师可以综合考虑讲解和示范相结合的方式，引导幼儿全面理解游戏的动作要领和游戏规则。在活动中，教师要合理调节幼儿的运动量，督促幼儿遵守游戏规则，提醒幼儿注意安全。

3. 游戏后

（1）组织放松活动

游戏活动结束后，教师要组织幼儿做放松活动，可以播放节奏舒缓的轻音乐，带领幼儿进行深呼吸练习、拍打放松四肢。此外，教师还可以鼓励幼儿与同伴之间相互捏肩膀、捶背，帮助幼儿放松肌肉，调节心肺功能。

（2）整理游戏材料

教师要引导幼儿参与场地和材料的收纳整理，这不仅能培养幼儿的归类与整理能力，还能在实践中提升幼儿的自我管理。当幼儿学会整理归纳后，可形成良好的生活习惯，同时增强对环境的责任感。

（3）总结和评价

在教学性体育游戏结束后（见图5-12），教师要引导幼儿对基本动作技能、合作交往能力等情况进行总结，帮助幼儿梳理运动经验。同时，教师要对幼儿的表现进行具体详细的评价，指出幼儿的进步和努力的方向，不能用"真好""太棒了"等笼统的评价。

图5-12　幼儿园教学性体育游戏

（图片来自武汉市洪山区武南幼儿园童趣园）

活动案例

大班体育游戏《绳彩飞扬运动会》

 学前儿童体育游戏的观察与评价

观察与记录是教师倾听和理解幼儿体育游戏行为的关键方式，也是提升幼儿体育游戏质量的重要途径。在自然的游戏情境下，教师有目的、有计划对幼儿个体或小组进行观察，并记录有价值的信息，通过观察幼儿在游戏中的表现，教师可以深入了解他们的游戏需求，进而丰富体育游戏的内容。

（一）体育游戏的观察策略

1. 观察内容的多个维度

在观察幼儿体育游戏时，教师可以从幼儿的安全防护、器械使用、情绪状态、人际交往等方面进行观察。观察过程中，要做到全面覆盖，又要突出重点。同时，教师应根据幼儿的游戏实际情况灵活调整观察位置，以便直观、清晰地捕捉幼儿的行为表现，详见表 5-3。

表 5-3　体育游戏观察记录表

观察对象：_____　　观察日期：_____　　观察地点：_____

观察时长：_____　　游戏主题：_____

观察要点	具体内容	观察记录
安全防护	幼儿能否察觉潜在的安全隐患情境	
器械使用	幼儿使用器械的频率、操作方式的多样性和创造性表现	
情绪状态	幼儿在游戏过程中情绪是否积极、愉悦	
人际交往	幼儿能否主动与同伴沟通、协商和解决游戏中的问题	
规则遵守	幼儿在游戏中是否自觉遵守规则，是否理解并尊重游戏的公平性	
习惯养成	在游戏结束后，幼儿是否主动分工，积极收拾整理游戏材料	
运动技能	幼儿能否熟练掌握预设的运动技能	
学习品质	幼儿是否有好奇心和探究的积极性	
行为分析		
教育建议		

2. 观察方法的科学运用

（1）整体观察法

整体观察法即在自然、开放的游戏环境下，教师在整个时间段里对全体幼儿进行快速、全面的观察。教师主要关注幼儿游戏时的兴趣和参与度、遵守活动规则的情况、是否出现冲突或危险行为等。该方法有助于教师全面地把握游戏的整体情况，发现幼儿的共性问题和个性差异。

（2）旁观式观察法

在幼儿体育游戏中，旁观式观察法是一种较为常见的方法。教师以旁观者的身份观察幼儿的游戏行为，充分尊重幼儿的自主自愿性。教师可观察幼儿的运动能力，如跑、跳、投、爬等基本动作技能的掌握情况；关注幼儿活动时的敏捷性和反应速度，了解他们神经系统发育的情况。

（3）追踪观察法

追踪观察法即教师对个别幼儿进行持续观察，深入了解幼儿在攀爬架、滑梯等游戏区域的活动情况，了解幼儿动作的准确性、协调性以及单一动作到组合动作的过渡情况，观察幼儿的自我保护与身体的控制平衡能力、团队合作和沟通能力等情况。该方法主要通过动态追踪幼儿活动，帮助教师了解个别幼儿的兴趣爱好，引导幼儿个性化成长。

（二）体育游戏的评价方式

1. 多主体参与评价

（1）幼儿自评

教师可以回放幼儿体育游戏时的视频或照片，引导幼儿对自己的运动经验和身体动作发展进行评价。在评价的过程中，幼儿表述自己对游戏材料的探索能力、游戏时控制身体的平衡能力、游戏中与同伴的社会互动和解决问题的能力，分享自己在游戏中的成就和遇到的困惑等。

（2）同伴互评

同伴互评，即幼儿与幼儿间相互评价，是提升幼儿游戏经验的重要环节。教师要引导幼儿分享与同伴共同游戏时的兴趣点和问题点，包括表述同伴在游戏时运用平衡凳和轮胎等材料的玩法创编、游戏规则的协商与沟通、游戏时如何分工合作、游戏后共同收拾整理游戏材料等，并分享同伴在游戏中表现出的勇敢、乐观、自信等优良品质。

（3）教师推进式评价

在游戏后的点评与交流环节，教师可以引导幼儿回顾和反思游戏经历，这不仅可以帮助幼儿巩固运动经验，还能推动他们的运动能力和运动品质的发展。如在中班《花样玩球》的活动中，教师发现部分幼儿在拍球、投球时的姿势不正确，于是，教师邀请姿势正确的幼儿示范，并进行点评和总结。此外，教师还设置了篮球投篮乐、篮球运球赛等游戏，通过语言指导和亲身参与等方式，逐步提高幼儿的控球能力和动作协调性。

2. 开展形成性评价

形成性评价即在游戏过程中通过及时反馈调整游戏水平的持续性评价，能够较全面地评价一次体育游戏的效果。在观察体育游戏时，教师可参考《3—6岁儿童学习与发展指南》和幼儿动作发展规律进行评价。教师在指导幼儿游戏活动时，需要关注多个方面：幼儿的自主参与程度、对材料的运用能力、动作发展水平、意志品质、基本技能掌握情况、探索精神及创新意识等。通过对这些要素的观察，教师可以判断幼儿的游戏水平，评估他们参与活动的效果，并据此调整活动组织策略，促进幼儿游戏水平的提升。

活 动 案 例

大班体育游戏活动《"桶"趣生发　"滚"出精彩》

武汉市洪山区武南幼儿园童趣园　范晓春

一、游戏背景

滚筒是一种结构简单、功能多元、操作性强、具有挑战性的低结构材料，备受不同年龄段幼儿的喜爱。当幼儿园里出现了新的游戏材料——白色滚筒时，孩子们对这个陌生的"大块头"充满了新奇。

妍妍：这是什么，我们推得动它吗？

洋洋：我太想玩这个了，我想钻进去滚一滚。

雨雨：我也好想玩，我看到别的班小朋友站在上面滚动，好厉害。

……

孩子们纷纷讨论，渴望与滚筒进行各种玩法碰撞。于是关于滚筒的探索之旅开始了。

二、游戏过程实录

户外自主游戏时间到了，伴随着欢快愉悦的背景音乐，孩子们飞速奔向操场上的滚筒区。他们三三两两，自由探索着滚筒的不同玩法（见图1至图27）。

（一）相遇滚筒，探索游戏

妍妍迫不及待地把滚筒推倒在地上，双手时而快、时而慢地将滚筒推向操场，玩起了推滚筒的游戏。

图1　推滚筒（1）　　　　　　　　　　图2　推滚筒（2）

雨雨看到妍妍迎面推来的滚筒说："让我钻到你的滚筒里，你来推我吧！"说着，她便钻进了滚筒，双腿蹬动滚筒壁，滚筒随之滚动了起来。

妍妍推着钻进滚筒里的雨雨前进，依依将三个滚筒排在一起，变成了"压路机"，他大喊："快让开，别撞到我的压路机呀！""砰"的一声，妍妍的滚筒和依依的"压路机"相撞了。他们都用力地推着自己的滚筒，一场滚筒"对抗赛"开始了。他们还喊来更多同伴加入游戏之中。

图3　同伴钻、推滚筒（1）

图4　同伴钻、推滚筒（2）

图5　滚筒"对抗赛"（1）

图6　滚筒"对抗赛"（2）

视频1
滚筒"对抗赛"

　　在进行了几次"对抗赛"后，孩子们有些累了，依依突然把滚筒推到了旁边，开始了自己的游戏。他时而站起来喊"帅帅，来打我呀！"，时而躲在滚筒里。他们开心地玩起了打地鼠的游戏。

图7　滚筒打地鼠（1）

图8　滚筒打地鼠（2）

视频 2
欢乐打地鼠

教师思考：

当孩子们和滚筒相遇时，我没有设定游戏主题，玩什么？怎么玩？与谁一起玩？由幼儿做主。他们一直在尝试，反复探索着滚筒的不同玩法。他们在游戏中迁移了压路机、打地鼠等生活经验，互动互助，充分地体验着游戏的乐趣。这极大地保护和支持了幼儿游戏的兴趣，满足了幼儿自主游戏的愿望。

（二）挑"站"不停，寻求方法

玩了几次滚筒游戏后，孩子们开始了新的尝试——在滚筒上站立。一天，户外活动时间，诺诺想要爬上滚筒，他将一只脚跨在滚筒上，再把另一只脚往滚筒上放。但由于滚筒在不停地滚动，他每一次打算把脚放上去，滚筒都会滚向前面。于是他改变了方式，尝试用跨、踩等动作让自己站到滚筒上，但还是没成功。

诺诺：滚筒太滑了，天天，你可不可以扶我上去？

天天：好啊，我来帮你。

说着，天天马上上前伸出双手扶着诺诺，诺诺扶着他的手，先将一只脚放在滚筒上，另一只脚随后也颤颤巍巍地踩在了滚筒上，终于，他站稳了。周围的小朋友都发出了惊叹声，纷纷开始模仿和尝试……

图 9 同伴搀扶站上滚筒

视频 3
同伴搀扶站上滚筒

依依打算爬上滚筒，但是他一爬上滚筒，马上就滑下来了。这时，我发现依依把滚筒滚到墙边，他双手扶着墙，一只脚先站在滚筒上，另一只脚随后也小心翼翼地踩在了滚筒上。他双脚上滚筒后，慢慢打开双臂，然后站了起来。

图 10　扶墙站上滚筒

视频 4
扶墙站上滚筒

睿睿也发现自己只要爬上滚筒，他的身体就会随滚筒的滚动而滑下来。他请诗诗钻进滚筒后，他慢慢蹲在滚筒上，身体再由下蹲姿势慢慢站起身，最后他也成功地站上了滚筒。

图 11　钻进滚筒，帮助同伴站上滚筒

视频 5
同伴互助，增加滚筒重量，站上滚筒

在游戏反思环节，我们进行了下面的讨论。

老师：为什么一开始你们很难站上滚筒呢？

诺诺：因为一开始没有平衡力度。

洋洋：因为还没有掌握平衡。

老师：后来你们是怎样站上滚筒的呢？

诺诺：我们要先找到平衡点才能在滚筒上站立，天天扶着我，我才能站住。

依依：我是扶着墙站上去的。

睿睿：我的滚筒很滑，诗诗钻进滚筒，滚筒变重了增加了摩擦力，我就站上去了。

老师：看来你们找到很多好方法了，下次我们再来试试吧。

图 12　同伴搀扶站上滚筒（画）　　图 13　扶墙站上滚筒（画）　图 14　钻进滚筒，帮助同伴站上滚筒（画）

教师思考：

"站上滚筒"游戏需要幼儿有较好的平衡感和协调性，对于他们来说是很有挑战的。他们刚开始尝试站上滚筒时，一次次滑下来，又一次次爬上去，这种勇于探索、毫不气馁的品质和敢于冒险的精神非常触动我。究竟怎样才能站上滚筒呢？在游戏的过程中，每个幼儿都用了不同的探索方法和策略，这让我看到幼儿基于自己已有经验的学习方式的丰富多样性。在这个过程中他们不断发现问题、调整策略，最终成功站上滚筒。

（三）玩转滚筒，感受成功

感受到站上滚筒的成就感之后，幼儿尝试挑战在滚筒上行走。妍妍两手撑着滚筒将滚筒固定住，然后慢慢抬起双脚，站立在滚筒上。她静止地在滚筒上站了好一会儿。终于，迈开了滚筒上的第一步，第一步没有掉下来。接着，她迈出另一只脚，当她另一只脚往前跨的那一瞬间，滚筒往后动了一下，妍妍顺势跳了下来。"哈哈，我走了两步。"说着，她又一次踏上滚筒。反复尝试后，她仍然只能在滚筒上走两步。她有些沮丧地抱怨道："哎呀，为什么我总是走不好！"

回班后我们再一次展开了讨论。

老师：怎样才能在滚筒上站立行走呢？

瑾怡：我知道，我知道，要掉下来的时候停下来，调整一下，慢一点走。

月月：身体不要往前倾斜，重心要在中间，慢慢地走。

诺诺：眼睛不能到处看，要看前面的地上。

图 15　眼睛看前面

图 16　不走太快，慢慢走

图 17　要掉下来时，调整一下

幼儿分享了自己行走的小妙招后，给了同伴很多启示和帮助。经过几天不断的尝试与探索，他们已经能连续地在滚筒上行走了。

于是，他们开始寻求更有挑战的玩法。

玩法一：两个人共走一个滚筒。

月月站在滚筒上，伸手对瑾怡说："走啊，我们一起玩。"瑾怡说："好啊，我们一起走。"说着，瑾怡便跳上月月的滚筒，两个人手拉手移动脚步往前行进。

图 18　双人共走一个滚筒向前行

　视频 6
　　双人共走一个滚筒向前行

玩法二：两人左右手拉手各自走滚筒。

妍妍和瑾怡打算来一场踩滚筒前行赛，她们从起点出发后，速度一直相当，妍妍说："不如我们牵手去终点，一起当第一名吧。"瑾怡说："好呀好呀，我们牵手踩到终点去啰。"

图 19　两人左右手拉手各自走滚筒

视频 7
两人左右手拉手各自走滚筒

玩法三：滚筒上交换。

瑾怡与妍妍一前一后地踩着滚筒往前走，突然，她的正前方出现了一个滚筒。她毫不犹豫地跳上前面的滚筒，然后踩着交换后的滚筒继续前行。妍妍看到后，也模仿她交换滚筒。幼儿乐此不疲重复地玩着交换滚筒的游戏。

图 20　滚筒上交换

视频 8
滚筒上交换

玩法四：滚筒小火车。

诺诺看到小伙伴一前一后地踩着滚筒往前走，他转身喊道："我们用滚筒开小火车吧，你们是火车身，我来当火车头。"他的提议得到小朋友们的赞同。很快，滚筒小火车就开起来了。

图 21　滚筒小火车

视频 9
滚筒小火车

教师思考：

至此，幼儿经历了完整的"不会站上滚筒—会站上滚筒—单人走滚筒—双人走滚筒—多人走滚筒"的游戏过程。经过尝试、讨论、调整，他们终于成功地站在了滚筒上，并满心欢喜地挑战了一些花样玩法。他们在玩中学、玩中探究，通过亲身的体验和操作获得丰富的直接经验，双人和多人合作的游戏，呈现了大班幼儿应有的游戏水平。这不仅有助于幼儿获得深度游戏体验，而且有助于幼儿形成爱探究、乐尝试、敢挑战等良好的学习品质。

（四）花样滚筒，享受乐趣

经过几天的尝试和探索，幼儿不仅学会了走滚筒，还探索出了多种材料与滚筒进行组合游戏的玩法。

1. 当滚筒遇到球

教师：我们还可以增加哪些材料和滚筒进行游戏呢？

瑾怡：妍妍，走，我们去拿球，我们试试站在滚筒上传球。

说着，他们便找来了球，瑾怡、月月、妍妍、诺诺等人站在滚筒上玩起了抛接球的游戏。

图 22　滚筒上抛接球（1）

图 23　滚筒上抛接球（2）

视频 10
滚筒上抛接球

2. 当滚筒遇到木板

教师：我们还可以增加哪些材料和滚筒进行游戏呢？

依依：还可以加一个木板做滑滑梯，再用一个梯子放在滑滑梯的另外一边，我们从梯子上上去，从滑滑梯滑下来。

瑾怡：我也要做一个滑滑梯，和依依的滑滑梯合体。

洋洋：把滑滑梯都合体，可以做一个超级滑滑梯。

幼儿合作画完设计图后，便在洋洋的带领下，有的幼儿拿滚筒，有的幼儿拿木板，有的幼儿拿木梯，他们如火如荼地建构着超级滑滑梯。

图 24　超级滑滑梯设计图

图 25　超级滑滑梯建构图

视频 11
搭建超级滑滑梯

　　很快，超级滑滑梯在幼儿的分工合作中就完工了。

　　瑾怡兴奋地喊："开张啦，开张啦，快来玩超级滑滑梯呀。"大家蜂拥而上，感受超级滑滑梯的乐趣。这时睿睿却不愿意上去，说："这里需要加软垫才能保护我们呀。"

　　很快，他们找来了软垫，铺在滑滑梯的下面。他们又一次迫不及待地走上滑滑梯。突然，洋洋故意从滑滑梯上跳到软垫上，说："救命啊，我落水了。"他们将软垫想象成河流，开心地玩起了落水和营救的游戏。

　　洋洋从旁边滚来一个高滚筒，与月月合作架上木板和木梯。瑾怡发现新架的高滑滑梯后，激动地说："哇，通天大道，我要走这个。"他的欢呼声吸引了更多幼儿，他们纷纷走上了"通天大道"。

　　幼儿的游戏创意层出不穷，滚筒上充满了欢声笑语。

图 26　"落水与营救"

图 27　走"通天大道"

视频 12
畅玩超级滑滑梯

　　教师思考：

　　当幼儿熟练地在滚筒上与同伴一起行走后，我适时地提问："我们还可以增加哪些材料和滚筒进行游戏呢？"这一问题激发了幼儿的探究欲望，拓展了幼儿的思路，促使幼儿创造出各种新玩法。他们选择不同的材料与滚筒重新组合，还将自己在生活中的经验迁移到游戏中，将软垫想象成河流，生发出"落水与营救"的游戏情节；将高滚筒与木梯的结合想象成开展过的"畅游西游记"项目课程中的"通天大道"，大大丰富了游戏的内容和情节。这个探索的过程是幼儿与材料、环境的重新建构、联系的过程，赋予了材料新的意义，使得以滚筒为中心的游戏也不断丰富和多元化了。

三、游戏活动反思

（一）游戏价值

1. 滚筒游戏与幼儿身体的发展

幼儿在游戏中通过推、钻、站等多种方式探索滚筒的不同玩法时，练习了走、跑、跳、钻等各种动作技能，促进了幼儿身体协调性、平衡性的发展。

2. 滚筒游戏与幼儿良好品质的发展

在这一系列滚筒游戏中，幼儿通过与球、木板等多种材料互动，对平衡、重心、摩擦力等方面的科学原理有了初步的感知。对于如何在滚筒上站立、行走等问题，幼儿一次又一次地与同伴讨论、分析问题，在与同伴的分享和互助中解决问题，最后更是创造出了多人同玩的花样玩法，同伴之间的交往、合作、模仿和学习贯穿于游戏始终。这不仅发展了幼儿的表达能力和沟通能力，使幼儿体验到探究、分享、互助、合作的快乐，还发展了幼儿勇于探索、积极思考、不怕困难、锲而不舍、大胆想象等多种学习品质。

（二）教师指导行为反思

1. 适宜的行为

（1）给予幼儿自主探索的时间和空间，引导幼儿大胆自主地探索和挑战

当诺诺站上滚筒时，当依依提出要在滚筒上增加木板做滑滑梯时，我并没有干预他们探索滚筒的新玩法，我相信幼儿有自主游戏的能力。他们根据环境和材料，物尽其用，将滚筒玩得越来越精彩。

（2）密切关注幼儿活动的过程，适时搭建鹰架给予幼儿适宜的指导和帮助

在幼儿一次次滑下滚筒后，我引导幼儿一起讨论怎样才能站上滚筒，引导幼儿分享经验、思考解决方法；当发现部分幼儿已经能够在滚筒上站立行走，而部分幼儿多次练习后仍然止步不前时，我马上引导幼儿相互分享经验；当幼儿终于成功掌握多人合作玩滚筒的方法时，我抛出问题："我们还可以增加哪些材料和滚筒进行游戏呢？"我关注幼儿的需求，适时搭建鹰架，将游戏一次次推向更高的层次。

2. 不足的地方

其一，在启发幼儿增加材料和滚筒进行游戏时，应该引导幼儿增加更多材料，以丰富玩法。

其二，在游戏中应该启发幼儿用更多元的形式进行活动反思。

活动视频
大班体育游戏《"桶"趣生发 "滚"出精彩》

◇ 项目小结

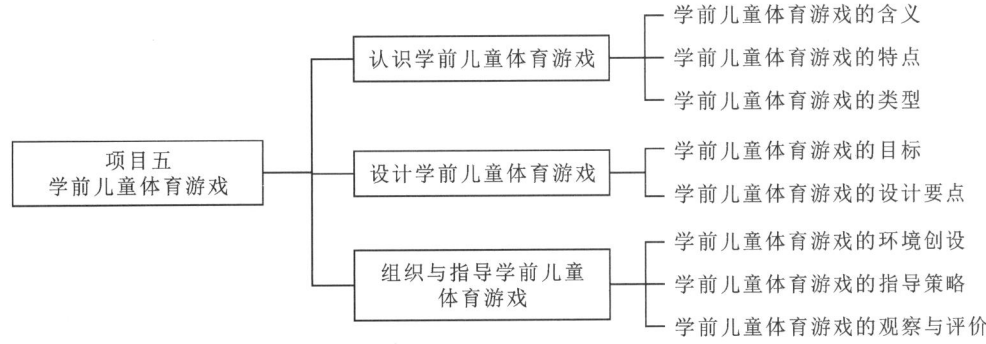

　　体育游戏是以发展幼儿基本动作技能为基础的规则性游戏。体育游戏的趣味性、竞争性、规则性和教育性的特点能够满足学前儿童身体和心理的发展需要，激发他们的好奇心和探索欲。学前儿童体育游戏可按组织形式、有无情节和活动形式进行分类。按组织形式分，可分为自主性体育游戏和教学性体育游戏；按有无情节分，可分为主题游戏和无主题游戏；按活动形式分，可分为接力游戏、追拍游戏、争夺游戏、角力游戏和猜摸游戏。

　　在设计学前儿童体育游戏时，教师要关注游戏动作、游戏情节、游戏方式、游戏规则及游戏条件这五个方面。在环境创设方面，教师要确保游戏场地安全，提供充足的游戏空间，合理划分区域并投放适宜的材料。在自主性体育游戏的指导过程中，要强化师幼安全意识，鼓励幼儿自由探索，引导幼儿遵守并建构规则，同时观察幼儿游戏，及时调整指导策略。教学性体育游戏的指导分为游戏前、游戏中、游戏后三阶段。游戏前主要了解幼儿身心状况和精神状态；游戏中带领幼儿做热身活动，合理分组、分队、分配角色，并讲解和示范动作技能；游戏后组织放松活动、整理游戏材料、总结和评价。

　　在幼儿进行体育游戏时，教师可以从安全防护、器械使用、情绪状态和人际交往等维度进行观察，并运用整体观察法、旁观式观察法和追踪观察法，深入了解幼儿的运动经验、运动能力和运动品质。在游戏评价环节，教师可以综合采用幼儿自评、同伴互评、教师推进式评价以及形成性评价等多种方式。

思考与练习

一、单项选择题

1. 幼儿体育过程中最主要的环节是（　　）。（选自 2012 年上半年幼儿园教师资格证考试）

A. 激发幼儿活动兴趣阶段　　　　　　　B. 身体准备阶段

C. 掌握动作技能阶段　　　　　　　　　D. 结束阶段

2. 由于幼儿的肌肉中水分多，蛋白质及糖原少，不适合他们的运动项目是（　　）。（选自2013年上半年幼儿园教师资格证考试）

A. 长跑 　　　　　　　　　　　B. 投掷

C. 跳绳 　　　　　　　　　　　D. 拍球

3. 根据《幼儿园教育指导纲要（试行）》，幼儿园体育的重要目标是（　　）。（选自2013年上半年幼儿园教师资格证考试）

A. 获得比赛奖项 　　　　　　　B. 训练运动人才

C. 培养幼儿对体育活动的兴趣 　　D. 训练技能

4. 下列最能体现幼儿平衡能力发展的活动是（　　）。（选自2017年上半年幼儿园教师资格证考试）

A. 跳远 　　　　　　　　　　　B. 蹲步

C. 投掷 　　　　　　　　　　　D. 踩高跷

5. 与幼儿园保育和教育目标表述不符的是（　　）。（选自2020年下半年幼儿园教师资格证考试）

A. 培养正确运用感官和运用语言交往的基本能力

B. 培养幼儿初步感受美和表现美的情趣和能力

C. 训练幼儿的体育运动技能

D. 促进幼儿身体正常发育和机能的协调发展

二、简答题

1. 从幼儿发展角度，简述幼儿户外运动的价值。（选自2016年上半年幼儿园教师资格证考试）

2. 体育活动中、活动后，教师分别可以从哪些方面判断幼儿的活动量是否适切？（选自2021年上半年幼儿园教师资格证考试）

三、活动设计题

1. 游戏内容：请你设计一次以"小兔子采蘑菇"为主题的体育游戏活动，并组织幼儿玩游戏。

2. 基本要求：（1）向幼儿讲解游戏的规则；（2）通过动作示范进行讲解，便于幼儿模仿；（3）语言讲解生动浅显，易于理解；（4）在10分钟内完成。（选自2022年下半年幼儿园教师资格证面试）

参考答案
思考与练习

实践与实训

【实训一】

在幼儿园见习期间，收集见习过程中观察到的一个体育游戏活动，并对该游戏的特点进行分析。

目的：掌握学前儿童体育游戏的特点，并将其运用于教育实践。

要求：在观察过程中拍照或录视频记录活动的全过程，从游戏的趣味性、竞争性、规则性、教育性等方面进行分析，并结合例子加以说明。

形式：个人完成。

【实训二】

以学前儿童体育游戏为内容，任选一个年龄段，设计一个教学性体育游戏，并制作相应的课件、游戏材料等，根据方案模拟游戏活动。

目的：领会各年龄段学前儿童体育游戏的目标，掌握学前儿童体育游戏的设计与指导要点。

要求：游戏方案设计新颖、结构完整、思路清晰、富有创造性和独特性。模拟活动完成后，各小组成员相互点评与交流。

形式：小组合作。

活动案例
大班体育游戏《勇敢小兵炸敌营》

【实训三】

结合幼儿园见习经历及体育游戏观察记录表（见表 5-3），收集一个你所观察到的学前儿童体育游戏，并运用 AI 大模型辅助分析学前儿童在体育游戏中的行为表现。

目的：掌握体育游戏的设计要点与指导策略，融合 AI 技术提升游戏观察与活动反思能力。

要求：借助 DeepSeek、腾讯元宝等 AI 大模型，从以下维度观察、记录并分析学前儿童的游戏行为：创造性使用运动器械、运动技能发展水平、好奇心和探究的积极性、沟通和协商解决游戏中的问题。

形式：个人完成。

传承体育精神，健康定义未来

2017 年 8 月，习近平总书记在会见全国体育先进单位和先进个人代表等时强调：体育承载着国家强盛、民族振兴的梦想。体育强则中国强，国运兴则体育兴。

1989 年 8 月 29 日，苏炳添出生于广东省中山市古镇镇古一村。作为中国男子短跑运动员的杰出代表，他同时担任暨南大学体育学院教授、硕士研究生导师，实现了运动员与教育工作者的双重身份结合。

2015 年 5 月 31 日，在国际田联钻石联赛美国尤金站的男子 100 米决赛中，苏炳添以 9 秒 99 的成绩实现了历史性突破，成为首位跑进 9 秒大关的亚洲本土选手。2021 年东京奥运会男子 100 米半决赛中，他更进一步，跑出 9 秒 83 的惊人成绩，不仅刷新了亚洲纪录，更成为中国首位闯入奥运男子百米决赛的运动员。2022 年 3 月，苏炳添荣膺"感动中国 2021 年度人物"称号。凭借不懈的奋斗，苏炳添为中国田径写下了辉煌的篇章，更成为亚洲体育的骄傲。

而在苏炳添打破 9 秒大关之前，世界体坛长期存在着以"人种决定论"的刻板印象，特别是在短跑项目中，"亚洲人无法突破 10 秒"的说法一度甚嚣尘上。然而，苏炳添取得的辉煌成绩有力地反击了这一论调。而这成就背后，正是无数个日夜的汗水和毫秒必争的训练态度，才造就了这个改写亚洲田径史的辉煌时刻。

2019 年，而立之年的苏炳添一心想要突破亚洲纪录，却面临着后勤和训练上的不足。更令人揪心的是，一次训练中他的韧带损伤，严重影响了他的腰椎健康，医生甚至告诫这可能导致终身残疾。当这一沉重消息传来后，苏炳添独自走向空旷的田径场，不是为训练，而是陷入了运动生涯的深度思考：短跑选手的职业黄金期通常在 20 岁至 30 岁之间，如今，30 岁的他正处于运动员的重要分水岭，是否真的无法再次突破，重回巅峰？

然而，在他内心深处，有个坚定的声音不断回响：要相信自己的奔跑能力。他把自己比作漏气的气球，但只要不停打气，就能再次升空。抱着这样的信念，他积极参与康复训练，如同他曾对学生们说的那样，"努力，比天赋更重要"，全身心地投入新赛季的备战。

而受疫情影响，苏炳添无法确定能否如愿代表国家出征东京奥运会。更令人担忧的是，在这项国际赛事之前，他已长达 500 多天未曾参加比赛。然而，他始终坚信自己保持着良好竞技状态，渴望再度为国争光。当最终站在东京百米跑道上时，面对几乎全部由"00 后"小将组成的对手阵营，这位 20 世纪 80 年代出生的"老将"清楚地意识到自己已是场上少有的"高龄"选手。但令人钦佩的是，他没有任何退缩，而是以 9 秒 83 这一震惊世界的成绩，完美地诠释了他"永不放弃"的坚定信念。

9 秒 83 不仅创造了新的亚洲纪录，还突破了欧美选手对短跑项目的长久垄断，打破了有关百米竞赛的"人种论"，向全世界展现了亚洲运动员在速度与爆发力上的卓越潜能。他用实际行动证明，在世界田径舞台上，来自东方的光芒同样璀璨夺目。

苏炳添的精神价值和示范意义，早已超越了田径赛场的界限，为我们树立了典范：只要心怀梦想，持之以恒地付出，就能突破看似不可能的限制，创造出属于自己的辉煌。

　　作为一名幼儿教育工作者，要始终坚守对幼儿成长的关怀，努力成为与时俱进、契合时代要求的教育者。以苏炳添的奋斗精神为榜样，大力弘扬永不言弃、追求卓越的体育精神。要坚守育人初心，用无限的耐心和爱心呵护幼儿的心灵，以体育游戏为载体，激发幼儿对运动的兴趣，增强他们的身体素质。通过丰富多样的运动项目和趣味性的体育游戏，帮助幼儿在快乐游戏中养成良好的锻炼习惯，树立正确的健康理念。

项目六 学前儿童智力游戏

◇ **学习目标**

素质目标：尊重学前儿童在智力游戏中的个体差异；主动将传统智力游戏文化和人工智能理念融入智力游戏，培养学前儿童的文化认同感与创新思维能力。

知识目标：理解学前儿童智力游戏的含义、特点和类型；掌握学前儿童智力游戏的环境创设和设计要点；掌握学前儿童智力游戏的观察与评价要点。

能力目标：能根据学前儿童不同年龄段发展特点，设计适宜的智力游戏方案；能灵活运用理论，指导学前儿童在智力游戏中提升认知与解决问题的能力。

◇ **情境导入**

在幼儿园中班的"智慧小达人"主题活动中，教师设计了一个"数字寻宝"游戏。孩子们需要根据提示卡上的数字线索，在教室里寻找对应的物品，如"找到比5大2的数字"。

明明很快找到数字7对应的积木，但朵朵因为不理解"2比3小1"而着急。她拉住老师问："老师，2比3小吗？"教师蹲下来对朵朵说："朵朵，3像小山，2是小山脚下的石头，对吗？"朵朵恍然大悟，顺利找到数字2对应的积木。这时，强强和小宇因争夺同一张线索卡发生争执。强强喊道："我先看到的！"小宇反驳："你昨天玩过了，该轮到我了！"教师介入后提议："你们可以合作寻找线索，找到宝藏后一起分享奖励。"两人协商后分工合作，最终成功完成任务。

上述案例中，教师巧妙的引导不仅解决了幼儿的认知冲突，又培养了幼儿的合作能力。那么，作为幼儿教师，怎样设计出符合幼儿年龄发展特点的智力游戏？又该如何在游戏中更好地引导幼儿呢？通过本项目的学习，你会找到答案。

Note

任务一 认识学前儿童智力游戏

在幼儿园里，我们常常会在益智区观察到这样的画面：有的幼儿专注地将形状各异的拼图碎片组合成完整图案，就像小侦探在破解图形密码；有的幼儿用积木搭建出蕴含数理规律的立体模型，仿佛在给自己大脑安装"空间导航仪"；还有的幼儿在棋盘上推演着黑白棋子的攻守策略，活脱脱就像一位"迷你军事指挥官"。这些充满探索与思考的行为，都是幼儿通过观察、思考与操作进行的智力游戏活动。

 学前儿童智力游戏的含义

学前儿童智力游戏是根据幼儿的年龄特点和智育发展水平设计的一种具有明确目标和规则的游戏活动。智力游戏生动有趣，形式多样，取材于幼儿身边的事物，帮助幼儿在熟悉的环境、轻松愉快的活动中获取和增进知识，是促进幼儿智力发展的重要手段。

与其他规则游戏相似，智力游戏由游戏目的、游戏玩法、游戏规则和游戏结果四个基本要素构成。智力游戏以激发幼儿自主参与为原则，使其在积极愉悦的游戏体验中获得认知、情感以及社会性等多方面的发展，形成良好的学习品质。

 学前儿童智力游戏的特点

（一）趣味性与益智性

趣味性与益智性是学前儿童智力游戏最主要的特点。教师在设计智力游戏时，应将游戏的趣味性放在首位，通过新颖有趣的游戏形式和丰富多样的游戏材料，充分调动幼儿的兴趣，激发他们主动参与游戏、持续探索的热情，保持游戏的吸引力。同时，智力游戏还具有益智性，幼儿在游戏过程中，通过看、听、说、摸、嗅、摆弄等动作，综合运用比较、推理、分析等思维方式完成游戏任务，以促进幼儿专注力、逻辑思维与分析能力的发展。我们来看看下面这个案例。

今天中二班开展"解救小动物"拼图闯关智力游戏。教师化身"森林魔法师"，拿出装有拼图碎片的盒子，告知幼儿需通过观察碎片的颜色、形状和图案缺口，转动碎片解开魔法阵救出被困小动物。幼儿立刻化身"小勇士"，围坐在印有动物图案轮廓的"魔法底板"旁，开始游戏。

游戏中，幼儿积极观察探索。一个幼儿拿起一片绿色的拼图碎片，发现碎片边缘是竹叶形状的，他盯着底板中央的图案，突然指着绿色区域喊道："熊猫的耳朵在这里！

绿色是竹叶的颜色！"另一个幼儿尝试旋转带有棕色斑点的碎片，反复调整方向后恍然大悟："长颈鹿的脖子要竖着！"碎片成功嵌入时，他兴奋地拍手。随着任务推进，幼儿开始自发合作。一个幼儿的碎片始终无法匹配，旁边的幼儿凑过来观察，指着底板上的狮子图案说："黄色太阳缺口应该在狮子头上，狮子的头发就是黄色的！"两人一起调整角度，成功拼接后欢呼起来。当最后一片拼图归位，幼儿齐声喊道："小动物们自由啦！"

在"动物拼图闯关"游戏中，教师将"解救小动物"的故事情节融入拼图游戏任务中，幼儿需要仔细观察拼图的颜色、形状和图案缺口，尝试旋转拼图方向并组合碎片来完成"解救小动物"的游戏任务。这一游戏过程不仅生动有趣，还锻炼了幼儿的观察力和问题解决能力。

（二）规则性与任务性

规则性是智力游戏最根本的属性。规则是幼儿在游戏过程中需要遵守的具体行为准则，它不仅保障了游戏的顺利开展，还能帮助幼儿逐步建立规则意识。智力游戏的任务性是指幼儿在参与智力游戏过程中最终需要达成的目标，它能引导幼儿更加积极主动地探索游戏，体验游戏带来的快乐。

如在"看谁走得快"游戏中（见图6-1），教师明确游戏规则为"每个幼儿一轮只能丢一次骰子""必须按照点数走相应的步骤，不可跳步"，若违反规则需暂停游戏，这种游戏规则的建立让幼儿学会等待和遵守规则。而任务目标"看谁最先走到终点"则推动幼儿主动使用游戏策略，如通过观察推理出小伙伴下一步会出什么动作等。规则与任务的结合，使得幼儿在建立一定规则意识的同时，又能学习如何解决问题。

图6-1　看谁走得快

（图片来自武汉市洪山区武南幼儿园童趣园）

（三）竞赛性与挑战性

智力游戏具有竞赛性，这种竞赛性能够激发幼儿参与智力游戏的积极性，通过游戏结果获得满足感和成就感。同时，智力游戏还具有一定的挑战性，基于维果斯基提出的"最近发展区"，智力游戏的任务和内容应符合或适当超过幼儿当前的能力水平，这样既能引起幼儿的游戏兴趣，又能在游戏过程中提高幼儿的认知水平和解决问题的能力。

如在大班"数学迷宫"游戏中，幼儿需要先判断两个数字的大小，然后选择对应较大数字的路径前进。随着关卡不断升级，游戏逐步引入加法运算，游戏的难度也随之逐步提升。再如"小组拼图接力赛"（见图 6-2），该游戏要求每组幼儿通过分工协作完成拼图任务，最终用时最短且错误最少的小组为获胜方。在游戏过程中，幼儿需要合理分配任务，例如"你负责寻找拼图边缘部分，我来拼接中心部分"。这种竞赛形式，不仅能充分调动幼儿运用游戏策略的积极性，还能有效培养他们的合作意识。

图 6-2　小组拼图接力赛
（图片来自武汉市洪山区武南幼儿园童趣园）

三　学前儿童智力游戏的类型

智力游戏是幼儿认知发展的重要载体，幼儿在"动手玩""动脑想"的过程中，逐步构建对世界的认识。基于学前儿童核心发展目标，智力游戏可以分为以下几种类型。

（一）发展观察力的游戏

观察力是指幼儿通过感官辨识事物特征与细节的能力，是幼儿智力发展的基础。发展观察力的游戏一般通过听一听、看一看、摸一摸、尝一尝等感觉器官的反复活动，对事物典型、细微的特征进行感知，从而帮助幼儿加强观察的目的性、计划性，扩大观察的范围、广度和深度。常见的发展观察力的游戏主要有分辨声音特征、判定声源方位的听觉游戏，分辨颜色和图形的视觉游戏（见图 6-3），触摸辨物、触摸分类等触觉游戏，闻一闻、尝一尝等嗅味觉游戏。

图 6-3 视觉游戏

（图片来自武汉市洪山区第一幼儿园）

（二）发展注意力的游戏

发展注意力的游戏的主要任务是通过游戏训练幼儿注意的稳定性，扩大其注意的范围，发展有意注意，提高注意的分配和转移的能力。如游戏"电话连线"，需要幼儿长时间聚焦电话线条路径，以提高注意的稳定性；再如游戏"你变我也变"，幼儿需根据指令从拍头到踩脚迅速调整动作，锻炼注意转移的速度。

（三）发展记忆力的游戏

发展记忆力的游戏主要是运用记忆再认和记忆再现来提高幼儿有意记忆的能力，这类游戏主要包括再认游戏和再现游戏，幼儿对实物、图片、图形、数字、词汇等内容识记后，进行诸如寻找、发现、传话、取物等形式的再认和再现。如"看谁记得清"游戏中，先让幼儿仔细观看桌面上摆放的各种物品，然后拿走几件，引导幼儿说出哪些物品不见了。

（四）发展想象力的游戏

发展想象力的游戏旨在激发幼儿的想象力与创造性思维，通常分为想象再造游戏和想象创造游戏。想象再造游戏是指根据他人的言语描述或图形示意，在头脑中形成相应新形象的游戏。如传统智力游戏"猜灯谜"（见图 6-4），幼儿需根据灯谜"年纪不大，胡子一把"联想出"羊"的形象；在游戏"我为动物穿新衣"中，幼儿需结合教师对不同动物形象的描述为其设计新衣。而想象创造游戏是指不基于现成的描述而独立地创造新形象的游戏，例如幼儿利用超轻黏土捏出各种反映其奇思妙想的物体。

（五）发展思维能力的游戏

发展思维能力的游戏，其主要作用在于培养幼儿的分类、比较、排序、逻辑判断及推理能力。分类游戏如"弹珠找朋友"（见图 6-5），幼儿需按颜色和数字将弹珠分类，初步掌握依据属性进行

图 6-4 猜灯谜

（图片来自武汉市洪山区第一幼儿园）

分类归纳的方法。比较游戏如"图形寻异"，要求幼儿从相似图形中找出形状不同的图形。排序游戏如"积木排序"，幼儿需按大小或高矮排列积木，理解序列传递关系。逻辑判断及推理游戏如"火柴棒重组"，幼儿需移动指定数量火柴拼出新图形，让幼儿结合空间感知与逻辑思维解决问题。这类游戏通过结构化的游戏任务，逐步培养幼儿的逻辑思维能力和解决问题的能力。

图 6-5 弹珠找朋友

（图片来自武汉市洪山区第一幼儿园）

拓展资源
传统智力游戏《七巧板》

拓展资源
传统斗草游戏及其教育价值

任务二　设计学前儿童智力游戏

一　学前儿童智力游戏的目标

学前儿童智力游戏是以幼儿完成一定的智力活动任务为目的的规则游戏。参照《幼儿园教育指导纲要（试行）》和《3—6岁儿童学习与发展指南》中的核心要求，根据幼儿的身心发展规律和智力游戏的特点，各年龄段学前儿童智力游戏的目标可明确如下，见表6-1。

表6-1　各年龄段学前儿童智力游戏的目标

3～4岁（小班）	4～5岁（中班）	5～6岁（大班）
1. 愿意尝试参加简单的智力游戏，在教师引导下初步了解游戏规则。 2. 能运用多种感官感知，尝试辨别、比较物体的大小、长短等外部特征。 3. 能根据事物的外形特征进行简单的分类和配对。 4. 在教师引导下，初步感知简单的因果关系。 5. 愿意与同伴一起游戏，在教师提醒下尝试共同完成简单的游戏任务	1. 愿意主动参加智力游戏，能掌握并遵守基本游戏规则。 2. 能运用多种感官感知事物，辨别、比较事物的异同。 3. 能根据事物的两种特征进行分类、排序。 4. 能尝试解决游戏中的简单问题（如拼图、匹配图形），体验成功感。 5. 能与同伴合作完成智力游戏，尝试协商分工	1. 喜欢参加智力游戏，能主动遵守游戏规则并监督同伴遵守规则。 2. 能运用多种感官进行系统性观察、比较，并尝试用符号记录结果。 3. 能根据事物两个以上的特征进行分类、排序和简单推理。 4. 能通过逻辑推理和分析解决游戏中较复杂的问题。 5. 能主动与同伴合作探索智力游戏，协商解决复杂问题

我们来看看几个游戏目标。

1. 小班智力游戏《颜色宝宝找家》的目标

（1）喜欢玩颜色分类游戏，感受"帮颜色宝宝回家"的快乐。

（2）认识红、黄、蓝等常见颜色，准确分辨不同颜色的雪花片。

（3）能够帮助不同颜色的雪花片找到相对应颜色的房子。

2. 中班智力游戏《我是小士兵》的目标

（1）愿意和同伴一起玩小士兵排队游戏。

（2）认识扑克牌上的数字和四种不同花纹。

（3）能够按照"数字从大到小"或者"同一花纹一组"的规则，给士兵扑克牌排排队。

3. 大班智力游戏《谁是卧底》的目标

（1）喜欢和同伴一起玩推理游戏，享受当小侦探的乐趣。

（2）能够区分游戏中"卧底"与"平民"身份的不同。

（3）能够根据同伴的提示、观察同伴表情等线索，找出隐藏的"卧底"。

二　学前儿童智力游戏的设计要点

智力游戏一般由游戏目的、游戏玩法、游戏规则和游戏结果构成，围绕这四个基本要素，学前儿童智力游戏的设计要点如下。

（一）游戏目的

游戏目的即幼儿在游戏中最终要达到的目标，是根据幼儿一定的智力发展目标提出的。智力游戏的核心目的是通过趣味性游戏活动促进幼儿认知能力的发展，包括观察力、记忆力、逻辑思维、问题解决能力以及专注力的培养。例如，在分类游戏中，他们需根据颜色、形状或功能进行归纳，从而提升抽象思维能力。同时，智力游戏还能增强幼儿的合作意识与语言表达能力，如在团队解谜任务中，他们需要通过沟通与协作共同达成目标。

需要注意的是，在制定智力游戏目的时，必须充分考虑各年龄段幼儿的发展差异。对于 3～4 岁的幼儿，智力游戏应着重培养其观察力，如辨识颜色、形状，以及简单的分类能力，即按照单一属性进行分组；4～5 岁幼儿的智力游戏，则以提升逻辑思维（如按规律排序）、空间推理（如拼图组合）和短时记忆力（如卡片配对）为重点；而 5～6 岁幼儿的智力游戏，主要目的是强化他们的问题解决能力、抽象思维，以及对复杂规则的理解能力。

（二）游戏玩法

游戏玩法即游戏的具体操作方法，是对幼儿在游戏中动作和活动的要求。学前儿童智力游戏的玩法设计，需遵循简单直观原则，确保幼儿能够轻松理解与操作。例如"迷宫闯关"游戏，幼儿仅需用手指或笔沿路径移动，避开障碍物抵达终点，操作清晰明了。同时，在设计玩法时，教师要注重趣味性与挑战性的平衡。游戏伊始，可创设故事情境激发幼儿兴趣，如以"拯救小动物"为背景开展走迷宫游戏，让幼儿带着任务开启探索。游戏过程中，教师可以融入合作元素，如分组竞赛或轮流挑战，不仅能提升幼儿的游戏参与度，还能培养幼儿沟通、协作等社交能力。

此外，教师还应将传统智力游戏文化与人工智能理念融入游戏，赋予游戏新活力。如将传统智力游戏七巧板与 AI 绘画结合，幼儿拼出图形后，智能设备生成创意画作；或改编猜灯谜游戏，制作智能灯谜卡，幼儿可通过扫码获取语音提示猜灯谜。这些创新玩法既能传承传统文化，又能激发幼儿创新思维，培养文化认同感。

（三）游戏规则

游戏规则是对游戏玩法的要求和约束，在游戏中起指导、组织、调整幼儿行为的作用，以保证游戏目的的实现。[①] 智力游戏的规则应清晰易懂、易于执行。例如，在"拼图挑战"中，要求幼儿只能使用指定区域的拼图块来拼图，且需独立完成；在"快速分类"游戏中，限定幼儿在1分钟内进行分类。对于年龄小的幼儿，教师应逐步提出游戏规则，并不断提醒幼儿学会遵守游戏规则。当幼儿不理解规则时，教师可以通过重复讲解、图示或角色扮演来帮助幼儿理解规则。智力游戏的规则还应具有灵活性与约束性，如允许小班幼儿在游戏中遇到困难时请求一次提示，但教师不可直接代劳；到了中班、大班，可由幼儿协商制定游戏的规则。

（四）游戏结果

游戏结果指的是游戏目的实现的程度。教师所设计的智力游戏结果需明确且具有激励性，如在完成"记忆翻牌"游戏后，统计正确配对的数量，对于匹配数量最多的幼儿给予贴纸奖励。需要注意的是，游戏结果应注重过程而非胜负。对于在游戏中未达成游戏目的的幼儿，可以先采用鼓励的方式，如"你用了三种方法尝试，真会动脑筋！"，以强化幼儿对于智力游戏的积极态度。教师还可以通过"再试一次"或简化游戏目标等方式，降低幼儿在游戏中的挫败感。

我们来看一个智力游戏设计案例。

大班智力游戏《有趣的"镜子"》

武汉市洪山区第一幼儿园　张敏

一、游戏目的

（1）体验镜子游戏中与人合作及发号口令的乐趣。

（2）知道自身动作与同伴动作的对应关系。

（3）能在规定时间内将"镜子人"发出的口令动作，转为自身相应的动作，发展专注力，锻炼反应能力。

二、游戏玩法

根据"镜子人"的口令和动作，"照镜人"做出相应的动作，要求"镜子人"掌握口令，"照镜人"需参照"镜子人"的口令动作。

三、游戏规则

（1）请一个幼儿到前面当"镜子人"，以水果为主题，"镜子人"念口令"123西瓜"，下面的"照镜人"重复口令"123西瓜"，并在最后一个音节念出时，做出与"镜子人"相应的动作。口令：123××（××处为幼儿要变的动作形象）。

（2）"镜子人"与"照镜人"角色可以互换，反复进行游戏。

（3）相同的规则可以用于动物、数字、字母等主题游戏。

（4）每个主题喊口令的幼儿需说出与主题相应的内容。

四、游戏结果

快速重复口令且做出相应动作者视为胜利，未做出对应动作或反应时间超长者视作失败。

---

① 杨枫. 学前儿童游戏［M］. 3版. 北京：高等教育出版社，2018：201.

拓展资源
综合思维能力的智力游戏设计指南

任务三　组织与指导学前儿童智力游戏

 ## 学前儿童智力游戏的环境创设

在幼儿园里，除教师在组织集体教学活动过程中会运用智力游戏外，智力游戏最常见于幼儿园活动区中的益智区。因此下面将围绕益智区智力游戏环境创设的要点，从空间布局、环境装饰、游戏材料投放这三个方面来展开说明。

（一）益智区空间布局

1. 选择相对安静且独立的环境

合理的空间布局是益智区智力游戏顺利开展的重要保障。创设益智区是为了让幼儿在开展智力游戏的过程中，发展其认知、思维能力，并学习解决问题的方法，而这些都需要幼儿高度的专注力，因此益智区应设置在一个相对安静的环境中，远离角色区、表演区、建构区等相对活跃的活动区。

此外，幼儿身心发展规律决定大部分幼儿到中班、大班才开始对智力游戏更加感兴趣，所以较小班而言，中班、大班益智区中智力游戏的种类较多。益智区可以根据活动的需要划分为几个相对独立的小空间，一般来说，中班益智区可划分为 2～3 个小空间，大班益智区可划分为 3～4 个小空间。例如，大班益智区中，棋类游戏为一个空间，拼图游戏为一个空间，分类游戏为一个空间。独立的小空间既能使在益智区中玩不同智力游戏的幼儿互不干扰，还能使他们更加专注于自己的探索操作中。

2. 合理使用开放式柜体作为隔断

不论是益智区大空间的规划，还是活动区内小空间的独立都需要隔断，教师可合理使用开放式柜体作为隔断。首先，益智区智力游戏的材料丰富，种类繁多，而开放式柜体储物空间充足，有利于各种材料的有序整理与排放。这样幼儿在完成一种智力游戏后，可以及时地将相关游戏材料整理到柜子中，然后取出柜中其他感兴趣的智力游戏材料，幼儿在有序收纳游戏材料的同时也形成了良好的行为习惯。其次，以开放式柜体作为隔断有利于教师观察幼儿开展智力游戏，也便于幼儿与教师或同伴沟通协商。此外，益智区内还应提供 1～2 组桌椅或地毯供幼儿进行游戏操作。

（二）益智区环境装饰

益智区环境装饰应清晰美观，这样不仅能激发幼儿参与游戏的积极性，还能引导他们主动爱护并维护活动区环境。同时，教师应选择合适的内容来对益智区环境进行装饰，主要包括以下两方面。

1. 益智区规则

益智区规则应遵循幼儿认知发展规律，采用差异化创设策略。小班可以使用全图片式规则卡，运用实物照片与情景绘画相结合的方式呈现益智区规则，如在幼儿争抢玩具的场景照片上画上禁止符号，益智区规则条目控制在 3 条以内。中班可以采用图文比例 1：1 的规则墙，每项规则配有简笔画与简单汉字，益智区规则条目可增至 4～5 条。到了大班，教师可邀请幼儿共同参与活动区规则的制定与绘制，采用"图片和完整语句"的展板形式（见图 6-6），如分类收纳步骤图旁附上"游戏结束后请将材料放回原处"的文字提示，教师应定期组织幼儿讨论更新活动区规则。

图 6-6　益智区规则

（图片来自武汉市洪山区武南幼儿园童趣园）

2. 游戏操作步骤

益智区智力游戏种类多样，游戏玩法各异，为了保证游戏的顺利开展，教师应在遵循幼儿认知发展规律的基础上，运用多样化的手段呈现游戏操作步骤。小班可设置游戏操作步骤区，将游戏玩法拆解为 1～4 步，按照游戏步骤分解依次摆放游戏材料，如串珠游戏设置"选珠子—拿绳子—穿珠子—打结"四个不同的游戏操作步骤区。中班、大班可根据智力游戏玩法设置游戏操作流程图解区，使用真实或卡通式游戏操作步骤图，如拼图游戏设置"观察原图—找边角块—按色分类—逐步拼接"的磁贴式流程图，这样幼儿在游戏时可以对照流程图逐步操作。

（三）益智区游戏材料投放

1. 游戏材料投放类型

益智区智力游戏材料可分为高结构材料、半结构材料、低结构材料。高结构材料是指玩法相对固定的材料，如飞行棋、围棋、五子棋等棋类（见图 6-7），这类游戏能有效培养幼儿的规则意识和逻辑思维。半结构材料是封闭与开放相结合的材料，如迷宫、拼图类材料等，这类材料有利于培养幼儿的创造力和问题解决能力。而低结构材料是指有一定数量但没有固定玩法的基本材料，如小木棍、珠子等，幼儿通过摆弄这类材料进行分类、排序等游戏。这类游戏材料的操作性强，有利于发挥幼儿的想象力和创造力。根据不同年龄段学前儿童智力游戏的特点，可为小班幼儿提供独立动手操作类的低结构材料，为中班、大班幼儿提供发展逻辑思维、问题解决能力和创造力的半结构材料和高结构材料。

图 6-7　飞行棋"贪吃豆"

（图片来自武汉市洪山区武南幼儿园童趣园）

2. 游戏材料投放数量

益智区智力游戏材料数量要充足。小班幼儿喜爱平行游戏，教师投放材料时，要确保同一种类的游戏材料数量充足，保证每个幼儿都能拥有一份独立操作的材料，让他们在自主探索中享受游戏乐趣；到了中班、大班，幼儿合作游戏意识逐渐增强，教师应提供适合多人合作的游戏材料。

拓展资源
如何基于幼儿的兴趣投放与调整益智区材料

二　学前儿童智力游戏的指导策略

（一）游戏前的指导策略

1. 编选或设计适宜的智力游戏

不同智力游戏的游戏目的各有侧重，教师应从两个方面为幼儿编选或设计适宜的智力游戏：一是符合幼儿的身心发展规律与兴趣特点；二是把控游戏难度，确保难度适中。[①]

---

① 　杨枫．学前儿童游戏［M］．3 版．北京：高等教育出版社，2018：203-204.

教师编选或设计的智力游戏应呈现以下特点：小班幼儿的智力游戏，游戏难度应相对较低，游戏目的易于达成，玩法具体简单，规则数量较少，方便幼儿理解和参与。随着年龄增长，中班幼儿的智力游戏难度升级，游戏玩法更加丰富多样，游戏规则数量增多且控制性增强，旨在引导幼儿养成遵守规则的习惯，同时游戏结果可适当融入竞赛元素，以激发幼儿的积极性。到了大班阶段，智力游戏的难度进一步提升，玩法应更为复杂，对幼儿遵守规则的要求更为严格。在游戏过程中，幼儿不仅要严格规范自身行为，还需快速、准确地执行游戏规则。

2. 创设适宜的智力游戏环境

智力游戏常见于益智区，幼儿在进行此类游戏时需要集中注意力，因此，教师应将益智区设置在安静独立、光线充足的区域（见图6-8）。同时，教师应依据幼儿的兴趣和年龄特点，投放充足且兼具适宜性、探索性与教育性的智力游戏材料，让幼儿能够在游戏中积极主动地操作，收获愉快的游戏体验。此外，教师还可以充分利用废旧物品和自然材料来创设益智区环境，并根据幼儿兴趣的变化，及时对游戏材料进行调整与更新。

图6-8 安静独立、光线充足的区域环境

（图片来自武汉市洪山区武南幼儿园童趣园）

3. 指导幼儿掌握游戏的玩法和规则

智力游戏种类多样，规则不同，玩法不一，教师应根据幼儿的年龄特点，采用多样化手段帮助他们了解游戏的玩法和规则。对于小班幼儿，教师在讲解玩法和规则时应亲身示范，幼儿跟随教师的讲解和示范，逐步在模仿中了解游戏玩法和规则；对于中班幼儿，教师可以结合卡通游戏步骤图式讲解游戏的玩法和规则，必要时辅以亲身示范，并且强调幼儿应遵守游戏规则，从而使幼儿在游戏中逐步养成良好的行为习惯；对于大班幼儿，教师可以直接采用语言讲解的方式来帮助幼儿了解游戏玩法和规则，并要求幼儿在游戏过程中严格遵守游戏规则，还可鼓励幼儿在现有游戏规则的基础上，与同伴协商制定新的游戏规则。

（二）游戏过程中的指导策略

1. 适时提醒幼儿遵守游戏的玩法和规则

当教师引导幼儿理解智力游戏的玩法和规则后，并非所有幼儿都能立即完全掌握，在实际游戏过程中，部分幼儿可能会出现对玩法理解偏差或违反规则的情况。因此，教师需要在幼儿游戏时仔细观察幼儿的状态，适时提醒并指导幼儿遵循游戏玩法和规则。必要时，教师可以参与到游戏中，以间接指导的方式，帮助幼儿顺利完成游戏。当幼儿对错误玩法或违规行为提出疑问时，教师不宜强制要求幼儿服从规则，而是可以组织幼儿共同探讨游戏玩法和规则，在此过程中逐步提高要求，引导幼儿主动遵守规则。

2. 培养幼儿的游戏策略意识

游戏策略是幼儿在游戏中心智活动的外在表现，能在一定程度上反映其认知发展水平。在幼儿游戏过程中，教师可通过两种方式培养幼儿的游戏策略意识：一方面，亲自示范游戏策略的运用方法；另一方面，适时向正在运用策略的幼儿提问，吸引其他幼儿的关注与观察，引导他们主动向同伴学习游戏策略的运用方法。此外，在游戏结束后，教师还可以组织幼儿分享各自在游戏中使用的游戏策略，通过交流讨论，促进幼儿相互学习，进一步提升幼儿游戏策略的运用能力。

3. 关注幼儿个体差异

教师应积极鼓励每一个幼儿参与智力游戏。由于幼儿之间存在个体差异，教师需依据每个幼儿的能力水平与发展需求，引导他们开展适宜的智力游戏。对于能力较强的幼儿，教师可逐步提供难度更高的游戏材料，满足其追求挑战、探索新知的需求；对于能力较弱的幼儿，教师则应给予更多鼓励与引导，及时肯定他们在游戏中的每一点进步。这种个性化的支持不仅有助于提升幼儿的游戏能力，还能激发他们对智力游戏的兴趣，逐步增强其自信心，从而让每个幼儿都能在智力游戏中获得成长与发展。

4. 提供充足的游戏时间

智力游戏作为规则游戏，需要幼儿进行一定程度的脑力活动。因此，教师应为幼儿提供充足的游戏时间，以保障幼儿进行自主、深入、专注的智力活动。不同的智力游戏难度不同，所需要的游戏时间也不同，一般来说智力游戏至少需要 30 分钟。

（三）游戏结束后的指导策略

1. 把握好游戏结束的时机与方式

游戏快要结束时，教师要把握好游戏结束的时机与方式。教师应时刻观察幼儿的状态，在游戏快要结束前提醒幼儿，让其做好心理准备。对于在游戏结束时兴趣依然很浓的幼儿，可以适当延长游戏时间或允许其保留游戏结果，便于幼儿下次继续完成。

2. 引导幼儿整理游戏材料

游戏结束时，教师应引导幼儿整理游戏材料。对于小班幼儿，应提高其参与材料整理的意识；中班、大班幼儿则需在游戏后，主动整理游戏材料，并将游戏材料正确放置回原处。

3. 组织幼儿评价游戏并给予奖励

游戏结束后，教师应通过评价这一环节来组织幼儿分享交流游戏经验，提升其游戏水平。可围绕幼儿在游戏中游戏策略的使用和游戏规则的执行两方面来展开评价。同时，智力游戏作为规则游戏的一种，自身具有非常明确的游戏结果。因此，教师要对游戏结果表现较好的幼儿，给予合适的奖励，以保持其继续游戏的愿望；对于游戏结果表现较差的幼儿，应给予其鼓励，以增强其自信心。

三　学前儿童智力游戏的观察与评价

（一）学前儿童智力游戏的观察内容

在观察智力游戏时，应关注幼儿游戏的每一个细节。通过观察，教师能够依据幼儿的游戏行为表现、对游戏的投入程度，分析其游戏兴趣偏好、游戏能力水平，以及身心发展状况，进而为幼儿选择或设计更符合其发展需求的智力游戏。具体而言，对幼儿在智力游戏中的行为观察可从多个维度展开，包括幼儿对游戏玩法的掌握程度、对游戏规则的执行程度、对游戏策略的运用程度，以及游戏兴趣与参与程度、游戏结果如何等。智力游戏观察记录表见表 6-2。

表 6-2　智力游戏观察记录表

观察对象：_____　　观察时段：_____　　观察地点：_____

智力游戏类型及主题：_____

观察维度	具体内容	观察实录
游戏玩法	1. 是否理解游戏玩法； 2. 能否根据游戏玩法，正确操作游戏材料； 3. 是否拓展游戏玩法	
游戏规则	1. 能否理解并遵守游戏规则； 2. 能否向同伴解释规则； 3. 是否尝试创新游戏规则	
游戏策略	1. 在游戏中遇到困难时的表现； 2. 是否使用游戏策略； 3. 游戏策略来源：模仿/自主创新； 4. 使用的具体游戏策略	
游戏兴趣与参与	1. 是否主动选择游戏； 2. 持续专注时间及具体情绪表现； 3. 中途是否分心或离开游戏	

续表

观察维度	具体内容	观察实录
游戏结果	1. 游戏目的的实现程度； 2. 游戏后能否复述自己的游戏过程； 3. 评价自己在游戏中的表现	
观察分析		
解决对策		

（二）学前儿童智力游戏的评价

1. 学前儿童智力游戏评价的内容

（1）游戏目的的达成度

小班智力游戏的游戏目的以感官匹配为主，如颜色、形状配对，教师评价时需观察幼儿能否完成简单配对；中班、大班则需关注幼儿的抽象逻辑思维发展，如分类、排序、推理等，教师可以通过幼儿在游戏中的操作、策略的使用和语言的表达判断游戏目的的达成度。

（2）游戏内容的适宜度

智力游戏的内容应符合幼儿的年龄特点和发展水平。小班幼儿以直觉行动思维为主，教师应选择规则简单、感官刺激丰富的游戏，如串珠、颜色匹配等，避免复杂规则带来的挫败感；中班可逐步增加游戏的规则性和策略性，例如"分类小超市"要求按颜色、用途归类商品，教师在评价时需观察幼儿能否理解并遵守规则；大班可引入合作性和竞赛性强的智力游戏，教师在评价时应重点关注幼儿在游戏中的逻辑推理与问题解决的能力。

（3）游戏参与状态

高参与度的幼儿在游戏中表现为主动提问，当失败时会反复尝试失败环节，游戏结束后仍持续讨论相关内容。反之，如果幼儿频繁离开游戏区、注意力分散，教师则需反思游戏对幼儿的吸引力或游戏难易度问题。

（4）游戏策略的运用

幼儿在智力游戏中所使用的游戏策略类型及其有效性是游戏评价的重要内容之一。不同年龄段的幼儿会呈现出差异化的游戏策略水平：小班幼儿多依赖直觉和试误法，如反复尝试将不同形状的积木放入孔洞；中班幼儿开始出现简单的计划性策略，如分类游戏中先按颜色分组再按大小排序；大班幼儿则能运用逻辑推理或合作协商，如在棋类游戏中预判对手行动，在团队拼图中分工协作。教师需通过观察来评价幼儿游戏策略使用的灵活性，例如，是否固守单一方法，如只用旋转方式拼图，或在失败后主动调整策略，如从随机尝试转向观察图案规律。

2. 学前儿童智力游戏评价的方法

（1）讨论法

幼儿在参与智力游戏过程中，常常会遇到各种问题。教师可以在游戏结束后，组织幼儿进行讨论，引导他们共同探索解决问题的方法，从而帮助幼儿在后续游戏中更好地达成目标。以智力游戏"我给数字找朋友"为例，游戏规则要求幼儿记住所有数字卡片的位置，随后将卡片翻转，幼儿需凭借记忆找出相同数字的卡片。然而在实际游戏过程中，部分幼儿会反复随意翻转卡片，直至找到相同数字，这种行为不仅违反了游戏规则，也不利于自身游戏策略能力的提升。针对这一情况，教师应当在游戏结束后，组织幼儿围绕记忆策略展开讨论，引导幼儿理解并遵守游戏规则，掌握有效的游戏方法，顺利完成游戏任务。

（2）操作验证法

在智力游戏中，不同幼儿的游戏水平存在个体差异性。当教师观察到部分幼儿能够熟练运用游戏策略时，可以在游戏结束后的评价环节，邀请这些幼儿向同伴展示和分享自己的策略。这种同伴示范的方式，不仅能极大地提升幼儿的自我效能感，让他们获得成就感与自信心，也为游戏策略运用能力较弱的幼儿提供了直观的学习范例，便于他们进行模仿和学习，从而促进全体幼儿游戏能力的共同提升。

（3）成果展示法

对于在游戏中取得优异成果的幼儿，教师应给予奖励，并展示他们的游戏成果。例如在拼图游戏里，若幼儿在规定时间内完成了较高难度的"动物音乐会"拼图，教师可以在游戏结束后将这张拼图进行展示并给予这个幼儿奖励。这样不仅能激发该幼儿下次继续参与游戏的积极性，同时也能激发其他幼儿对拼图游戏的兴趣。

中班智力游戏《趣玩多米诺》

武汉市洪山区武南幼儿园童趣园　康　耀　张勇香

一、游戏背景

《3—6岁儿童学习与发展指南》指出，中班幼儿正处于"能通过观察、比较发现事物简单规律"的关键期，其手部精细动作、同伴协作能力及抗挫意识逐步增强。近期班级益智区新增了游戏材料——多米诺骨牌，多米诺骨牌作为经典的益智游戏，蕴含着对幼儿专注力、空间逻辑与创造力的多重挑战。悦悦、妍妍、米奇和风风等小朋友对多米诺骨牌非常感兴趣，经常进区游戏，一场奇妙的多米诺探究之旅开启了（见图1至图16）。

二、游戏过程实录

阶段一：初探多米诺

1. "多米诺火车"出发啦！

区域游戏时间到了，孩子们得知今天益智区投放了新材料，兴冲冲地来到了活动区，拿起多米诺骨牌就开始摆弄着。

悦悦随意在地板上摆放了三块骨牌，轻轻一推。"哇！全部倒了。"

妍妍见后也开始模仿起来，连续立起多块骨牌，但是由于骨牌间距过大，只有第一块骨牌倒下来。

老师：为什么后面的骨牌没倒下去？

悦悦观察后若有所思地说："这中间的空隙太大了，要这样紧紧地挨在一起。"经过悦悦的调整后，妍妍这边的多米诺骨牌也顺利产生了连锁反应。几个小伙伴见状纷纷模仿起来，并商量在教室空地上搭建一个长长的多米诺火车······

四个小朋友配合默契，你一块我一块依次摆放。正当孩子们喜笑颜开的时候，"吧嗒"一声，刚搭好的十多片多米诺骨牌一下就倒了。

悦悦：没事，我们再重新摆，很快就可以。

在悦悦的鼓励下，小伙伴重振信心开始搭建。当搭到近半米长的时候，骨牌再次倒地，这次是米奇不小心碰倒了骨牌。

风风：小心一点呀，放慢一点，一倒就全白费了。

多次的倒塌让孩子们更加小心翼翼，只见风风和妍妍每摆放一块骨牌时都紧紧地捏住末端，待骨牌完全站立后，才敢缓慢地抽手。在不断调试和操作下，长长的"多米诺火车"初见雏形。

就在大家神经紧绷的时候，"哗嗒哗嗒······"即将完成的火车全部倒塌。

悦悦很生气，大声说：妍妍，你的衣服把骨牌全弄倒了！

风风气馁地说：我们都这么小心了，一不注意，都白搭了，太难了！

米奇：对呀，一倒全部都倒了。

看到孩子们泄气的样子，我趁机问：为什么会全部倒下呢？

妍妍：我们太不小心了。

悦悦：我们穿着外套容易碰到火车。

老师：那我们要注意什么才能避免提前倒塌呢？

妍妍：注意我们的衣服和鞋子，不能碰到火车。

风风：我们要放得更慢一点。

悦悦：要轻轻地放。

图1 孩子们细致认真地摆放多米诺骨牌

图2 多米诺火车1.0版本

孩子们都心照不宣地点点头，开始小心翼翼地摆起骨牌，一块接一块地轻拿慢放。最终，完成了一条长长的"多米诺火车"。

2. 按规律排序的高颜值火车

火车推倒了，孩子们都在为多米诺的奇妙传递感到惊叹之时，悦悦小朋友的表情却是困惑的，她自言自语道：我觉得火车不好看。

老师：那怎么让火车变得更美呢？

悦悦：要不把颜色相同的摆在一起？

妍妍：那我们试一试吧。

经过上一轮的游戏，孩子们的搭建策略有所转变，专注力有明显提升。只见孩子们将同一颜色的骨牌收集起来，开始轮番摆放。悦悦搭完一种颜色，妍妍接着搭另一种颜色。十几分钟后，升级版的多米诺火车就新鲜出炉了……

图 3　按颜色类别搭建　　　　　图 4　多米诺火车 2.0 版

教师思考：

在整个游戏过程中，悦悦小朋友对游戏的推进发挥了非常关键的作用，她行动力强，善于观察和思考，当大家不知道怎么合作搭建多米诺火车时，她告诉同伴怎样进行分工合作；当大家为骨牌倒塌而懊恼时，她会鼓励伙伴继续坚持；当大家为多米诺火车倒塌庆祝时，她会思考调整颜色来优化火车。在这个过程中，我看到了她在同伴互动中所体现的领导特质；同时，对于骨牌间预留空隙的理解也体现了她具有灵活的数学思维和良好的空间序列逻辑。在平时的活动中，悦悦非常喜欢玩益智游戏，而且她总是像小组长一样给小组成员分配任务，多次益智游戏的经验，帮助她建立了良好的逻辑思维。在这次游戏中，悦悦迁移了其在平时游戏中的组织经验，成为推动此次游戏的关键角色，也充分展现了中班下学期孩子们较高的游戏水平。

阶段二：再探多米诺

1. 搭建多样轨道

区角活动时间又到了，孩子们迫不及待来到益智区，这时米奇提出：我在家里看了视频，多米诺有各种各样的轨道，我们来搭建轨道吧！

我紧接着说：你们能设计出多种多样的线路吗？要求推一次，骨牌就能全部倒下哟！

当我发出挑战后，孩子们迫不及待地尝试起来，把自己对多种线路的想法付诸实践。

悦悦：我要让火车轨道拐弯。

风风：我想搭一条变两条的火车轨道。

孩子们对骨牌的兴趣有增无减，也在分享交流着自己搭建的计划，但不可避免的是，排列的骨牌并非每一次都能全部倒下，有时成功，有时失败，这让好胜心强的悦悦感觉很苦恼。

悦悦垂头丧气：我的轨道又失败了。

米奇：我摆的会转弯的 S 形不是每一次都成功，有的拐弯会失败。

风风：我摆的轨道成功了！

教师：为什么风风的轨道能一次性成功呢？你们的轨道有什么不同？

孩子们凑过来仔细观察，米奇说：我们都有拐弯的地方，风风没有。

教师：原来是拐弯难住了大家，那怎么才能让拐弯的部分都顺利倒下呢？多尝试几次，看谁最先找到答案。

2. 探秘拐弯摆放

孩子们通过多次尝试，还是没有发现拐弯处顺利倒下的秘密，依旧有时成功，有时失败。在游戏陷入僵局时，我说：之前的多米诺火车是按照地板上的直线搭出来的，那这次拐弯可以参照什么呢？

孩子们开始了大胆的想象。

悦悦：我们可以画弧线！

米奇：我们可以用半圆形积木。

米奇立即拿来了半圆形积木，将骨牌贴着圆弧边摆放，拐弯处搭好以后，只听"哗"的一声，所有骨牌都顺利倒下。

图 5　利用半圆形积木来拐弯

图 6　通过弧线来拐弯

教师思考：

在这一轮的探索中，我观察到幼儿对多米诺轨道拐弯处力量中断的探索呈现出试误—观察—迁移经验—解决问题的主动学习路径。面对"拐弯处失败"的挑战，幼儿最初通过反复试错积累直观经验，但未能系统总结规律。此时，我选择以提问引导幼儿对比观察，帮助幼儿将"参照物"这一核心概念迁移到新问题中，激发其利用工具调整骨牌空间关系的策略。也让我认识到，幼儿的深度学习需要"认知冲突"与"支架支持"的结合。拐弯问题的反复失败引发了幼儿的认知冲突，而教师的提问和工具提示为他们搭建了思维阶梯，使其从无意识试错转向有目的的探究。未来可进一步支持幼儿在复杂情境中迁移经验，同时鼓励幼儿用图画、语言记录实验过程，深化探究中的计划性与反思能力。

图7　Y字形分叉路径

图8　对比作品分析拐点角度

阶段三：畅想多米诺

经过了几天的游戏，悦悦觉得摆线条已经失去了挑战性，她呼吁小伙伴：总是摆线条没意思，还能摆什么呢？

妍妍：我们可以摆爱心呀！

风风：我们可以摆树叶和棒棒糖。

经过一番热烈的讨论，孩子们纷纷有了自己的目标，于是开始画起设计图。悦悦、妍妍和米奇三人心照不宣地组成爱心小队。在所有设计图出炉后，孩子们开始行动起来，在排列各种造型时，问题也时常产生。

风风：我的造型好难做。

妍妍和悦悦：我们做的爱心一点也不像。

教师：有什么办法能帮助我们摆成想要的形状呢？

米奇：可以在地上画画，对着摆出来就行了。

悦悦：我们早都想过了，可是没有这么大的纸呀。

米奇：那我们用笔在地上画一个大爱心。

妍妍：不能在地上乱涂乱画。

教师：那有什么不影响地面卫生的工具呢？

悦悦回忆起之前做手工贴画的经历，灵机一动：我们可以用贴纸贴一个爱心。

三人立即行动起来，在工具的协助下，制作出一个双层爱心。风风也不甘示弱，成功完成了树叶造型的设计。当新造型被推倒的那一刻，孩子们眼中绽放着自信且满足的光芒。

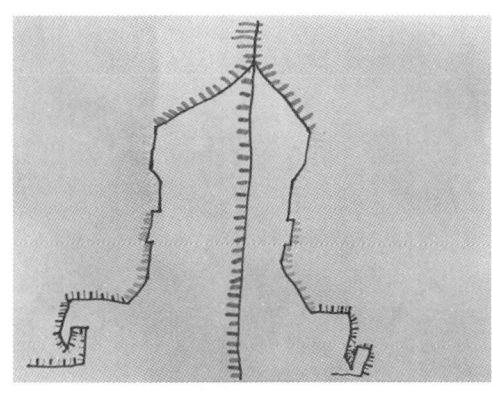

图 9　树叶设计图

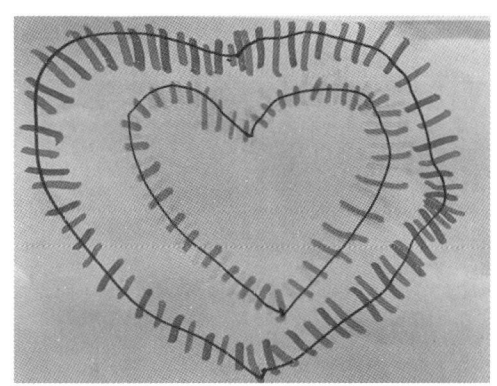

图 10　爱心设计图

图 11　树叶图形搭建完成

图 12　用便利贴贴出爱心

2. 组合多米诺的探究

在一次次的游戏过程中，孩子们尽情地尝试了多种造型的多米诺骨牌的排列。渐渐的小型的平面作品不再能满足孩子们的挑战欲和创造欲。

我观察到这一点，给幼儿提供了平面与立体组合的多米诺骨牌游戏的视频，看到高高的多米诺骨牌顷刻倒了，孩子们欢呼起来，迫不及待投入新的挑战，开始进行平面与立体的多米诺组合的玩法。可新的问题又出现了。

米奇：我搭建的桥梁没有倒塌。

风风：我搭建的楼房也没有塌。

教师：你们猜想可能是什么原因呢？

风风：我的楼房把骨牌竖着压住，它们变成大力士推不动。

悦悦：我觉得是骨牌空隙太大了，力量传不过去。

孩子们在分享交流的环节进行了反复探究。

教师：究竟是距离问题还是推力问题？

探索大发现：

（1）缩短距离，用相同数量的骨牌，结果高楼纹丝不动。（见图 13）

（2）保持初始的距离，增加更多的骨牌，结果高楼轻微晃动但是没倒下。（见图 14）

（3）缩短距离，增加了更多的骨牌，高楼"啪"的一声，成功倒了！（见图 15）

图13　缩短距离，未倒塌

图14　增加骨牌数量，未倒塌

图15　增加骨牌数量，同时缩短距离

图16　骨牌成功倒塌

　　根据实验结果，孩子们立刻行动起来，调近了骨牌间的间隔，并加长了骨牌的长度。悦悦期待地问：老师，我们能把大家的作品都连接起来，做成一个大城市吗？

　　教师：当然可以，你的想法很有创意。（悦悦的想法得到了大家的认可。）

　　教师：城市里都有什么呢？

　　米奇：很多高楼、高架桥。

　　妍妍：还有花草树木。

　　风风：有来来往往的车。

　　孩子们结合生活实际，将各自的作品进行创意连接，有的地方用直线路径连接，有的地方用弧形路径连接，还有的地方是分叉路径的设计，并添加小汽车、小树和小动物积木加以装饰。大家忙碌了好一阵子，一个大型的"多米诺城市"终于形成。

教师思考：

幼儿从"单一线条"到"创意造型"、从"平面排列"到"立体组合"的探索历程中，我深刻感受到幼儿游戏中蕴含的无限创造力与学习潜能。幼儿是问题解决的主动建构者，当悦悦提出摆线条失去挑战性时，幼儿自发开启创意设计，这展现了他们对游戏目标的自主升级需求。在爱心造型失败时，他们并未放弃，而是通过已有经验解决问题。游戏中面对立体多米诺倒塌失败的现象，幼儿提出"骨牌竖着变大力士""火车厢空隙太大"等充满童趣的猜想，并通过对比实验验证假设，最终发现距离与力度的关系。这一过程正是从假设，到验证，再到结论的科学思维雏形。教师需要珍视幼儿的错误，将其转化为探究契机，让幼儿在操作中探索学习。幼儿的游戏世界是一座未被充分开采的宝藏，而教师的任务是守护他们的好奇心，用专业智慧为他们的"哇时刻"搭建支架，让游戏不仅是玩耍，更成为终身学习能力的起点。

三、游戏活动反思

（一）游戏特点

1. 低结构材料，激发探索的无限可能

多米诺骨牌作为典型低结构材料，其单元化、无固定玩法的特性，赋予幼儿极大自主权。幼儿通过排列组合、色彩搭配及辅助工具联动，将单一材料转化为多样化的作品。正如马拉古兹提出的"儿童的一百种语言"，低结构材料恰似无字画布，让儿童通过操作与想象，将物理逻辑转化为可视化的儿童语言，实现多元表征和创意表达。

2. 趣味性情景，满足幼儿多样化需求

多米诺骨牌能组合成百变的造型以及多元的形状，幼儿将生活经验与想象力融入骨牌造型设计，创造出充满童趣的视觉符号。动态效果与情境天然契合中班幼儿的直觉行动思维，使抽象认知在趣味体验中自然内化。

3. 益智与挑战融合，推动幼儿思维进阶

多米诺骨牌游戏通过递进式挑战与开放性探究，将逻辑与思维发展紧密结合，充分体现益智游戏"玩中学"的核心特点，推动幼儿在问题解决中实现认知能力的阶梯式成长。

（二）游戏价值

1. 经验迁移，思维进阶

在游戏进程中，幼儿遭遇了多米诺骨牌易倒塌、转弯处力量中断、设计的造型难实施等复杂问题。皮亚杰的认知发展理论提出，幼儿在与环境的互动中构建知识。他们积极调动过往经验以解决问题，面对直线倒塌问题时，幼儿迁移积木垒高经验，尝试用直尺辅助控制间距；解决转弯失败难题时，类比"火车轨道转弯"，调整骨牌角度与密度；设计创意造型时，结合拼图经验，探索对称排列与重心平衡的规律。这一过程不仅帮助幼儿将零散经验整合为系统性知识，更推动其从直觉行动思维向具体形象思维进阶，为抽象逻辑思维奠定基础。

2．合作反思，经验重构

游戏后的分享环节是幼儿深度学习的催化剂。依据维果斯基的社会文化理论，同伴互动与成人引导能促进"最近发展区"的跨越。例如，教师通过提问"为什么转弯处的骨牌总是不倒?""怎样让分叉的两条路同时成功?"，激发幼儿回溯游戏过程。在与同伴的交流分享中，幼儿相互倾听、相互学习，对自己的游戏行为和思考过程进行深入剖析。这种反思不仅有助于他们梳理经验，还能发现自身的不足，进而调整后续的游戏策略，逐步将外在的经验内化为自身的认知结构，实现认知能力的提升。

3．亲身体验，素养奠基

在多米诺骨牌的游戏活动中，幼儿完整地经历了科学探究的过程，即"发现问题—提出猜想—实验探究—行为验证"。布鲁纳的发现学习理论认为：幼儿通过自主探索和发现来学习知识，能够更好地理解和掌握知识。幼儿在这一过程中，亲身动手操作、观察实验现象、分析实验结果，不仅掌握了科学探究的基本方法，提升了科学探究能力，还在不断克服困难、持续尝试的过程中，逐渐养成了乐于探索、善于思考、坚持不懈的良好学习品质，为未来的学习和生活奠定坚实的基础。

（三）教师指导行为反思

1．适宜的行为

（1）阶梯式问题引导，促进深度探究

当幼儿在"拐弯处"倒塌问题上反复失败时，教师通过提问策略逐步引导，首先观察幼儿自主调整，再抛出开放性问题，最后借助半圆形积木工具示范弧线排列技巧。通过搭建思维支架，帮助幼儿从无意识试错转向有目的的探究，使幼儿最终发现骨牌角度与弧线轨迹的关联性。

（2）巧用工具支架，突破操作瓶颈

当幼儿在搭建"爱心"复杂造型时因空间定位困难多次失败，教师及时提供便利贴等辅助工具，引导幼儿通过贴纸描边法确定爱心轮廓。通过物化思维工具帮助幼儿将抽象造型转化为可视化操作路径。幼儿在贴纸边界精准排列骨牌，既解决了图形失真难题，又能直观感知几何对称性，为后续立体组合实验奠定空间认知基础。

（3）情感支持与元认知引导并重

面对多米诺骨牌多次倒塌引发的挫败情绪，教师采用"共情—归因—策略"的支持链，先肯定幼儿努力，再引导分析原因，最后启发制定公约。这种指导方式符合班杜拉的社会学习理论，既维持幼儿游戏热情，又培养其发现问题、调整策略的认知能力。

2．不足的地方

（1）骨牌材料缺乏多样性

幼儿在游戏中用的都是常规骨牌，缺乏弧形、波浪形等异形骨牌、卡扣式骨牌及磁性骨牌等。丰富的材料是幼儿多元表征的基础，单一材料易固化思维，异质化材料组合能激发替代性想象。

（2）未及时点亮教育契机

在本次游戏活动中，教师未及时组织幼儿进行充分讨论和交流，幼儿缺少了总结成功经验和分析失败原因的过程，导致幼儿经验处于未激活的静态模式。教师可以在每一轮游戏结束后，结合幼儿的发言进行总结和提升，帮助幼儿梳理知识和技能，促进幼儿的学习与发展。

活动视频
中班智力游戏活动《趣玩多米诺》

◇ 项目小结

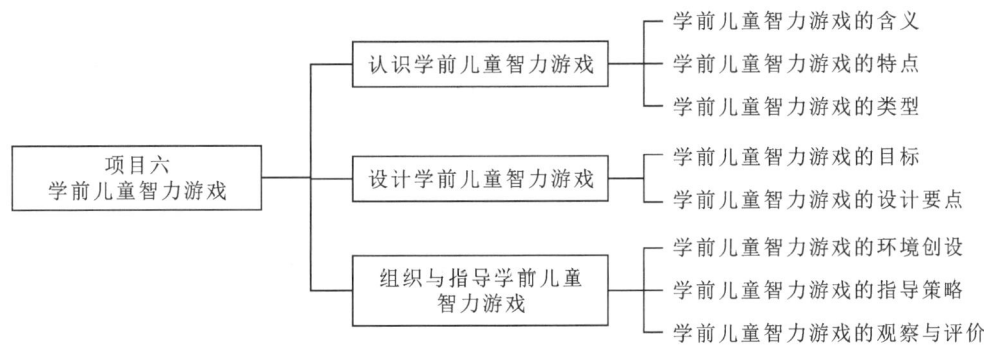

智力游戏是根据一定的智育任务设计的，以智力活动为基础的一种有规则的游戏。智力游戏具有趣味性与益智性、规则性与任务性、竞赛性与挑战性的特点。智力游戏是发展幼儿智力的规则性游戏，包含多种游戏类型，如发展观察力、发展注意力、发展记忆力、发展想象力和发展思维能力的游戏。

智力游戏环境创设需充分考虑不同年龄段幼儿的特点。小班阶段应提供简单易操作的低结构材料，并通过图片形式的规则帮助幼儿理解；中班可引入半结构材料，如迷宫和图形分类游戏，同时划分2～3个独立游戏区域，采用图文结合的规则呈现方式；大班则需投放高结构材料，如棋类游戏和复杂拼图，设立3～4个独立游戏区域，并鼓励幼儿参与制定游戏规则，以提升其自主性和责任感。此外，益智区需设置在安静独立、光线充足的环境中，避免干扰，并通过开放式柜体分隔空间，既便于材料收纳，又利于教师观察幼儿的游戏行为。

教师在指导智力游戏时需分阶段实施策略。游戏前，应根据幼儿的年龄特点编选或设计适宜难度的游戏。游戏中，教师需密切观察幼儿行为，适时提醒遵守规则并引导策略调整，同时关注个体差异，为能力较强的幼儿提供更高难度的挑战，对能力较弱的幼儿则给予更多鼓励和支持。游戏结束后，需灵活把握结束时机，允许未完成任务的幼儿保留结果以便后续继续，并组织整理材料及通过讨论或成果展示强化游戏经验。

教师需全面关注幼儿在智力游戏中的表现，包括对游戏玩法的掌握、规则的执行情况、策略的运用以及任务的完成水平。对智力游戏的观察，可借助记录表系统记录细节，如幼儿是否尝试创造新规则、游戏持续时间等。评价方法需多元化：讨论法可引导幼儿反思策略；操作验证法能极大地提升幼儿的自我效能感；成果展示法则通过公开展示优秀成果，如完成的高难度拼图，激励全体幼儿的参与热情。评价不仅关注结果，更注重过程，例如，肯定幼儿的多次尝试，并通过简化目标降低挫败感。这种多维度的观察与评价既能帮助教师调整游戏设计，也能促进幼儿在游戏中实现认知与社交能力的协同发展。

思考与练习

一、单项选择题

1. 下雨天走在被车轮碾过的泥泞路上，晓雪问："爸爸，地上一道一道的是什么呀？"爸爸说："是车轮压过的泥地儿，叫作车道沟。"晓雪说："爸爸脑门上也有车道沟（指皱纹）。"晓雪的说法体现的幼儿思维特点是（　　）。（选自 2016 年上半年幼儿园教师资格证考试）

A. 转导推理 B. 演绎推理

C. 类比推理 D. 归纳推理

2. 幼儿赛跑、下棋一般属于（　　）。（选自 2020 年下半年幼儿园教师资格证考试）

A. 表演游戏 B. 建构游戏

C. 角色游戏 D. 规则游戏

3. 在玩棋类游戏时，幼儿（　　）的行为最能反映玩具的可玩性。（选自 2023 年下半年幼儿园教师资格证考试）

A. 运用丰富的认知策略 B. 玩棋兴趣持续较长时间

C. 有丰富的肢体表现 D. 玩棋之后不易引发挫败感

二、简答题

1. 学前儿童智力游戏具有哪些特点？

2. 学前儿童智力游戏包含哪几种类型？

三、材料分析题

为了解中班幼儿分类能力的发展，教师选择了"狗、人、船、鸟"四张图片，要求幼儿从中挑出一张不同的。很多幼儿拿出"船"，他们的理由分别是：狗、人、鸟常常是在一起出现的，船不是；狗、人、鸟都有头、脚和身体，而船没有；狗、人、鸟是会长大的，而船是不会长大的。（选自 2015 年下半年幼儿园教师资格证考试）

问题：1. 请结合上述材料分析中班幼儿分类能力发展的特点。

2. 基于上述材料中幼儿的发展特点，教师如何实施教育？

参考答案
思考与练习

实践与实训

【实训一】

结合智力游戏相关理论，任选一个年龄段，为益智区设计一个发展幼儿记忆力的智力游戏。

目的：能根据智力游戏相关理论，结合不同年龄段幼儿的发展特点，设计出适宜幼儿记忆力发展的智力游戏。

要求：游戏方案结构完整、思路清晰。

形式：小组设计游戏方案。

【实训二】

结合有关幼儿园教育见习经历和前文中的智力游戏观察记录表，观察见习过程中的一个学前儿童智力游戏。

目的：掌握智力游戏的设计要点和指导策略，并将其运用于实践。

要求：根据幼儿园教育见习经历，结合 AI 大模型，从游戏玩法的掌握、游戏规则的执行、游戏策略的使用、游戏持续时间、游戏任务完成水平、是否喜欢游戏、是否尝试创造游戏规则等方面观察并分析学前儿童在智力游戏中的行为与表现。

形式：个人观察、记录与分析。

【实训三】

西西在一所托幼机构上班，今年晋升为主班。她所在的葡萄班的年龄均是 3～4 岁。这周的教研会议已经确定了本周的教学主题为动物，需要主班依此主题给在班幼儿设计认知领域活动并实施活动。

目的：掌握认知领域活动设计与实施要点，并在活动设计中融入智力游戏，以促进幼儿认知发展。

要求：请你作为照护者，为葡萄班的幼儿依照教研会议确定的动物主题设计并实施认知领域活动。

形式：个人设计认知领域活动方案并模拟试教。

逐梦 AI 浪潮：梁文峰的创新征程与时代担当

在科技蓬勃发展的时代，梁文峰作为 DeepSeek 的创始人，在人工智能领域留下了浓墨重彩的一笔。

1985 年，梁文峰诞生于广东湛江的一个教师家庭。童年时期，家中丰富的书籍和父母对知识的重视，让他早早对数学和科学产生了浓厚兴趣。中学时代，他就展现出了过人的天赋与强烈的求知欲，不仅轻松掌握课堂知识，还主动探索更高阶的数学领域，初中时便自学完高中数学课程，还常常钻研大学数学教材。这份对知识的热爱与执着，为他日后的学术和事业发展奠定了坚实基础。2002 年，凭借优异的成绩，梁文峰以吴川一中"高考状元"的身份被浙江大学电子信息工程专业录取，正式开启了他在人工智能领域的逐梦之旅。大学期间，他充分利用学校的优质资源，积极参与科研项目，在机器视觉等前沿领域深入探索，积累了丰富的实践经验。2010 年，他顺利获得浙江大学信息与通信工程专业硕士学位。

硕士毕业后，梁文峰另辟蹊径，投身量化投资领域。他从自由职业者做起，凭借扎实的算法知识和敏锐的市场洞察力，逐渐在行业中崭露头角。2013 年，他与浙江大学同学共同创立杭州雅克比投资管理有限公司，2015 年又创立幻方量化。在幻方量化，他带领团队大胆创新，运用 AI 算法颠覆传统投资模式。经过不懈努力，2016 年幻方量化成功推出第一个 AI 模型，实现量化策略全面 AI 化转型。2019 年，幻方量化管理规模突破百亿，成为国内量化私募行业的领军企业之一。同年，梁文峰果断投入 2 亿元创办幻方 AI 公司，自主研发"萤火一号"训练平台，大幅提升了公司的算力水平。

梁文峰深知科技创新的最终目的是造福社会。他积极推动 DeepSeek 技术在多领域应用，在教育领域，助力开发个性化学习方案；在医疗领域，辅助提升疾病诊断效率；在工业制造领域，优化生产流程，提高生产效率和产品质量。此外，他坚持开源理念，将 DeepSeek 的核心技术和模型开源共享，积极参与行业交流活动，分享经验成果，促进企业间合作，为推动人工智能行业整体发展贡献力量。

梁文峰的成功对教育有着深刻启示。在 AI 时代，培养学生学习扎实的知识基础和创新能力至关重要。对于幼儿教师而言，梁文峰的经历是很好的借鉴。在日常教学中，教师要注重保护和激发幼儿的好奇心，为他们创造丰富多样的探索环境，提供各类有趣的学习材料，引导幼儿主动观察、思考和实践。比如在智力游戏活动中，引导幼儿像小科学家一样探索自然现象；在艺术活动中，鼓励幼儿大胆发挥想象，创作独特作品。同时，要培养幼儿勇于尝试、不怕失败的精神，让他们在探索中不断成长。

梁文峰从一个怀揣科技梦想的少年，成长为 AI 领域的杰出企业家，他用自己的经历诠释了创新、坚持和担当的精神。他的故事激励着无数人在各自领域努力奋进，也为幼儿教师培养未来创新人才指明了方向。

项目七　学前儿童音乐游戏

◇ 学习目标

素质目标：树立科学的游戏观，尊重学前儿童在音乐游戏中的自主性和创造性；培养学前儿童感受美、欣赏美、创造美的能力。

知识目标：理解学前儿童音乐游戏的含义、特点及类型；掌握学前儿童音乐游戏的设计要点。

能力目标：能运用学前儿童音乐游戏的指导要点组织与指导游戏活动，能根据学前儿童的身心特点和音乐游戏的目标，设计科学的游戏方案。

◇ 情境导入

午后的阳光洒进星星幼儿园中班的教室，孩子们围在"叮咚音乐谷"的游戏角叽叽喳喳。这里挂满了彩色丝带串起的"声音瓶"——有的装着红豆，摇起来像雨点的噼啪声；有的贴着砂纸，摩擦时发出"沙沙"的树叶声。教室一角立着用纸箱改造的"大树鼓"，树洞上蒙着牛皮纸，拍打时会咚咚作响；地上还散落着荷叶形状的铃鼓、树枝造型的响板。

飞飞蹲在地上，小心翼翼地把黄豆倒进空铁罐，听着"哗啦啦"的声音发出了开心的笑声；旁边的东东却皱着眉，反复用木棍敲打塑料桶，嘟囔着"怎么不像打雷呢？"这时，李老师戴着兔子头饰悄悄出现："听说音乐谷藏着'声音魔法'，小动物们正用不同的节奏找朋友哦！"她轻轻哼起《森林狂想曲》，脚尖在地面点出轻快的"嗒嗒"声。几个孩子立刻跟着蹦跳起来，有的学猫走路，有的学鸭子游泳。明明举起两片贝壳"咔嚓咔嚓"打拍子，可节奏越来越乱，李老师没有打断他，反而举起话筒说："你听，山谷里的小精灵在学你说话！"说着模仿起他的节奏，却悄悄放慢了速度……

当孩子们沉浸在声音探索中时，新的问题悄然浮现：杂乱无章的敲打如何转化为有意义的音乐游戏？简单的模仿怎样升级为创造性表达？教师是该遵循预设的音乐目标，还是追随孩子们偶然迸发的灵感？让我们带着思考，走进音乐游戏的奥秘。

任务一　认识学前儿童音乐游戏

音乐游戏是教学活动中常见的形式，也是幼儿认识世界的一扇窗。著名作曲家卡尔·奥尔夫指出：音乐教育应该从幼儿的自然本性和兴趣出发，通过游戏的方式让幼儿体验音乐。音乐游戏在一日生活中扮演着不可或缺的作用，不仅能增加幼儿对音乐学习的兴趣，而且能提升幼儿的认知和操作水平，促进幼儿的社会性发展。

一　学前儿童音乐游戏的含义

《幼儿园工作规程》强调："以游戏为基本活动，寓教育于各项活动之中。"这一理念奠定了游戏在学前教育中的核心地位。音乐游戏作为领域活动游戏化的具体表现，在引导幼儿感受游戏乐趣的同时，进一步为教育实践提供方向。

音乐游戏是将音乐、游戏两种形式科学结合，在歌曲或乐曲的伴奏下开展的游戏活动。它以音乐为媒介，通过认识美、欣赏美、创造美的审美过程的学习，对幼儿施加教育影响。音乐游戏娱乐性较强，易于接受和理解，是幼儿喜闻乐见的学习方式之一。在音乐游戏中，教师根据幼儿的实际情况和年龄特点，有目的、有计划地引导幼儿充分欣赏和感受音乐，并以自己喜欢的方式，如语言、动作等表达对音乐的理解和感受。一方面，幼儿在快乐、轻松的氛围中能迅速地掌握音乐基础知识；另一方面，充满韵律与节奏感的音乐也对肢体协调与掌控起到良好的调节作用。

二　学前儿童音乐游戏的特点

学前儿童音乐游戏是以音乐为载体、游戏为形式的教育活动，目的在于通过艺术化的互动体验促进幼儿全面发展。同其他艺术活动相比，音乐游戏有着自己的独特性，作为幼儿音乐启蒙的重要途径，其特点主要表现在以下四个方面。

（一）游戏是有音乐的

音乐的实质是通过声音的大小、频率、高低、强弱、快慢等要素，构成音乐的基本表现方式，如旋律、音准、节奏、速度、伴奏织体等，从而达到抒发情感、表现内心世界的作用，所以音乐也是声音的艺术。

音乐是音乐游戏必不可少的一部分，它贯穿于游戏的始终，是游戏的灵魂所在。幼儿借助游戏的方式学习音乐，通过音乐的内容展开游戏。在游戏过程中，他们在音乐的陪伴下感受旋律的起伏、音色的跳跃、情绪的变化，并以乐器或自己的身体为媒介，进一步创造音乐。从游戏的导入到活动的延伸，从认识音乐到欣赏音乐，整个活动都以音乐为核心进行发展和变化，因此音乐性是音乐活动的重要特征。我们一起来看下面这个案例。

　　程老师创设了"雷雨天气，小兔子躲雨"的游戏情境，巧妙引出音乐《夏天的雷雨》。随后，程老师出示"闪电""打雷""大雨"的图片，引导幼儿边听音乐边思考，激励幼儿发挥自身想象力创编动作。当幼儿熟悉内容后，程老师将他们分为两组，一组唱歌词，一组做出对应的动作。游戏结束后，幼儿不仅学会了《夏天的雷雨》这首歌，也体验了动作创编的快乐。

夏 天 的 雷 雨

1=C 2/4

盛璐德　词
马革顺　曲

5 5 5 | 6 6 5 | i i 6 3 | 5 - | 1 1 1 | 5 5 3 | 5 5 4 3 | 2 - |

1.天空中 一闪闪，什么光发 亮？　　天空中 轰隆隆，什么声音 响？
2.一闪闪 一闪闪，闪电光发 亮。　　轰隆 隆 轰隆隆，打雷声音 响。

5 5 5 | 6 6 5 | i i 6 3 | 5 - | 2 3 5 | 5 6 6 5 | 3 2 | 1 - ‖

天空 中 哗啦啦，什么落下 来？　　小朋友 请你快快想 一 想？
哗啦 啦 哗啦啦，大雨落下 来。　　告诉你 这是夏天 大 雷 雨。

（二）游戏是快乐的

　　游戏是快乐的，能给予幼儿愉悦的情感体验。游戏也常常受到不确定因素的影响，这种无法既定的偶然性，使幼儿体验到了意想不到的乐趣。在游戏的世界里，幼儿同物质环境、游戏材料互动，能建立起真实的情感体验及自我控制感。幼儿在游戏中因为需要的满足而获得成就感，他们自娱自乐，通过一遍遍地重复，将有趣的情节保持下去；在游戏过程中，幼儿没有任何心理负担，他们既不用忧虑生活的压力，也不用担心游戏以外的奖惩，游戏让幼儿感到舒适、安全、自由，带给他们快乐的享受。因此，当游戏创造的快乐成为必需时，它的重要程度就不言而喻了。这种特点，在下面的音乐游戏中可见一斑。

　　毛老师引导幼儿搭着肩膀连成"托马斯小火车"在教室绕圈行进，当音乐中出现重音时，所有人立即踩脚喊"轰隆！"，遇到轻快的跳音则松开手单脚蹦跳；中途毛老师突然暂停音乐，举着画有不同表情的卡片（笑脸、哭脸、惊讶脸），幼儿随即用身体动作和即兴拟声表现对应情绪。教师通过即时反应与集体共鸣，让幼儿在玩闹中迸发最本真的愉悦之情。

（三）游戏是阶段性的

　　在设计学前儿童音乐游戏时，要充分考虑幼儿的年龄特点和实际情况。3～6岁的幼儿正处于个体发展的初期，从身体状况到心理认知等方面都发生着剧烈的变化，不同年龄幼儿的操作能力和情绪情感亦存在明显的差异。因此在开展音乐游戏时，一定要围绕幼儿本身所具备的音乐能力，设计不同程度的内容与教学要求。如在歌唱游戏中，小班阶段选择的音乐时间不能过长，旋律应简单明了，节奏单一明快；到了中班，可以逐步扩大范围，选择与生活内容息息相关的歌曲，以及适宜动作表演的音乐素材；大班幼儿的声音条件已相对成熟，对歌曲的特点、曲风、歌词的掌握有了很明显的进步。选曲时，要注重幼儿的审美培养，在掌握二分音符、四分音符、八分音符构成的节奏后，也可学习带有附点节奏和切分节奏的幼儿歌曲（见图7-1）。

图 7-1　大班律动游戏《爱护小树苗》

(图片来自武汉市洪山区巴黎春天乐童幼儿园)

（四）游戏是有序的

音乐游戏蕴藏着外显或内在的规则。正是由于秩序的存在，幼儿才能进入和谐、有序的游戏状态（见图7-2）。自由是游戏的基本特征，但规则却是自由游戏的内核。不管是行为准则还是游戏自身的规则，一旦遭受破坏，就会影响游戏的有序开展。在音乐游戏中，幼儿只有遵守相应的规则，才能保证游戏的顺利进行。基于此，教师可利用音乐游戏的特点，在音乐的熏陶下，引导幼儿带着愉快的心情理解并遵守一日生活常规，培养幼儿遵守规则的能力，提高他们对自我行为的约束力。

图 7-2　大班节奏游戏《柳树姑娘》

(图片来自武汉市洪山区巴黎春天乐童幼儿园)

学前儿童音乐游戏的类型

学前儿童音乐游戏的内容一般包括歌唱游戏、韵律游戏、节奏游戏、音乐欣赏游戏四个主要方面。

（一）歌唱游戏

歌唱游戏是指以唱歌为载体，结合游戏形式开展的活动。旨在通过乐曲引导幼儿掌握基本的歌唱技能，如咬字、发音和呼吸等，发展幼儿用自然、美好的嗓音进行艺术表现的能力。教师在设计歌唱游戏时，可以提前准备一些节奏明快、朗朗上口的幼儿歌曲，在幼儿自由活动时播放，潜移默化地影响幼儿对歌曲的理解。随着时间的推移，幼儿会在音乐的熏陶中自然而然学会歌唱，为后续的游戏奠定基础。需要注意的是，由于幼儿声门短而窄、声带短小细弱、坚韧度较差，容易受到损伤，教师在选择歌曲时，要与幼儿的实际情况相适应。通常，小班幼儿连续唱歌不超过 7 分钟；中班、大班不超过 15 分钟。以游戏《袋鼠妈妈》为例。

小一班李老师设计了一次有趣的歌唱游戏《袋鼠妈妈》。活动开始时，李老师与小朋友们手拉手围成圆圈，随舒缓的歌曲左右摇摆身体，唱到"有个袋袋"时轻拍腰间强化角色代入；随着游戏推进，李老师邀请大胆的幼儿轮流担任"领队袋鼠"，鼓励他们创造拍手、跺脚等新动作，不断提升游戏挑战性。

袋鼠妈妈

$1=C$ $\frac{2}{4}$

| 1 5 3 3 | 1 5 3 3 | 6 6 5 3 | 2 2 3 2 | 6   6 5 |
| 袋 鼠 妈 妈 | 有 个 袋 袋， | 袋 袋 里 面 | 装 个 乖 乖， | 乖   乖 和 |

| 3   3 | 1 2 3 | 3   － | 2 3 5 | 1   － |
| 妈   妈 | 相 亲 相 | 爱， | 相 亲 相 | 爱。 |

（二）律动游戏

律动游戏是音乐游戏活动的一种表现形式，它通过清晰可见的动态形象传情达意，引导幼儿随韵律进行自我表现，用肢体动作再现音乐的情绪和意境，使幼儿在潜移默化的过程中，培养音乐文化艺术的潜质（见图 7-3）。在律动游戏中，幼儿将掌握用身体走近音乐的方法，积累音乐审美体验，开阔音乐的视野。我们来看一个案例。

在小班音乐律动游戏中，宋老师用夸张的虚弱语气引出藏在身后的"懒惰虫"玩偶，带领孩子边唱边做动作——叉腰摇头批评"懒惰虫"，拍打全身、捂肚子弯腰、指嘴巴鼓腮帮模仿疼痛，最后集体抖动身体甩掉"痛"；中间穿插互动环节，宋老师举"肚子""嘴巴"卡片，幼儿快速反应做对应动作，结尾用叉腰踏步和跳跃动作配合口号"不学懒惰虫，锻炼身体棒"，在欢闹中自然传递勤劳积极的寓意。

图 7-3 户外律动游戏《天地龙鳞》

(图片来自武汉市洪山区巴黎春天乐童幼儿园)

懒 惰 虫

1=D $\frac{4}{4}$

1 2 3 3 1 | 1 2 3 3 1 | 1 2 3 3 4 | 3 2 - - |
你 是 懒 惰 虫，你 是 懒 惰 虫，你 的 一 身 都 是 痛，

7 1 2 2 7 | 7 1 2 2 7 | 5 5 5 4 3 | 2 1 - - ‖
又 是 眼 睛 痛，又 是 肚 子 痛，你 的 一 身 都 是 痛。

（三）节奏游戏

节奏游戏是幼儿通过特有的打击乐器，在教师的指导下按照音乐的特点进行配器，通过游戏的方式完成独奏或者合奏的音乐活动（如图7-4）。同歌唱、律动一样，打击乐器也是幼儿表达音乐情感的一种自然、直接的工具，它可以帮助幼儿用运动神经去感觉节奏，逐步形成较为稳定的乐感。来看看下面这个案例。

小班音乐游戏活动《大鼓和小鼓》

武汉市洪山区武南幼儿园童趣园 邬杰

一、游戏目标

（1）愿意参与探索不同节奏的音乐活动。

（2）分辨大鼓和小鼓的声音，尝试用声音的大小表现大鼓和小鼓的不同。

（3）感受鼓声的强弱变化，初步掌握"| ×× | ××× |"的节奏型。

图7-4　亲子音乐课

(图片来自武汉市洪山区巴黎春天乐童幼儿园)

二、游戏准备

(1) 关键经验准备：幼儿一般都见过鼓。

(2) 物质材料准备：大鼓、小鼓各一面，自制课件《大鼓和小鼓》，准备音频《大鼓和小鼓》等。

(3) 环境创设准备：幼儿盘腿坐在座位前。

三、游戏过程

1. 观察大鼓和小鼓，感受它们的不同

(1) 教师：这是什么？它们有什么不一样？

(2) 教师：你会怎么和它们做游戏？谁来试一试？

(3) 教师小结：这是大鼓和小鼓，它们的大小不同，敲一敲，声音也不一样哦。

2. 完整欣赏歌曲，感受大鼓和小鼓的声音特点

教师：大鼓和小鼓分别发出了什么声音？（"咚咚""嗵嗵嗵"）

3. 结合图谱欣赏歌曲，感受大鼓和小鼓的节奏特点。

教师：学大鼓唱歌是什么声音？小鼓呢？谁来敲一敲？（"咚咚""嗵嗵嗵"）

4. 播放音频《大鼓和小鼓》，再次完整欣赏

(1) 提问："你们有什么好办法分清大鼓和小鼓？"

(2) 幼儿自由讨论，再请个别幼儿回答。

(3) 师幼一起跟随音频节奏，拍打椅子进行游戏。

(4) 师幼小结：学大鼓唱歌时，"咚咚"要响一点，慢一点；学小鼓唱歌时，"嗵嗵嗵"，要轻一些，快一些。

5. 活动延伸

(1) 将活动过程中幼儿游戏的视频转发给家长，请幼儿在家表演给家长看。

(2) 在表演区投放大鼓和小鼓、音频、图谱，供幼儿选择游戏。

6. 结束活动

（四）音乐欣赏游戏

音乐欣赏是指以具体音乐作品为对象，通过聆听的方式体验和领悟音乐的真谛，从而得到精神愉悦的一种审美活动。而幼儿的音乐欣赏游戏则是在教师的引导、启发下，通过聆听，进行音乐情感体验，并将体验以游戏的方式进行表达的音乐活动。

在幼儿音乐欣赏游戏的设计中，教师需要巧妙搭建艺术体验与生活经验之间的桥梁。比如，孙老师围绕儿歌《不再麻烦好妈妈》设计的大班游戏活动，通过情景创设，将抽象的音乐元素转化为具象的生活图景。

孙老师围绕儿歌《不再麻烦好妈妈》，设计了一次大班音乐欣赏活动。以"妈妈下班回家"的情景引入，播放歌曲时引导幼儿闭眼想象歌词画面（如穿衣、梳头），随后用毛毯、响板等随音乐节奏自由创编"劳动音效"（如用抖毛毯模仿叠被子、敲响板配"梳头发"的嗒嗒声）；随后将幼儿分为两组，一组用身体动作定格表演"自己穿鞋袜"，另一组用伴唱重复旋律，音乐结束时集体对"妈妈"大声说出"我会照顾自己啦"，将音乐中的温情与独立意识自然融入游戏。

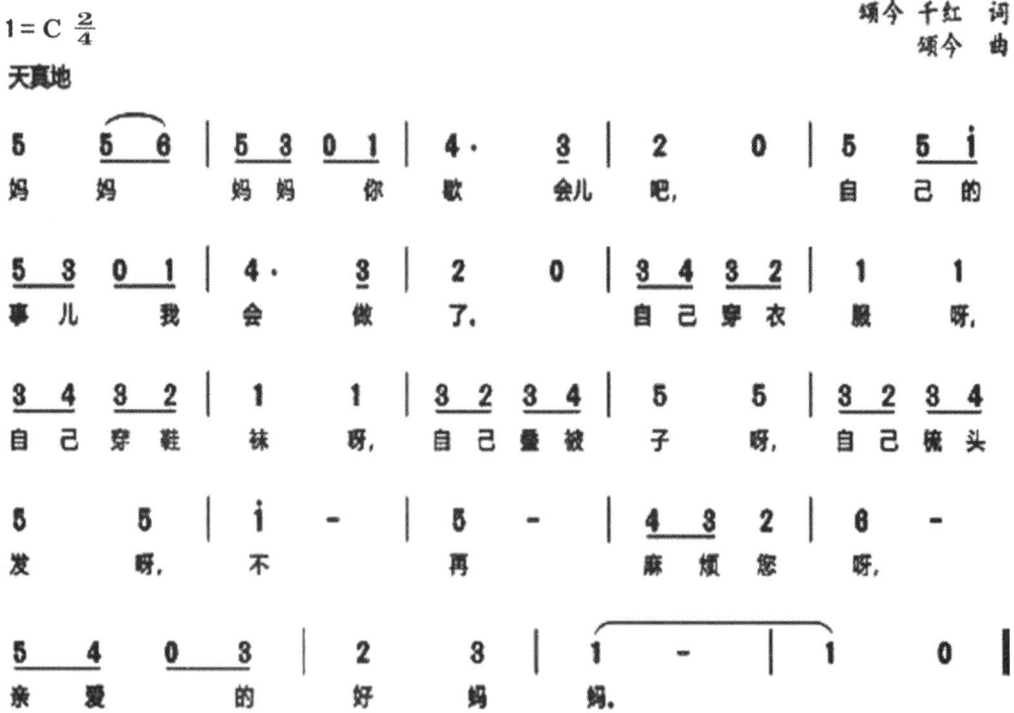

任务二　设计学前儿童音乐游戏

一 学前儿童音乐游戏的目标

在音乐游戏中，学前儿童通过欣赏和感受音乐，并用语言、动作等来表达自己对音乐的理解和感受，激发自身的想象力和创造力，从而获得积极、愉快的情感体验。《3—6 岁儿童学习与发展指南》将学前儿童音乐感知与表现能力的发展目标分为感受与欣赏、表现与创造两方面，具体内容如表 7-1 所示。

表 7-1　各年龄段学前儿童音乐游戏的目标

维度	小班	中班	大班
感受与欣赏	1. 容易被自然界中的鸟鸣声、风声、雨声等声音所吸引。 2. 喜欢听音乐或观看舞蹈、戏剧等表演	1. 喜欢倾听各种好听的声音，感知声音的高低、长短、强弱等变化。 2. 能够专心地观看自己喜欢的文艺演出，有模仿和参与的愿望	1. 乐于模仿自然界和生活环境中有特点的声音，并产生相应的联想。 2. 在音乐欣赏时常常用表情、动作、语言等方式表达自己的理解
表现与创造	1. 经常自哼自唱或模仿有趣的动作、表情和声调。 2. 能模仿学唱短小歌曲。 3. 能跟随熟悉的音乐做身体动作	1. 经常唱唱跳跳，愿意参加歌唱、律动、舞蹈、表演等活动。 2. 能用自然的、音量适中的声音基本准确地唱歌。 3. 能通过即兴哼唱、即兴表演或给熟悉的歌曲编词来表达自己的心情。 4. 能用拍手、踏脚等身体动作或可敲击的物品敲打节拍和基本节奏	1. 能用基本准确的节奏和音调唱歌。 2. 能用律动或简单的舞蹈动作表达自己的情绪或表现自然界的情景。 3. 能自编自演故事并为表演选择和搭配简单的服饰、道具或布景

我们来看看几个游戏目标。

1. 小班音乐游戏活动《小鼓手的音乐会》的目标

（1）体验敲击小鼓的乐趣，对乐器声音产生好奇。

（2）分辨鼓声的"咚咚"和"锵锵"，尝试用拍手和跺脚回应。

（3）愿意轮流敲鼓，感受与同伴互动的快乐。

2. 中班音乐游戏活动《雨滴奏鸣曲》的目标

（1）感知音乐中节奏和力度的变化，联想雨势的大小。

（2）能用身体动作或乐器表现雨滴的强弱与快慢。

（3）在合作游戏中与同伴共同感受"下雨"的快乐。

3. 大班音乐游戏活动《茉莉花》的目标

（1）感受《茉莉花》柔美婉转的旋律，萌发对传统民乐的喜爱之情。

（2）通过音乐联想茉莉花生长、绽放的过程，尝试用动作和道具表现花瓣舒展、随风摇曳的姿态。

（3）合作完成"茉莉花舞阵"，能根据音乐段落变化调整队形。

 二 学前儿童音乐游戏的设计要点

（一）歌唱游戏的设计要点

1. 音乐的选择

教师在组织歌唱游戏前，应充分考虑幼儿身心发展特点，结合游戏目标与要求，选择具有教育意义、节奏明快、富有童趣的歌曲。在游戏开始之前，要引导幼儿熟悉音乐的旋律和蕴含的情感，只有充分地体验、感受，才能在游戏的过程中表达对音乐的独特理解。歌词要尽量挑选与幼儿日常生活相联系的内容，如自然现象、科学常识、动植物、传统节日等，这些都是幼儿喜闻乐见的事物，方便他们理解和记忆，也能激发他们的学习兴趣，从而对作品产生一定的共鸣。由于幼儿肺活量小、呼吸短促，声带发育不成熟，要避免演唱过高或过低的歌曲。

2. 活动准备

活动准备分为经验准备、物质准备、环境准备三方面。教师应对歌曲蕴含的情感和内容进行分析，了解音乐的主旨思想对幼儿艺术能力发展的作用，判断选曲是否适合该年龄段情况。在熟悉音乐的前提下，进一步为歌曲创编适宜的动作。对幼儿来说，教师要在游戏开展前了解他们的歌唱水平、音域音准、吐字情况等。可利用一日活动的过渡环节，播放音乐给幼儿听，提前引导他们感受与欣赏歌曲，为接下来的音乐游戏夯实基础。如小班音乐游戏《小燕子》，教师带领幼儿观察燕子的特征，了解它们的生活习性。除了经验准备，教师要准备好辅助歌唱游戏的音频、视频资料，制作对应的多媒体课件、头饰、贴纸等；选择适宜幼儿活动的、宽敞明亮的教室，必要时创设与音乐游戏相关的主题墙。

3. 活动过程

在游戏的导入部分，建议以幼儿熟悉的生活经验或生活场景为出发点，借助回忆与再现，引起幼儿的共鸣，以此与音乐游戏建立联系。如大班音乐游戏《买菜》中，教师通过提问"你去过菜市场吗？""和谁一起去的？""买过什么菜？"，引导幼儿回忆和家人买菜的经历，进一步理解歌曲的内容。游戏进行时，教师要构建开放包容的教学场景，重点引导幼儿通过自主参与激发创造力和想象力。通过创设沉浸式音乐情境，将技巧指导转化为自然渗透的隐性教育。游戏实践可遵循以下方式，如营造轻松愉悦的氛围，将大多数时间交由幼儿自主支配，使其通过音乐互动自然发展听觉感知与情感表达能力；依据幼儿认知发展规律，灵活运用歌曲二度创作策略，通过调整歌词内容、变化节奏形态或简化旋律线条等方式，使音乐素材更契合不同年龄段幼儿的接受水平，从而提升幼儿的参与兴趣。

4. 教育建议

小班幼儿无意注意较为突出，面对新的刺激时很容易转移注意。游戏前尽量不预设固定的教学目标，给予幼儿充足的时间、空间去探索。到了中班正确把握音准是较为困难的活动目标，走音的现象时有发生。教师需要在中班幼儿的歌唱游戏中有目的、有意识地加入旋律感的练习，帮助幼儿形成音高的概念，发展幼儿的音乐感受力和表现力。大班音乐游戏不能只聚焦于教师的讲授和示范，应根据幼儿的思维特点，引导其在游戏中学习音乐，在音乐中感受快乐。活动结束后，可以组织幼儿对游戏活动做出一定的自我评价。

活动案例
音乐游戏《小猴真淘气》

（二）律动游戏的设计要点

1. 音乐的选择

在开展韵律活动时，音乐选择需遵循幼儿身心发展规律与艺术表现特点。具有鲜明形象特征与趣味性的音乐能有效引发幼儿的肢体表达，其中节奏明快、结构清晰的旋律更有利于幼儿建立动作与音乐的对应关系。教师应当优先选择段落对比度较高的乐曲，帮助幼儿通过动作差异呈现不同乐段的音乐特征。如中班律动游戏《走路》中，小兔子走路"蹦蹦蹦跳"，小鸭走路"摇啊摇啊摇"，小乌龟走路"慢吞吞"，小花猫走路"静悄悄"。

小班初期宜选用节奏舒缓的乐曲配合肢体动作，待动作协调性提升后过渡到中速音乐；随着动作控制力的发展，可逐步引入变速音乐元素，包括渐快、渐慢或突变的节奏形态（见图7-5）。音乐时长需符合幼儿注意力持续时间，必要时可通过合理剪辑优化音乐结构，确保幼儿能在有效时间内完成音乐理解与动作表现；在音乐类型选择上，应遵循年龄递进规律，小班以基础性童谣和传统音乐为主，中班逐步融入民族特色鲜明的本土音乐，大班则可拓展至具有地域特征的异国音乐及积极健康的成人音乐片段，逐步构建多元音乐认知体系。

2. 活动准备

教师应对音乐作品进行全面解析，涵盖主题思想、艺术特色、叙事脉络及角色特征，结合幼儿发展规律编排适宜的动作。要熟练掌握乐曲演奏与伴唱技巧，确保动作展示流畅自然，实现肢体语言与音乐节奏的有机统一；进一步把握核心教学要点，通过身体律动展现节奏稳定性，根据乐曲结构设计对应动作；引导幼儿在遵守活动规则的前提下完成集体协作表演。在物质准备上，需提前配置完整的律动游戏材料，涵盖音频素材、辅助教具、表演服饰、乐器设备等。鉴于律动游戏教学的空间需求，应合理规划活动场地并营造主题情境。

图 7-5　律动音乐游戏

（图片来自武汉市洪山区武南幼儿园童趣园）

3. 活动过程

律动游戏设计应围绕幼儿动作发展规律，从感知音乐、动作探索、创意表达逐层推进。游戏导入时，可通过故事、游戏或生活化情境激发兴趣，借助具象化道具或场景帮助幼儿建立音乐与动作的联系；游戏中以阶梯式任务设计引导幼儿由模仿基础动作逐步过渡到自主创编，融入节奏感知、空间方位变换及同伴协作等元素，注重个体差异与集体参与的平衡；后期在培养规则意识的同时保留创造空间，鼓励幼儿结合生活经验进行个性化表达。活动中需兼顾动静交替、难度递进与情绪流动，教师以支持者身份通过示范、语言引导和动态反馈促进幼儿的身体协调、音乐感知、社会交往等多维能力的发展，最终实现"玩中学、动中悟"的教育价值。

4. 教育建议

小班幼儿的动作开始进入分化阶段，既可以进行如点头、拍手的上肢动作，也能掌握走、跑、跳等下肢动作。在这个阶段，幼儿已经具备合作协调的意识，往往能根据音乐的特点，自发地跟随音乐做出对应动作。教师要充分理解、信任幼儿，激励他们大胆进行创作，针对不同幼儿的动作能力差异设计科学、适宜的律动游戏。可采用不移位替代动作（手代脚）—不移位下肢动作—站立位上肢、下肢动作—移位、完整做动作四层次动作教学法引导幼儿学习动作。[①] 中班幼儿复合动作逐步发展，协调性亦有了显著的提高，他们能跟随音乐不断调整舞蹈动作。教师可巧妙运用语言提示，引导幼儿学会独自听节拍做动作。如《小鱼跳高》游戏中，教师可不做示范动作，借用形象的语言辅助教学，如"摇尾巴，摇尾巴，小鱼一起摇尾巴""吐泡泡，吐泡泡，小鱼一起吐泡泡"。大班幼儿在自如变化上下肢动作的同时，创造性能力明显增强，即使是相同的音乐，也能做出区别于其他幼儿的动作。教师不能过多干涉或提供示范动作，而应启发幼儿根据自身对音乐的理解及日常生活的观察，将已有经验同音乐相匹配，用动作表现对音乐的感知和理解。必要时，可以借助头饰、动物手偶、水果卡片等，提高幼儿完整表演的兴趣。

---

① 陈金菊. 学前儿童艺术教育［M］. 长春：东北师范大学出版社，2014：109.

活动案例
音乐游戏《我想变成彩色鱼》

（三）节奏游戏的设计要点

1. 音乐的选择

音乐是节奏游戏的灵魂，其选择需兼顾幼儿的认知水平与兴趣特点。幼儿的听觉神经发育尚不完善，因此音乐的节奏需清晰、稳定且重复性强，便于幼儿捕捉节拍规律；音乐内容应贴近生活场景，例如自然音效或动画片主题曲，可以通过熟悉的意象激发参与热情。此外，速度与时长需科学把控。中速音乐既能避免因节奏过快导致动作混乱，又能防止节奏过慢削弱幼儿兴趣；单曲时长建议控制在1～3分钟，既满足节奏训练目标，又增强趣味性。

2. 活动准备

充分的准备是活动顺利开展的基础，需从物质、环境与教师三方面统筹规划。物质层面，需提供安全、多元的操作材料，可将基础打击乐器与生活替代品相结合，启发幼儿的创造力。环境布置需兼顾功能性与情境性。例如，通过铺设软垫保障安全，利用动物贴画、彩带等打造"森林恐龙"主题场景，帮助幼儿沉浸式参与。教师要提前熟悉音乐结构与节奏型，预设分层目标，并通过预演确保示范动作的准确性。例如，在音乐游戏《拍手歌》中，教师可提前绘制符号图谱，标注拍手与跺脚节点，为幼儿提供直观指引（见图7-6）。

图7-6　音乐游戏图谱展示
（图片来自武汉市洪山区巴黎春天乐童幼儿园）

3. 活动过程

活动过程需遵循"渐进式体验"原则，初始阶段通过身体律动，如拍肩、踏步，配合短儿歌进行热身，激活幼儿的节奏本能；随后以情境导入激发动机，借助提问"这段音乐像大象走路还是小兔跳？"引导幼儿倾听与联想。基本环节需平衡模仿与创造，先通过分解示范让幼儿掌握基础节奏型，再利用游戏深化理解，最后鼓励幼儿用乐器或身体部位创编节奏。结束阶段需安排舒缓活动，帮助幼儿平复情绪。

4. 教育建议

节奏游戏（如图7-7）的设计要尊重个体差异，对能力较弱幼儿可简化任务，对能力强者可引入"小指挥"角色或即兴创编；注重多感官协同，例如将听觉、触觉、动觉与视觉结合，促进大脑开发；强化贴近生活，引导幼儿关注心跳、钟表等日常节奏，甚至用厨房厨具创作"家庭打击乐"，深化学习迁移。同时需建立清晰规则，强调乐器使用安全，如"敲鼓心，不敲鼓边"，控制音量保护听力。

图7-7　节奏游戏

（图片来自武汉市洪山区武南幼儿园童趣园）

小班音乐游戏活动《棒棒糖》指导案例

武汉市洪山区武南幼儿园童趣园　张勇香

一、游戏目标

（1）对乐曲感兴趣，喜欢与同伴一起参与音乐活动。

（2）感受音乐中强与弱的节奏特点。

（3）能够随着音乐的变化进行身体律动。

二、游戏准备

（1）关键经验准备：幼儿都吃过棒棒糖。

（2）物质材料准备：音乐《棒棒糖》、各种乐器。

（3）环境创设准备：幼儿盘腿坐在座位前。

三、游戏过程

（一）故事情境导入，激发兴趣

教师：小朋友们，老师昨天晚上做了一个梦。在梦里，我发现了一个大棒棒糖！一个小精灵飞到我的耳边悄悄告诉我，只要我说出一句"魔法咒语"，棒棒糖就会变成一个乐器。小朋友们，这句"魔法咒语"就藏在一首歌里。今天想邀请你们和老师一起去寻找这句"魔法咒语"！小朋友一定要仔细找哦！

（二）基本部分

1. 第一次完整聆听歌曲

（1）完整聆听歌曲，并提问：小朋友们，在这首歌里你们听到了什么？

（2）幼儿自由表述，教师小结。

2. 第二次完整聆听歌曲

（1）在欣赏音乐时教师跟随音乐做动作。

（2）请幼儿大胆表述。

（3）聆听、唱出"魔法咒语"，"啦哩啦哩啦哩啦哩啪啪啪"。

师：小朋友们，刚才我们一起找到了这句"魔法咒语"，让我们一起把它说出来吧！

3. 第三次播放歌曲，带领幼儿一起进行律动

师：现在我们跟音乐宝宝一起玩吧！当小朋友听到"啪"的时候拍手，"啪"有几次就拍几下手。引导幼儿拍出正确节奏，也可以尝试用身体部位打节奏。

4. 乐器演奏

（1）打开音乐《棒棒糖》，为幼儿分发各种乐器。

（2）歌曲演奏，播放歌曲，幼儿和教师一起演奏。

（三）结束部分

（1）请小朋友依次将乐器送回指定位置。

（2）请小朋友说一说今天参加活动的感受。

（四）音乐欣赏游戏的设计要点

1. 音乐的选择

音乐欣赏游戏的本质是通过听觉体验触发幼儿的审美感知与创造性想象，因此音乐的选择需以幼儿的认知规律与情感需求为基准。幼儿处于具象思维阶段，需要借助具体意象理解抽象声音。例如，《水族馆》通过钢琴与弦乐的流动音型模拟水波光影，其空灵音色能自然引发幼儿对"游鱼""水草"等形象的联想，使幼儿在脑海中构建视觉化场景。同时，教师也应考虑音乐的文化性，例如，中国民乐《茉莉花》的婉转旋律与西方古典乐的明快节奏形成对比，可帮助幼儿初步感知多元文化中的情感表达差异。此外，小班宜选择短小循环的乐句，中班、大班可逐步引入 ABA 等简单曲式，避免复杂变奏干扰幼儿对音乐整体情绪的捕捉。

2. 活动准备

环境设计需遵循"沉浸优先"原则。柔和的灯光、软垫围合的"表演区"与投影仪创造的动态背景，能有效屏蔽外界干扰，将幼儿注意力聚焦于听觉体验。材料选择需服务于多感官联动，例如，聆听《夏天的雷雨》时，教师可预先准备鼓棒模仿雷声节奏、蓝色渐变卡纸表现闪电的视觉冲击，通过触觉、动觉与视觉的协同深化音乐理解。

3. 活动过程

教师应将抽象音乐转化为幼儿可操作的经验。游戏导入时，通过创设情境促使幼儿闭眼静听，帮助他们用肢体动作外化初听感受，初步建立音乐与身体经验的联系；游戏过程中，聚焦音乐的关键元素，选择对比明显的片段，引导幼儿进行旋律欣赏，进而用跺脚、拍腿等动作模仿音乐内容。

4. 教育建议

音乐欣赏游戏的核心在于将幼儿的个体经验转化为审美成长的阶梯。当幼儿聆听儿歌《种太阳》并形容"这首歌像在撒种子"时，教师不用急着否定孩子们的具象联想，可通过追问"种子是轻轻撒下去的还是用力抛出去的？"，引导他们关注歌曲中"轻快跳跃"的节奏特点，进而自然渗透对"节拍""力度"等音乐要素的感知。此外，教师可尝试将音乐元素认知融入日常生活，通过记录幼儿在不同活动中对同一乐曲的反应变化，如从单纯蹦跳到能用"开心""担忧"等词汇描述情绪，分析其审美感知力的进阶轨迹，进而调整曲目难度与活动形式。

活动案例
中班音乐游戏《赛龙夺锦》

任务三　组织与指导学前儿童音乐游戏

一　学前儿童音乐游戏的环境创设

（一）区域布局

音乐游戏的区域布局需兼顾功能性与教育性，以幼儿参与和体验为核心。音乐区应设置在宽敞明亮的公共区域或半开放的走廊转角处，确保幼儿有充足的活动空间，建议舞台直径不小于 3 米。根据"动静分区"原则，将音乐区与阅读区、美工区等安静区域保持适当距离，避免声音干扰。舞台可设计为可拆卸的结构，搭配移动式背景幕布，既能适应歌舞、故事剧等不同表演形式，又能实现与建构区、户外场地的灵活联动。例如，将舞台延伸至户外草坪，可开展自然情境下的音乐律动游戏；在舞台边缘标注彩色地标线，帮助幼儿区分表演区与观众区，培养空间秩序感。

（二）区域环境设计

环境设计需以激发幼儿表演欲望为目标，注重实用性与情境感。舞台背景可采用可调节高度的布艺帷幕，配合磁性贴片让幼儿自主更换场景；墙面设置音乐元素互动墙，悬挂可触摸的节奏图谱，用扭扭棒排列四分音符、用毛线编织休止符。地面铺设防滑地垫，既保证安全又可通过不同颜色划分功能区。灯光设计方面，建议使用柔和的暖光灯，搭配可变化的彩虹投影灯，让幼儿在表演中感受光影与音乐的互动。

（三）材料投放

材料投放需体现层次性、开放性和文化渗透性（见表7-2）。小班幼儿发展特点：动作协调性较差，注意力持续时间短，喜欢模仿和重复性活动，需注重感官体验和基础节奏感培养。中班幼儿发展特点：动作更协调，合作意识萌芽，能理解简单规则，可尝试组合节奏与动作。大班幼儿发展特点：具备较强协调性和创造力，能合作完成复杂任务，可尝试音乐创编。

表 7-2　音乐游戏材料投放

年龄段	材料投放
小班（3~4岁）	沙锤、手鼓、铃鼓、响板、串铃、木鱼、蒙氏听觉筒、彩色音乐图谱卡片、纱巾（能随音乐飘动）、动物手偶、卡通音乐故事绘本
中班（4~5岁）	八音按钟、玻璃杯音阶、方木梆子、碰铃、三角铁、节奏图谱转盘、情绪音乐卡片、身体打击乐图谱
大班（5~6岁）	卡巴萨、大鼓、非洲鼓、瓶子琴、玩具钟、铝板琴、空白五线谱磁贴板、声音采样器

所有材料存放于90厘米以下的开放式矮柜，使用图片标签分类，鼓励幼儿自主取用。特别设置"音乐百宝箱"，收集瓶盖、竹筒等生活材料，供幼儿制作简易乐器，践行"生活化音乐教育"理念。

（四）区域管理

建立"幼儿参与式"管理模式，培养责任感与规则意识。实行"音乐小管家"轮值制度，每日由2名幼儿负责乐器归位、服装整理；使用可视化登记表（贴照片的签到墙）记录参与情况。每月开展"道具医院"活动，引导幼儿修补破损乐器，如用胶带固定松动的鼓皮。卫生管理方面，服饰类每周紫外线消毒，接触式乐器每日用酒精湿巾清洁，头发饰品单独存放于透明防尘袋。

活动视频
音乐游戏《溜小猪》

二　学前儿童音乐游戏的指导策略

谈到学前儿童音乐游戏，我们会把"儿童、音乐、生活、快乐"这些关键词联系在一起，即学前儿童的音乐游戏应该贴近他们的生活，他们的音乐游戏应该是快乐的。在学前儿童的生活中"玩"是核心内容，也是他们最快乐的事情，音乐与儿童生活、与童年世界最密切相关的就是"音乐是用来玩的"。因此，组织学前儿童音乐游戏强调"玩"的形式和内涵，要在理解的基础上，满足他们的音乐感受与表达的需要。在生活内容中找到音乐元素，带领学前儿童"玩音乐"和把音乐变成能玩的内容就成为教师应该掌握的本领。

（一）游戏前的准备

幼儿对音乐的认知源于对日常声音的敏感捕捉，教师需引导幼儿建立联结网络。例如，在晨间谈话中组织《声音猜猜乐》游戏，让幼儿闭眼辨识录制的环境声，如炒菜声、风声、脚步声，并用手臂起伏表现声音的强弱变化；在户外活动时开展《节奏追踪者》游戏，用拍手节奏模拟落叶的飘动。这些活动并非单纯的声音识别训练，还能帮助幼儿在身体运动中内化音乐的抽象元素。同时，家园共育在此阶段尤为关键，教师可设计声音任务，指导家长与幼儿共同收集生活中的各种声音，用贴纸或简笔画记录声音特征，形成个性化的音乐素材库。

环境是幼儿的第三位老师，游戏环境的层次决定了音乐探索的深度。教师可将教室转化为可触摸的音乐实验室，在教室角落设置"声音发现站"，摆放不同材质的物品，如筷子、钥匙、不锈钢杯、木盒、玻璃瓶，让幼儿自由敲击并比较音色差异。小班以单一功能的乐器为主，满足基础节奏探索需求；中班、大班逐步引入多声部乐器，并搭配动物脚印卡表示节奏型，帮助幼儿将抽象乐理转化为具体的事物。

（二）游戏过程中的指导

当幼儿步入音乐游戏之中，教师的角色自发由组织者转为合作者，应尽量避免直接指定内容，而是通过音乐激活幼儿的联想。例如，在音乐游戏《野蜂飞舞》中，教师直接抛出开放式问题："这段音乐让你想到什么动物？"在幼儿用身体动作回应后，逐步引导他们将个体表达转化为集体叙事；通过前期观察记录，为每个幼儿建立音乐行为档案，据此建议适配角色，更有针对性地指导幼儿的发展。

游戏深化阶段，教师的介入要润物细无声。幼儿停留在重复性敲击时，教师可以在相邻区域用钢琴弹出问答式旋律，激发音高探索；当合作演奏出现混乱，能善用情境创设法，既维护幼儿的游戏主权，又隐含教育目标。音乐游戏的实质也是规则游戏，教师理应创造性运用音乐元素将外在规则转化为内在的游戏逻辑。如使用进行曲《小海军》作为玩具整理倒计时提示。

小 海 军

1=D 2/4
自豪地

常福生 词
柴本尧 曲

（三）游戏结束后的指导

　　游戏收尾时机的把握直接影响幼儿的游戏体验。教师应敏锐捕捉幼儿兴趣曲线的拐点，在音乐情节发展到自然段落或幼儿创作表现达到高潮时，运用音乐化语言实现自然过渡。通过听觉信号与角色扮演的双重引导，让幼儿在音乐情境中理解活动即将结束。对于不同年龄段的幼儿可采取差异策略。小班宜采用具象化信号；中班可设计互动性口令，师幼以固定节奏对答完成收尾仪式；大班则可引入音乐倒计时，如用五声音阶下行旋律提示剩余时间，既保持游戏趣味又渗透音乐素养培养。

　　整理环节是培养责任意识与审美能力的重要契机。教师可将音乐元素融入整理过程，使常规培养升华为艺术体验。例如，设计《送乐器回家》，引导幼儿根据乐器材质分类归位，在哼唱整理歌谣中建立音色辨别能力。小班重点通过拟声游戏建立收纳意识；中班强化分类整理中的合作意识；大班则可鼓励幼儿自主设计音乐收纳方案，在创编节奏指令的过程中发展创造力。

音频资料
中班音乐游戏《小老鼠和泡泡糖》

 ## 学前儿童音乐游戏的观察与评价

　　充分的观察是判断音乐游戏是否取得有效性的前提和保证。游戏是幼儿活动的基本形式，幼儿的音乐游戏行为直接反映出幼儿音乐能力发展水平。因此，对音乐游戏展开观察与记录，能够为科学指导幼儿音乐游戏提供依据，帮助教师及时发现游戏设置中存在的问题，促使游戏方案不断优化和完善，提高教师教育教学能力。

（一）观察的内容

1. 游戏材料

　　游戏材料要充足，难度要适宜，能用于不同音乐水平的幼儿；投放材料时，应遵循安全、卫生、绿色环保原则；尽量不要投放容易引发矛盾的材料，避免发生争抢现象；当发现部分材料不受幼儿喜爱时，要及时更换调整；还要重点观察材料的比例和层次是否对应幼儿的身心发展水平。请看以下案例。

　　　　小太阳幼儿园在开展《魔法音乐会》游戏时，张老师为增加趣味性投放了限量卡通手摇铃和数量不均衡的纱巾，其中粉色纱巾仅2条，天天、明明因争夺最后一条粉色纱巾发生了推搡行为，点点将蓝色纱巾当作追逐打闹的披风，混乱中还碰倒了音乐设备。张老师紧急暂停活动后，通过更换统一样式的手环、皱纹纸条等教具，引导幼儿自主用普通纱巾装饰，最终顺利完成了游戏。

2. 游戏时间

游戏时间的长短直接影响着音乐游戏的质量。在一个完整的音乐游戏中，幼儿选择乐器、制作图谱、创编音乐节奏都需要占用一定的时间，如果游戏时间过短，必然会出现刚进入游戏状态就被迫中止的现象，导致音乐游戏仅仅浮于表面，剥夺幼儿的游戏权利和体验。因此，教师需预留出相对集中的游戏时间来保证音乐游戏的开展。我们来看看这个案例。

> 大一班赵老师为保证后续户外活动时间，将 20 分钟的音乐游戏压缩至 8 分钟。孩子们刚戴上头套、拿起乐器探索节奏，游戏就被强制结束：东东还没敲完非洲鼓，露露的指挥棒也没来得及用，举着串铃的小光满场乱跑不肯停。孩子们都觉得"游戏刚开始就没了"。

3. 游戏环境

游戏场地的安排是否安全合理，如有无浪费的地方或过于狭窄的区域；设施是否牢固无隐患；游戏场地的过道是否一目了然，是否有路线、标注，边界是否清晰明确；是否会干扰其他幼儿的游戏；是否方便沟通和交流，这些都是观察者需要重点研究的地方。

4. 游戏主体

要从情感、认知、技能等方面出发，观察幼儿的身心发展特点。例如，幼儿对游戏感兴趣吗？专注程度如何？情绪是否积极向上？能够坚持进行游戏，还是经常出现发呆、心不在焉的现象？是主动参与游戏，还是被动参与游戏？遇到困难的时候是如何解决的？在游戏的过程中，能爱护音乐教具，遵守游戏规则吗？在游戏中表现出来的社会交往水平如何？在游戏中表现出的组织能力如何？等等。

实施教育，观察先行。幼儿是音乐游戏的主体，教师需要在充分观察后，作出正确的判断，从而实施有效的教育策略。

5. 教师指导

例如，是否设置了完整的游戏环节，避免幼儿过度等待？是否给予幼儿充分的选择，让幼儿自主决定音乐类型和同伴？是否掌握了良好的介入时机和指导方式？是否与配班教师之间有效沟通、友好合作？一言以蔽之，音乐游戏具有强烈的感染性，教师要为幼儿创设宽松、和谐的游戏氛围，建立平等、民主、亲切的师幼关系，减少高控的要求和强制的规则，避免出现斥责的语言。

拓展资源
大班亲子音乐游戏《章鱼和小鱼》

（二）观察的方法

1. 整体性观察法

该方法强调在自然情境中全面捕捉幼儿的行为表现。教师需将观察视野覆盖音乐游戏的全过程，既关注群体活动的整体氛围，又注意个体幼儿的独特反应。观察重点包括肢体动作的协调性、音乐要素的敏感度、表情变化的丰富性以及语言互动的有效性，同时记录幼儿对游戏规则的适应程度和创造性表现。通过全景式观察建立对幼儿音乐游戏能力的整体认知，尤其注意音乐与游戏双重元素的结合状态。

2. 动态分析法

由于音乐具有时序性特征，教师应追踪幼儿在节奏变化、旋律起伏时的即时反应，分析其动作与音乐要素的对应关系。重点观察幼儿如何通过身体动作诠释音乐特质，以及在游戏规则变化时的适应性调整。该方法要求观察者同步记录音乐结构变化与幼儿行为表现的时间对应关系，从而揭示音乐感知能力与动作协调能力的发展水平。

3. 定人不定点法

该方法指观察者事先需选定1～2个幼儿作为观察对象，重点观察他们在音乐游戏中的表现和活动情况。幼儿前往哪里，观察者需追随到哪里。适用于了解个别幼儿在游戏全过程中的情况，掌握其音乐游戏发展水平。

教师可运用路线示意图标记被试幼儿在游戏场地中的移动轨迹，随后采用过程性记录方法对游戏行为进行多维度描述。观察过程中需保持自然观察距离，通过同步位移完整捕捉幼儿游戏行为的全部反馈。

4. 互动观察法

教师在观察过程中需特别关注师幼互动、同伴互动及角色扮演行为，分析幼儿如何运用音乐元素进行情感交流与规则协商。观察要点包括合作游戏中的分工合作、音乐信号的理解运用、冲突解决策略等。要通过观察幼儿在音乐情境中的社会性行为，评估其情感表达能力与集体意识的发展水平。

（三）评价方法

学前儿童音乐游戏的评价应立足幼儿发展规律，构建动态化、个性化的评估体系。教师在评价中需融合观察与引导，以"情感发展""认知与技能""社会性发展"为核心维度，通过游戏主题的自主性、情节创编的丰富性、音乐材料的创造性使用及角色互动质量等具体指标，在真实游戏情境中捕捉幼儿的发展轨迹。按照评价主体的不同，学前儿童音乐游戏的评价方法可分为自我评价法、他人评价法。

1. 自我评价法

自我评价法是指教师对自己组织、实施的学前儿童音乐游戏进行科学分析，进而得出结论的方法。自我评价法简单直观、易于操作，能于一段时间内连续使用，在发挥个人主观能动性的同时，增强教师的自省意识。自我评价法能让教师清晰感知自身存在的不足，为改进提供明确方向，从而有效提升教师的教学能力，促进教师专业成长。需注意的是，该方法是教师的自我评价，容易出现评价过高或者过低的现象，从而影响最终结果的客观性。

2. 他人评价法

他人评价法是指由不参与教学活动的第三方（比如园长、其他教师或外面的专家）对音乐游戏情况进行观察、分析并给出意见的方法。这种方法一般通过听课、讨论课来操作，要求评价的人既懂专业知识又有实际经验。它的优点是评价结果更公正，能减少个人主观判断的误差，防止教师自己过高或过低评价教学效果，还能让好的教学方法更快分享出去。由于需要组织多方专业人员协同工作，该方法存在较高的人力资源成本，故不适宜作为常规性评价手段频繁使用。

学前儿童一般游戏行为评价量表如表 7-3 所示。

表 7-3 学前儿童一般游戏行为评价量表[①]

项目	等级标准及分值	得分	项目评分
参与游戏的主动性	1. 不参与游戏。（1分）		
	2. 在他人的带领下参与游戏，兴趣一般。（2分）		
	3. 主动参与自己喜爱的游戏，兴趣较强。（3分）		
	4. 积极、主动地参与各种游戏，能想办法、出主意，兴趣浓厚。（5分）		
人际交往能力	1. 无人际交往。（1分）		
	2. 被动开展人际交往。（2分）		
	3. 主动开展人际交往。（3分）		
	4. 积极、主动地开展人际交往，并与同伴共同解决游戏中出现的问题。（5分）		
自主能力	1. 无自主能力，听从别人的安排。（1）。		
	2. 会参与商量分配角色或任务。（2分）		
	3. 能主动出主意、想办法解决游戏中出现的问题。（3分）		
	4. 能自主开展游戏，并带领别人玩游戏或教别人玩游戏。（5分）		
专注程度	1. 游戏项目变换频繁或游戏中时常开小差。（1分）		
	2. 易受环境、材料或他人的影响而变换游戏，或打乱自己的节奏。（2分）		
	3. 能在基本完成一项游戏后再变换游戏或不易受到他人的影响。（3分）		
	4. 能变换不同的玩法，始终坚持一项游戏。（5分）		
遵守规则	1. 不遵守规则，不爱惜或乱丢游戏材料。（1分）		
	2. 有时能遵守规则，较爱惜游戏材料，能在教师的提醒下收拾游戏材料。（2分）		
	3. 基本能遵守游戏规则，会主动收拾游戏材料。（3分）		
	4. 认真遵守规则，爱护游戏材料，会按类别整理游戏材料。（5分）		
材料使用情况	1. 不会使用材料或简单、重复地操作材料。（1分）		
	2. 能够正确地使用材料，但不熟练。（2分）		
	3. 能够熟练地实施常规玩法。（3分）		
	4. 材料运用充分，玩法多样、复杂。（5分）		
总体评价			

---

① 刘宇，杨洋，罗金艳. 学前儿童游戏指导［M］. 2 版. 镇江：江苏大学出版社，2021：213-214.

活 动 案 例

中班音乐游戏活动《"音"趣之旅》

武汉市洪山区武南幼儿园童趣园　郑婧

一、游戏背景

春日暖阳下，春萌节的幼儿园里洋溢着生机与欢乐。班上的孩子们在老师带领下开启了一场充满趣味的春日探索之旅。漫步在园区，他们侧耳倾听，清脆悦耳的鸟鸣从树梢传来，树屋里小鸡叽叽喳喳的叫声也格外欢快，孩子们沉浸在春天独有的声音世界里，感受着大自然的美好馈赠。

突然，黄睿琳不小心触碰到了放在一旁的瓶子，"砰砰"的声响瞬间吸引了孩子的目光，大家围过来，好奇地打量着瓶子。"为什么瓶子会发出声音？""轻轻敲和用力敲声音好像不一样！"孩子们你一言我一语地讨论起来，由此发现原来生活中看似普通的瓶子，也能成为"演奏家"。这一发现如同一颗石子投入平静的湖面，激起了孩子们对声音探索的无限热情。"除了瓶子，生活中还有什么物品可以发出声音？"带着这样的疑问，孩子们纷纷行动起来，随着收集的声音越来越丰富，孩子们的创意也不断涌现。一场热烈的讨论过后，大家不约而同地提议："我们用这些声音来办一场特别的音乐会吧！"于是，一场"美妙的声音"音乐会构想就此诞生，孩子们化身为小小音乐家，用奇妙的声音编织出属于他们的音乐故事（见图1至图11）。

二、游戏过程实录

片段一：奇妙声音大探寻

在自由探索环节，突然，"砰砰"的声响打破了片刻的宁静。原来是黄睿琳不小心触碰到了放在一旁的瓶子。

问题1：瓶子可以发出什么声音？

黄睿琳：好神奇，瓶子也能发出声音。

司苏阳：把瓶子加点水是不是可以发出声音呢？

司苏阳：感觉声音和之前不一样，更好听了一点点。

老师：除了加水，还能加点什么呢？

江逸凡：加点石头试试吧。

彭忆慕：真的有声音，是"咚咚"的声音。

老师：除了加入石头，还能加点什么呢？

司苏阳：我知道，还可以加沙子，我们玩的沙子。

老师：那是什么样的声音呢？

黄睿琳：和之前不一样，是"沙沙"的声音。

问题2：生活中还有什么物品可以发出声音？

老师：你们好厉害，一个小小的瓶子可以发出这么多的声音，除了瓶子，生活中还有什么物品可以发出声音？

刘颖霖：奶粉罐也能发出声音，哐哐哐。

司苏阳：桌子也能发出声音，砰砰砰。

彭忆慕：凳子也能，咚咚咚。

图1　自由探索开始

图2　发现瓶子发出声音

图3　加入水是否会发出声音

图4　探究瓶子加入石头声音

图5　探究瓶子加入沙子声音

图6　奶粉罐发出声音

图7　桌子发出声音

图8　凳子发出声音

教师思考：

从最初偶然间发现瓶子能够发声，到积极主动地思考并大胆尝试往瓶子里添加不同材料来改变声音，这一系列行为生动地体现出孩子们强烈的好奇心与乐于探究的精神。在交流互动环节，孩子们踊跃分享自己的想法，彼此之间相互启发。这种同伴间的交流合作，不仅让他们发现了生活中更多奇妙的声音，还让他们意识到，那些看似不起眼的物品，经过细心尝试也能发出独特声响。例如，奶粉罐、桌子、凳子等物品声音的发现，就是同伴思维碰撞的成果。对于孩子们发现的这么多特别的声音，如何引导他们利用起来，成为教师需要思考的问题。

片段二：声音汇聚成乐章

老师：大家都收集到了不同的声音，你们还可以敲敲打打，看看有什么样的感受？

黄睿琳：好特别的声音。

问题1：这么多好听的声音，我们可以干什么？

彭忆慕：我觉得我们一起敲，声音好像一首歌，我们可以把这些声音收集在一起办一场音乐会。

江逸凡：我参与过音乐会，就是好多人拿着乐器演奏一首歌，但是这些声音不像一首歌呀。

黄睿琳：那我们找一首歌照着演奏不就行了。

刘颖霖：找一张上面画有乐器的纸就行。

（由于班级的孩子们开展过打击乐活动，他们知道打击乐演奏需要看乐谱。结合在班级表演区游戏的经验，很快他们找到了表演区投放的打击乐乐谱，并开始进行了尝试。）

刘颖霖：但是我演奏不好，我觉得有点难。

黄睿琳：我们好像演奏得不对。

问题2：怎么用特别的乐器演奏成一首歌？

老师：那你们仔细看看乐谱，上面有哪些乐器？

彭忆慕：有响板和铃鼓。

黄睿琳：但是我们好像一直都在拍、摇，声音分辨不出来。

彭忆慕：我们要分成两组，有的人拍响板，有的人摇铃鼓。

老师：看看我们的乐器，怎么分，谁拍响板，谁摇铃鼓？

彭忆慕：我知道，桌子、凳子、奶粉罐只能敲、拍，就像响板那样拍，剩下的瓶子就可以摇，我来给大家分好。

老师：分好以后，怎么演奏成歌，怎么演奏好呢？

彭忆慕：这上面画了两次，就边数边拍两次；画一次，就边数边拍一次。

老师：哇哦，你成功地发现了乐谱演奏的方法，可以请彭忆慕小朋友教教大家。

就这样，大家在彭忆慕小朋友的带领下初次完成了演奏。

 视频1
初次用物品敲敲打打

 视频2
提出音乐会想法

视频 3
尝试看乐谱演奏 1

视频 4
尝试看乐谱演奏 2

视频 5
分工协作

视频 6
练习演奏

图 9　找到乐谱

图 10　发现演奏的方法

教师思考：

从最初通过敲敲打打初步感知声音，孩子们对声音的感受不断加深，兴趣愈发浓厚。紧接着，他们大胆提出举办音乐会的创意，这一过程中，想象力与创造力得到充分释放。也让孩子们感受到并不是只有乐器才能演奏好听的声音，生活中这样自发的声音被利用起来也能进行表演，他们的想法美好，但举办一场音乐会远比孩子们想象的复杂。在热烈的讨论与亲身尝试后，问题接踵而至。在尝试的过程中，孩子们发现了一些问题，刘颖霖坦言演奏难度大，黄睿琳指出演奏时缺乏协作。尽管困难重重，孩子们并未萌生退意，而是积极思索解决之道。他们凭借在打击乐活动以及班级表演区游戏中积累的经验，主动寻找打击乐乐谱，围绕分工展开热烈讨论。这种将已有经验迁移运用到新情境中的表现，充分彰显出良好的知识迁移能力，也让他们在音乐探索之路上不断迈进。

片段三：奏响梦幻音之会

问题 1：在哪里举办音乐会？我们需要做些什么？

司苏阳：去森林剧场演，那里很漂亮。

黄睿琳：我们还要邀请一些小观众来欣赏我们的音乐会。

彭忆慕：我想邀请我的朋友来观看。

江逸凡：我也想让我的朋友看看我们的音乐会。

老师：当然可以，让自己的好朋友看看这次特别的音乐会是多么幸福的事情。

在大家的提议下，孩子们说干就干，邀请了自己的好朋友来观看本次音乐会，而彭忆慕小朋友作为"指挥家"，还自告奋勇地充当音乐会主持人给大家介绍音乐会的内容。就这样第一场由孩子们自发举办的音乐会开始了。

老师：音乐会结束了，你们要不要听听小观众有什么感受？

金天：我们觉得很好，还可以用桌子拍出声音。

严伊晨：要是有音乐就更好了。

问题2：音乐怎么找呢？

彭忆慕：我们需要在网上搜一下这个谱子的音乐。

黄睿琳：我们直接找老师搜，老师放，我们演。

江逸凡：那就直接让音响放。

基于第一场音乐会小观众的感受，孩子们进行采纳，决定找老师帮助解决音乐的问题。

彭忆慕：这一次我们加了音乐，你们觉得怎么样？

蒋昊瞳：我觉得放音乐好听了，也开心了。

严伊晨：我觉得放音乐更像音乐会了。

金天：就是再加点动作就更好了。

李霖妍：要是加点服饰就更好了。

基于第二场音乐会小观众的感受，孩子们马上进行调整，在表演区寻找各种服饰道具来装扮自己，让整个音乐会变得更好了。

 视频7 第一场音乐会

 视频8 第一场音乐会小观众的感受

 视频9 第二场音乐会

 视频10 第二场音乐会小观众的感受

 视频11 最后一场音乐会

教师思考：

在本次"奏响梦幻音之会"的片段中，从确定音乐会的举办地点为森林剧场，到主动提出邀请小观众，孩子们积极参与到活动筹备的各个环节，孩子们展现出了令人欣喜的自主策划与组织能力。彭忆慕小朋友不仅担任"指挥家"，还勇敢地承担起主持人的角色，

图 11　寻找各种服饰换装

这种主动担当的精神值得鼓励与肯定。在面对小观众提出的意见时，孩子们能够迅速做出反应并积极调整，从分享中看到自己的优点和不足，更加客观地认识自己的表现和能力，从而不断反思和回顾经验。

三、游戏活动反思

（一）游戏特点

1. 生活材料与音乐融合

巧妙选取奶粉罐、凳子、桌子、瓶子等生活中常见物品作为"乐器"。幼儿通过敲击、摇晃这些物品，探索发现它们独特的音色，将日常材料转化为音乐创作的源泉。这种融合让幼儿直观感受到音乐并非遥不可及，生活中的诸多物品都能奏响美妙旋律。

2. 操作性与探索性并重

幼儿通过敲、摇、添加材料等实际操作，直接感知和探索声音变化，通过亲身体验获取知识，在不断尝试中发现问题、解决问题，满足了中班幼儿的好奇心。

3. 合作性与自主性兼具

幼儿在讨论分工、解决演奏难题、筹备音乐会等环节中，既相互交流合作，又自主思考决策，符合中班幼儿开始发展合作意识，同时渴望展现自我的发展水平。

（二）游戏价值

1. 音乐感知与技能提升

幼儿在游戏中感知不同物体、不同方式产生的多样声音，积累了丰富的音乐感知经验。在尝试演奏、依据乐谱分工协作过程中，锻炼了节奏感、乐器操作等基础音乐技能，为今后深入学习音乐奠定良好基础。通过本次游戏，幼儿对节奏和音色有了更直观的感受，能够根据乐谱进行简单合奏。

2. 思维与学习能力发展

在探索声音、解决音乐会筹备问题时，幼儿学会发现问题、分析问题并尝试解决问题，幼儿的观察力、想象力、创造力、逻辑思维能力以及知识迁移能力得到充分锻炼。例如，在解决演奏配合问题时，他们运用在打击乐活动中学到的知识，通过观察乐谱，分析乐器特点，最终找到了解决办法。

3. 情感与社会性培养

游戏激发了幼儿对音乐的喜爱之情，在团队协作筹备音乐会的过程中，增强了合作意识、集体荣誉感，团队凝聚力也得到了进一步提升。幼儿在交流互动中提升了语言表达和沟通能力，促进了社会性发展，同时在克服困难、完成任务中建立了自信，形成积极向上的情感态度。当音乐会成功举办后，他们脸上洋溢着自豪和喜悦。

（三）教师指导行为反思

1. 适宜的行为

（1）启发引导

在幼儿探索声音的过程中，适时提出开放性问题，如"除了加水，还能加点什么呢？"引导幼儿积极思考，激发他们主动探索不同材料对声音的影响，有效推动幼儿思维的拓展和深入。通过提问，引导幼儿不断尝试新的材料和方法，从而发现更多声音的奥秘。

（2）鼓励支持

对幼儿的想法和表现给予充分肯定与鼓励，当彭忆慕小朋友成功发现乐谱演奏方法时，及时给予赞扬并邀请其教其他小朋友，增强了幼儿的自信心和参与积极性，营造了积极的探索氛围。幼儿在老师的鼓励下，能更加大胆地表达自己的想法，尝试新的挑战。

2. 不足的地方

（1）深度引导不足

当幼儿在解决问题过程中遇到瓶颈，如在音乐会筹备及演奏相关问题上，可以进一步引导幼儿深入思考，挖掘更多可能性，活动细节规划等方面都要让幼儿参与。

（2）缺少幼儿自评

在两次音乐会后，可以引导演奏的幼儿自己也说说演奏后的感受，让他们发现自己的亮点与不足。

3. 活动延伸

（1）主题表演深化

结合本次音乐游戏，在表演区创设"春天音乐会"主题表演情境，幼儿可自主编排节目、制作演出道具，进一步巩固和深化音乐游戏体验，提升表演能力和艺术素养。教师可以提供更多的材料，如彩纸、颜料、废旧布料等，让幼儿发挥创意，制作独特的乐器和服饰。

（2）家园音乐互动

建议家长在家和幼儿一起开展音乐小游戏，如用家庭常见物品自制乐器进行亲子音乐表演等。通过家园合作，延续幼儿对音乐探索的兴趣，增进亲子关系，同时拓展幼儿的音乐学习空间。此外，可以定期组织家园音乐分享活动，让幼儿展示音乐成果。

（3）声音创作拓展

投放更多材料到探究区，鼓励幼儿继续探索声音组合，尝试创作简单的节奏型或"声音小乐曲"，并在班级分享交流。要激发幼儿的创作潜能，培养创新思维和音乐表现力，可以邀请专业的音乐老师来园指导，为幼儿提供更专业的建议。

活动视频
中班音乐游戏活动《"音"趣之旅》

◇ 项目小结

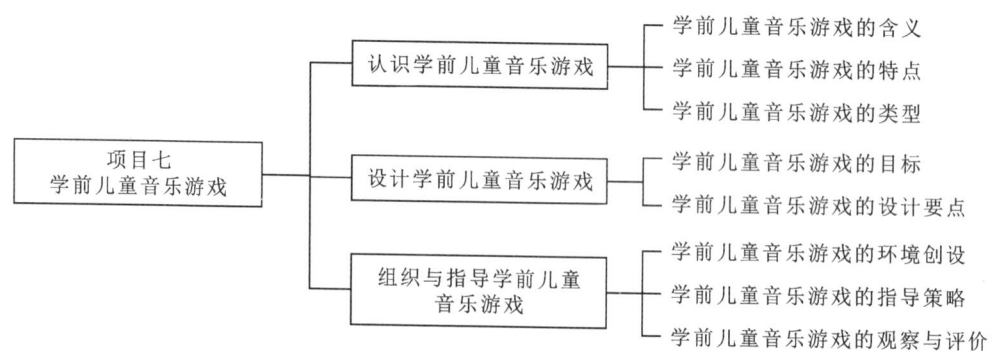

　　学前儿童音乐游戏是以音乐为核心、游戏为载体的综合性教育活动，通过趣味化的互动形式促进幼儿音乐感知、创造力及社会性发展。其本质在于"寓教于乐"，将音乐元素与幼儿生活经验结合，让幼儿在自由探索中实现节奏感、音高辨识、情感表达等目标，同时培养合作、规则意识等非音乐能力。

　　学前儿童音乐游戏是有音乐的、是快乐的、是阶段性的、是有序的。活动设计需以幼儿兴趣为导向，融合歌唱、律动、乐器演奏等多种感官体验，例如，通过角色扮演、情境模拟激发参与热情；同时注重师幼、幼幼互动，在音乐游戏中自然渗透音乐知识与社会规则。常见的音乐游戏类型包括歌唱游戏、律动游戏、节奏游戏及音乐欣赏游戏。实践中需根据幼儿年龄灵活组合，如小班侧重简单节奏模仿，大班可尝试多声部合奏或即兴创编。

　　设计音乐游戏需遵循适龄性、情境化原则，选择结构清晰、旋律鲜明的音乐素材，围绕生活化主题创设情境，并简化规则以保持幼儿专注力。环境创设需兼顾物理空间与心理氛围：提供安全宽敞的活动区域及多样化的乐器材料，同时营造包容、鼓励的互动环境，支持幼儿自由表达与试错。教师的指导策略强调观察与动态调整，通过示范、渐进引导及差异策略支持、帮助幼儿突破难点。总之，学前儿童音乐游戏是艺术性与教育性的有机融合，要求教师平衡音乐教育目标与幼儿发展规律，通过科学设计与灵活引导，让幼儿在愉悦体验中收获音乐素养与人格成长的协同发展。

思考与练习

一、单项选择题

1. 在歌唱活动中，帮助幼儿清晰准确地表现内容和富于感染力地表达情感的方法，主要是（　　）。（选自 2012 年上半年幼儿园教师资格证考试）

A. 倾听录音范唱　　　　　　　　　　　B. 欣赏录像带中的优秀表演

C. 倾听教师精湛的弹奏　　　　　　　　D. 教师正确范唱

2. 教师在组织中班幼儿歌唱活动时，合理的做法是（　　　　）。（选自 2018 年上半年幼儿园教师资格证考试）

A. 要求幼儿用胸腹式联合呼吸法唱歌　　B. 鼓励幼儿用最响亮的声音唱歌

C. 鼓励幼儿唱八度以上音程的歌曲　　　D. 要求幼儿用自然声音唱歌

3. 幼儿在音乐游戏中出现争抢乐器的情况，教师应（　　　　）。

A. 没收所有乐器　　　　　　　　　　　B. 引导幼儿轮流使用并制定规则

C. 批评争抢的幼儿　　　　　　　　　　D. 取消游戏环节

4. 音乐游戏结束时，教师让幼儿自主整理材料并分享感受，这一做法有助于（　　　　）。

A. 培养责任意识与语言表达　　　　　　B. 加快收尾效率

C. 展示教师权威　　　　　　　　　　　D. 减少材料损耗

二、简答题

1. 学前儿童音乐游戏的类型有哪些？

2. 如何指导学前儿童进行音乐游戏活动？

三、材料分析题

中班的睿睿很任性，处处以自我为中心。音乐课上，李老师教小朋友们唱《两只老虎》，大家都跟老师唱，只有睿睿故意把"两只老虎"的歌词改成"两只花猫"，其他小朋友听了，也随着睿睿唱"两只花猫"。李老师警告睿睿："如果再改歌词，你就到小班去！"但睿睿没有听老师的话，继续改歌词，甚至把调子拖得很长。李老师火了，站起来走到睿睿跟前，大声吼道："你给我出去！"睿睿哭着走出教室，李老师没有理会，继续教小朋友们唱歌。就这样。睿睿站在教室门口哭个不停，直到下课。回家后，睿睿把这件事告诉了家人。第二天，奶奶来送睿睿时，找李老师理论。李老师说："就是你们这些家长太溺爱孩子，孩子才那么任性！我们对他进行教育，难道不对吗？"（选自 2018 年上半年幼儿园教师资格证考试）

问题：请结合材料，评析李老师的教育行为。

 参考答案
思考与练习

实践与实训

【实训一】

设计一个中班音乐游戏。

目的：掌握学前儿童音乐游戏设计方法，能够根据幼儿的年龄特点创编并实施游戏方案，促进幼儿音乐素养与多元能力发展。

要求：根据主题素材与年龄段，融入歌曲弹唱技能，设计1课时（30分钟）集体教学活动的教案。教案格式完整规范，语言清晰、简洁明了，目标设计、内容选择、方法运用等符合幼儿年龄特征和领域特点。

形式：小组合作。

问 候 歌

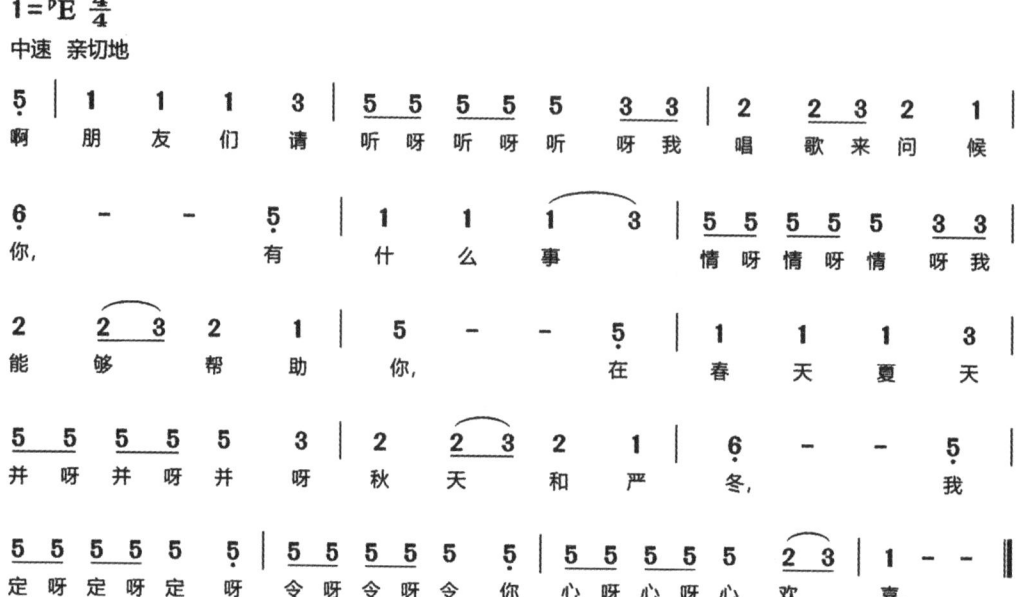

活动视频
音乐游戏《彩纸演奏》

【实训二】

学前儿童音乐游戏行为观察与 AI 技术辅助分析。

目的：掌握音乐游戏的设计原则与指导策略，融合 AI 技术提升游戏观察与教学反思能力，实现科学化、个性化的音乐教育实践。

要求：结合幼儿园教育见习经历，使用 DeepSeek、通义千问等 AI 大模型，从以下维度观察、记录并分析学前儿童行为：节奏感知与身体律动的协调性，音乐主题的创造性表达，同伴互动中的音乐协作能力。

形式：个人完成。

思政案例

战火中的童谣：一位教育家的文化守望

1943年春日的江西泰和，国立幼稚师范实验园内传来阵阵童声。一群四五岁的孩童围坐在陈鹤琴身旁，手持竹筒制成的响板，随着《小兵丁》的曲调节奏轻敲。这首改编自江苏民歌的曲子，原是田间传唱的劳作小调，此刻却化作儿童手执"木枪"、列队巡游的韵律。"我是一个小兵丁，小兵丁是我"——简单的歌词在游戏中悄然播撒着家国情怀的种子。这是陈鹤琴"活教育"思想的具象写照。他在《年老公公（歌谣）》中写道："我们可以教他背诵各种适当的歌谣，借以教授优良的语言和培养良好的品德。"

在战火纷飞的年代，陈鹤琴带着师生走进赣南村落。他们发现，田间劳作的农夫会用长短不一的吆喝协调动作，妇女摇纺车时会哼特定的曲调。这些鲜活的民间智慧，成为他构建音乐游戏的源泉。师生们将江西民间"报春鼓"改造成儿童乐器——去除铜钉的腰鼓轻便安全，蒙上浸过桐油的牛皮，敲击声清越如雨。清明时节，孩子们用指尖轻叩鼓面模拟细雨簌簌；秋分来临，双槌交替重击演绎"颗粒归仓"的喜悦。鼓谱记录簿里稚拙的图画，留存着幼儿对"春雨惊春清谷天"的最初认知。

受战时邮路中断的触动，陈鹤琴创设了"小小信使"情景游戏。孩子们佩戴自制邮包，踏着改编自江西采茶调的旋律，在模拟的"村庄""岗哨"间穿梭。南京第二历史档案馆保存的泛黄照片上，可见孩童们自发用木块为"受伤"同伴搭建临时邮站。这种超越游戏规则的同理心，恰如陈鹤琴所言："小孩子今日能爱人，他年就能够爱国了。"

陈鹤琴在1925年出版的《家庭教育》中感慨道："小孩子生来是好动的，是以游戏为生命的。"在人工智能技术赋能音乐教育的今天，当我们用算法生成儿歌旋律时，或许更需思考：如何让数字时代的孩童，依然能在游戏中触摸祖辈的温度？那位曾带孩童在战火中歌唱的教育家早已给出答案——真正的教育，从来不是知识的搬运，而是让文化的基因在跃动的音符中代代相传。

参考文献

［1］夏征农，陈至立. 辞海（第六版普及本）［M］. 上海：上海辞书出版社，2010.

［2］中国大百科全书总编辑委员会《教育》编辑委员会，中国大百科全书出版社编辑部. 中国大百科全书：教育［M］. 北京：中国大百科全书出版社，1985.

［3］刘焱. 儿童游戏通论［M］. 北京：北京师范大学出版社，2004.

［4］刘国磊. 幼儿游戏与指导［M］. 2版. 长春：东北师范大学出版社，2019.

［5］杨光. 学前儿童游戏权研究：哲学思辨、政策表达、困境及出路［J］. 宁波教育学院学报，2025，27（1）：23-27.

［6］陈玲. 借助混龄体育游戏促进幼儿社会性发展［J］. 学前教育研究，2023（10）：91-94.

［7］崔宇. 幼儿游戏理论与活动指导［M］. 北京：清华大学出版社，2021.

［8］董静. 幼儿园游戏与指导［M］. 南京：江苏凤凰出版社，2023.

［9］吴雨亭. 中华优秀传统文化融入幼儿园表演游戏的创新设计研究［J］. 鞋类工艺与设计，2024（9）：144-146.

［10］吴珊珊. 闽南传统建筑文化在幼儿园结构游戏中的应用［J］. 名师在线 2022（28）：13-15.

［11］周艳霞，郑妍，黄锐. 学前儿童游戏与指导［M］. 长沙：湖南师范大学出版社，2021.

［12］张博谦. 探究自制体育器材在幼儿体育游戏中的运用［J］. 文体用品与科技，2023（3）：174-176.

［13］杨枫. 学前儿童游戏［M］. 3版. 北京：高等教育出版社，2018.

［14］杨枫. 幼儿智力游戏设计指南（续）［J］. 早期教育（教师版），2007（7）.

［15］陈金菊. 学前儿童艺术教育［M］. 长春：东北师范大学出版社，2014.

［16］刘宇，杨洋，罗金艳. 学前儿童游戏指导［M］. 2版. 镇江：江苏大学出版社，2021.

［17］谢媛芬. 大班亲子音乐游戏"章鱼和小鱼"案例诊断［J］. 福建教育，2020（24）：47-50.

［18］杨志群. 我想变成彩色鱼（中班）［J］. 幼儿教育，2021（1）：55-57.

［19］郑憬丰，黄筱珊，邓雄红. 中班音乐游戏：赛龙夺锦［J］. 早期教育，2023（20）：30-31.

［20］夏秋媛. 中班音乐游戏：开锁［J］. 早期教育，2023（24）：30-31.

版 权 声 明

为了方便学校课堂教学，促进知识传播，便于读者更加直观透彻地理解相关理论，本书选用了一些优质文字案例，以及图片和视频资源。为了尊重这些内容所有者的权利，特此声明，凡本书中选用的内容，版权、著作权均属于原作品版权人、著作权人等。

在此向这些作品的版权所有者表示诚挚的谢意！由于客观原因，我们无法联系到您，如您能与我们取得联系，我们将在第一时间改正任何错误或疏漏。

教学支持说明

　　为提升教育教学质量，本套教材融合多种媒体，配套了丰富的数字资源，使教材理论与实践密切结合，强调实践性，教材内容呈现形式灵活，方便教师教学，利于学生学习。

　　为方便教师的教学，我们将向使用本套教材的教师赠送教学课件或相关教学资料，请扫码加入托幼一体化专家俱乐部 QQ 群与我们联系，获取"数字资源申请表"并认真填写后发送给我们。

群名称：托幼一体化专家俱乐部
QQ 群号：732618071

查看更多同系列教材